KiWi PAPERBACK

871

Über das Buch:

Ida – von deren Kindheit im Dritten Reich Irmtraut Balz in ihrem ersten Buch »Für einen Augenblick wachsen uns Flügel« so großartig erzählt hatte – hat den Krieg überlebt. Beim Einmarsch der Amerikaner ist sie noch ein halbes Kind; als die ersten Freiwilligen der Bundeswehr in die Kasernen einziehen, ist sie erwachsen. Dazwischen liegen die Nachkriegsjahre, der Aufbau der Bundesrepublik und das beginnende Wirtschaftswunder. Es ist eine harte und anfangs auch rechtlose Zeit, in die Ida hineinwächst, hellwach, skeptisch und immer auf der Suche nach der Wahrheit, die sich hinter dem Schweigen und Nichtwissenwollen der Erwachsenen verbirgt. Zigarettenwährung und Tauschgeschäfte ersetzen das wertlose Geld, Schieber und Schwindler haben Hochkonjunktur, der Kampf ums Überleben bestimmt den Alltag.

Wie auf der Bühne rollt das Geschehen einer atemlosen Zeit vor unseren Augen ab. Es gibt alte Nazis und neue Heuchler, Wunderheiler und Kartenschläger, es wird geliebt, geweint, gelacht, und oft bleibt einem das Lachen im Halse stecken. Auch Ida schlägt sich durch, verkauft selbstgemachte Puppen auf dem Schwarzmarkt, klaut Kohlen, Holz und Rüben und bettelt im Bergischen um Kartoffeln. Sie wird von einem liebessüchtigen Ami und wütenden Bauern verfolgt, erfährt ihre erste Liebe, ihre erste Enttäuschung und liegt in einem steten Kampf mit ihrer Mutter, bis sie zu ihrer eigenen Wahrheit gefunden hat.

Über die Autorin:

Irmtraut Balz, 1931 in Köln geboren, arbeitete als freie Journalistin und studierte in Freiburg Pädagogik mit den Fachbereichen Deutsch und Bildende Kunst. Nach Beendigung ihrer Tätigkeit als Lehrerin begann sie mit dem Schreiben.

Weitere Titel:

»Für einen Augenblick wachsen uns Flügel. Eine Kindheit 1933–1945«
2002, KiWi 779, 2003

Irmtraut Balz

Davongekommen

Eine Jugend nach dem Krieg

Kiepenheuer & Witsch

1. Auflage 2005

Umschlaggestaltung: Barbara Thoben, Köln
Umschlagfoto: John Murray / Getty Images
Gesetzt aus der Palatino
Satz: Pinkuin Satz und Datentechnik, Berlin
Druck und Bindearbeiten: Clausen & Bosse, Leck
ISBN 3-462-03480-4

1

Im April kommen die Amerikaner. Seit dem frühen Morgen rattert ihr Panzerzug in der Ferne und nähert sich langsam, wie ein beginnendes Erdbeben, mit dumpfem anhaltendem Grollen. Ich bringe mich in Sicherheit und flüchte in die angrenzende Gärtnerei, denn in Mariechens Küche, dem Zufluchtsort für all meine Notlagen, zählen die Weltveränderungen da draußen wenig, hier herrscht wie immer friedliche Gelassenheit. Anton, auf seinem angestammten Platz unter der Kuckucksuhr, blättert in einem Samenkatalog, und Mariechen, seine Schwester, klebt Rabattmarken in ein kleines blaues Heft und setzt sorgfältig jede einzelne in das dafür vorgesehene Rechteck.

Haste wat gesehen, fragt sie, ohne hochzublicken. Ich schüttele den Kopf, schicke zur Sicherheit aber noch ein »Nee« hinterher. Dat is aber schon nah, sagt Anton, und für einen Augenblick horchen wir alle auf das Dröhnen, das uns von dem seit Wochen anhaltenden Endzeitspektakel erlösen soll.

Amerikaner hin, Panzer her, mir is dat jetz ejal. Ich hab für et Essen zu sorjen, un bei Hambachs jib et Mehl, sojar fünf Pfund für jeden, hat de Frau Sechtem jesagt, so wat laß ich mir doch nit entjehn. Mariechen schnappt sich den für das Mehl bereitgelegten Kissenbezug. Un du bleibst hier, lacht sie, sozusajen als Empfangskomitee. Mit einem Blick in mein erschrecktes Gesicht setzt sie beruhigend hinzu: Bevor die kommen, bin ich lang wieder zurück.

Dann macht sie sich davon, und auch Anton verschwindet im Garten hinter den Gewächshäusern.

Draußen ist es jetzt still. Keine Schüsse, keine aufjaulenden Tiefflieger, kein Rattern, nichts als diese beunruhigende, ungewohnte Stille. Mir fallen die beiden Österreicher unten im Keller ein, die es vorgezogen haben, den Krieg auf ihre Weise zu beenden und den Frieden zwischen Röhrigs Kartoffelsäcken hinter dem Brikettverschlag abzuwarten. Ich möchte nicht dabei sein, wenn die Amerikaner sie da herausholen, abführen und mich vielleicht gleich mit dazu. Wer sich versteckt, macht sich verdächtig, und mitgehangen, mitgefangen. Das Plakat von dem Neger, der eine blonde Frau hinter sich herschleift, kommt mir in den Sinn. An allen Litfaßsäulen und Plakatwänden war es zu sehen, und darunter stand »Soll das wieder Wahrheit werden?«.

Jetzt wird mir klar, warum sich alle davongemacht haben. Wutschnaubend springe ich auf, schieße über den Hof, biege um die Thujahecke und wäre bald hineingerannt in den Panzer, der dort lauernd steht. Obenauf mein Phantombild, ein riesiger Neger, der seine Maschinenpistole drohend auf mich richtet. Kreischend, in panischem Entsetzen, stürze ich davon, während sich hinter mir das Ungetüm rasselnd in Bewegung setzt.

Ich haste auf einer Gespensterstraße vorwärts, hinter mir die Kolonne der amerikanischen Panzer. Kein Fenster ist geöffnet. An den Balkonen ergeben sich flatternd weiße Bettücher. Wenn jetzt nur niemand seinen Glauben an Führer und Partei verteidigen will und aus irgendeiner Dachluke schießt. Doch da habe ich schon ein Bein in Hambachs Laden und schreie: Die Amerikaner sind da, und ein Neger will mich umbringen.

Sie stehen dicht bei dicht, die Frau Sechtem neben der Frau Schlimbach, Mariechen und die Mutter von der dikken Else, meine Mutter, die Frauen aus dem Bäckerhaus, und ganz hinten, zwischen den vielen anderen, Bertchens Mutter im schwarzen Kleid mit rotgeweinten Augen. Alle halten ihre Kissenbezüge mit dem Mehl fest an die Brust gepreßt und starren auf den dunklen Schatten im Türrahmen, der mit fremder Stimme fragt: Where is she, where is the girl?

Ich versuche mich hinter den Röcken unsichtbar zu machen, doch er hat mich schon entdeckt. Come over here, befiehlt er. Hinter ihm tauchen zwei weitere Amerikaner auf und richten ihre MP lässig auf Frau Hambach, die mit einem Mehlsack aus dem Nebenraum kommt, entsetzt die Arme hochreißt, wobei der Sack staubend zur Erde fällt. Die meinen dich, jeh hin un erklär et ihnen, mir können doch kein Englisch, durch einen kräftigen Stoß verleiht Frau Schlimbach ihren Worten Nachdruck und befördert mich direkt vor den schwarzen Riesen. What are you doing here? Bedrohlich schiebt er sein Kinn vor. Sag et ihm doch, sag et ihm, sonst jibt et noch en Unjlück, jammern die Frauen im Hintergrund, aber ich stehe stumm, die Kehle wie zugeschnürt. Jetzt mischen sich auch die anderen Amerikaner ein. Tell us, what is in this bag, einer schlägt mit Wucht auf Frau Schlimbachs Kissenbezug, eine Mehlwolke steigt auf.

Jetzt reicht es aber, wütend schiebt mich Mutter beiseite und baut sich vor dem Amerikaner auf. Sehen Sie nicht, was wir hier tun? Wir holen Mehl, damit unsere Kinder essen können. Das ist Mehl, nichts als Mehl, schreit sie und klopft auf die Kissenbezüge. Mehlwolken steigen auf, pudern den Laden weiß, stauben die Frauen und die amerikanischen Soldaten ein, bis alle aussehen wie der Gipsmüller, wenn er am Abend aus seiner Mühle kommt.

Damned crazy women, der Schwarze flüchtet aus dem Laden, gefolgt von seinen weißen Kameraden. Lachend klopfen sie draußen den Mehlstaub aus der Uniform, klettern, immer noch lachend, in ihre Panzer. Dirty Nazi shirt, sagt einer, bevor die Kolonne weiterrollt. Mag sein, wie et will, Mariechen schaut den Panzern nach, die jetzt langsam im Wäldchen verschwinden, für uns is heut der Krieg am End. Habt ihr jesehn, wie die jelacht haben bei der Mehlklopperei? Unsere hätten uns dafür in de Blech jesteckt. Ich erzähle ihnen nicht, daß die Amerikaner Mutter ein schmutziges Nazi-Weibsstück genannt haben. Manche Dinge behält man besser für sich. Zumal sich jetzt alle Hoffnungen auf die Amerikaner konzentrieren. Die einen versprechen sich von ihnen eine schnelle Veränderung der Verhältnisse, ob sich die anderen etwas von ihnen versprechen, erfahren wir vorerst nicht. Sie sind abgetaucht, verschwunden, haben sich unsichtbar gemacht, wie unser Zellenleiter Flintscher, der emsige Vollstrecker brauner Weisungen. Nur aus dem Bunker der Reichskanzlei, wo Hitler mit seiner Gefolgschaft wie ein Maulwurf haust, verkündet eine Geisterstimme immer noch: »Der Krieg geht weiter bis zum Sieg.«

Es regnet ununterbrochen. Auf der Wiese am Waldrand, wo früher Zigeuner und Kesselflicker lagerten und sich später ein amerikanisches Flugzeug in den Boden bohrte, stehen die Gefangenen bis über die Knöchel im Wasser und Schlamm. Offiziere wie Gemeine, Feldwebel, Gefreite, Flakhelfer, alle, denen es nicht gelungen war, sich rechtzeitig aus dem Staub zu machen, sind auf der Waldwiese gelandet. Ihre stummen Schatten sind in der Dämmerung kaum auszumachen, bis Scheinwerfer sie in gleißendes Licht tauchen. Wir werfen mit Zeitungspapier umwickelte Brotbälle über die Absperrung. Doch die Gefangenen dürfen sich nicht bücken. Die schwarzen Soldaten schauen meist weg, wenn solch ein Päckchen über den Zaun segelt, die weißen zertrampeln es im Matsch, jagen uns mit der Maschinenpistole fort oder schießen in die Luft. Schließlich dürfen wir uns überhaupt nicht mehr dem Lager nähern.

Es ist schwer, einzuschlafen an diesem Abend, bei den wandernden Scheinwerfern und dem Gedanken an die reglosen Standbilder drüben auf der Wiese. Wir sind froh, als sie nach Tagen endlich abtransportiert werden und mit ihren Bewachern aus unserem Gesichtsfeld verschwinden.

Am 20. April, Hitlers Geburtstag, meldet sich Goebbels zu Wort, verliest über das Radio seine Geburtstagswünsche an den Reichskanzler und läßt ihn als den größten Staatsmann aller Zeiten hochleben. Den Berlinern empfiehlt er, voller Hoffnung in diese letzte Prüfung hineinzugehen, in einem tiefen, unerschöpflichen Glauben an das Genie des Führers. Wenig später ist Berlin eine eingeschlossene Stadt.

In vielen Wohnungen erinnern jetzt weiße Flecken an der Wand an die abgehängten Götzenbilder. Weggeworfene Parteiabzeichen und Uniformen schimmeln in den Straßengräben. Viele, die vormals laut und vernehmlich Heil Hitler schrien, suchen jetzt ihr Heil in überfüllten Kirchen und sitzen, gut sichtbar, in den vordersten Reihen. Selten wurden so viele schulpflichtige Kinder getauft. Auch Studiendirektor Vent geht wieder zur Messe, trägt Schwarz statt Braun, wenn er zum Gottesdienst erscheint. Empört beschwert sich Frau Heiterscheid beim Pfarrer. Soll ich die Kirchentür vor ihm verschließen, das wäre nicht im Sinne des Herrn, antwortet der milde. Er hat meinen Mann auf dem Gewissen, schluchzt Frau Heiterscheid. Aber, aber, mahnt der Geistliche mit erhobenem Zeigefinger, richtet nicht, auf daß ihr nicht gerichtet werdet. Soll ich gegen den Willen unseres Herrn handeln? Gott ist dankbar für jeden reuigen Sünder, er nimmt ihn freudig auf und vergibt ihm, Sie aber verlangen von mir, daß ich ihn zurückweise von der Tür des Herrn. Das können Sie nicht von mir erwarten. Zeigen Sie Großmut, liebe Frau, denken Sie an das Beispiel des Herrn.

Die Amerikaner üben sich nicht in Großmut, sondern verhaften Direktor Vent, führen ihn durch die Straßen der Stadt, auf dem gleichen Weg, den nach der Reichspogromnacht der alte Gottschalk ging. Und die Menschen am Straßenrand rufen wütend Nazischwein, so wie sie damals Judenschwein riefen. Man hätte direkt Mitleid mit ihm haben können, sagt Frau Heiterscheid.

Mutter fährt empört hoch: Wie können Sie da von Mitleid sprechen, denken Sie nicht an Ihren Mann? Er behauptet, er sei gezwungen worden, in die Partei einzutreten. Das sagen sie jetzt alle, entgegnet Mutter. Mir blieb gar keine andere Wahl, hat auch der Liebig gesagt, als er, mit weißem Bart und den Hut tief ins Gesicht gezogen, vor meiner Tür stand und ein Entlastungsschreiben für die Amerikaner wollte. Zuerst habe ich ihn gar nicht erkannt. Schon wieder so ein Bettler, dachte ich. Aber dann fragte er: Kennen Sie mich denn nicht mehr, Frau Heiterscheid? Vor lauter Schreck mußte ich mich am Türrahmen festhalten. Sie können sich nicht vorstellen, wie der Mann aussah, nicht wiederzuerkennen. Wenn man bedenkt, wie zackig der einmal aufgetreten ist.

Er habe das alles nicht gewollt, sei im Grunde seines Herzens immer schon dagegen gewesen. Sie wissen doch, Frau Heiterscheid, daß ich mir nie etwas habe zuschulden kommen lassen, das können Sie mir doch bestätigen. Sogar den Text hatte er schon aufgesetzt. Unterschreiben Sie mir das doch bitte, bedrängte er mich, mit so einer weinerlichen Stimme, und dabei liefen ihm die Tränen in den Bart. Damit kommen Sie ausgerechnet zu mir, habe ich ihn gefragt, können oder wollen Sie sich nicht erinnern? Sie glauben nicht, was er mir antwortete. Was habe ich Ihnen denn getan, sagte er. Da habe ich ihn rausgeschmissen.

Vielleicht werden bald alle Nazis behaupten, sie seien gezwungen worden, meint meine Mutter nachdenklich. Und irgendwann werden wir es ihnen glauben, ergänzt Frau Heiterscheid.

Abends fährt die Militärpolizei Streife, immer zur gleichen Stunde. Nachher kommen die Amijeeps, beladen mit singenden Russinnen. Fernab von Torgau feiern sie hier die Verbrüderung auf ihre Weise, und wenn sie schnapsselig in Röhrigs Hecke verschwinden, kann man sie überhaupt nicht mehr auseinanderhalten, die Russen und die Amerikaner.

Das ist doch wirklich unerhört, Mutter scheucht uns vom Gardinenschlitz. Da läßt der Kerl sein Auto mitten auf der Straße stehen und vergnügt sich mit seinem nackten Hintern drüben in der Hecke, direkt vor unseren Augen. Wir beobachten das Ganze als Zaungäste, nach der Sperrstunde hinter halbgeschlossenen Schlagläden. Einmal glaube ich die ukrainische Olga auf einem der Jeeps gesehen zu haben. Dat is jut möglich, bestätigt Mariechen. Die is jetzt so ne Art Räuberbraut, handelt mit allem und jedem. Un unser Pjotr is der Anführer von der Bande. Wat aus so nem Jüngelchen, wie et der Pitter war, alles werden kann. Na, Hauptsache, er hält se uns vom Leib, die Russen.

Die Amerikaner haben die ehemaligen Ostarbeiter in drei alten Kasernen einquartiert, die der Organisation Todt gehörten und bis auf die nackten Wände ausgeplündert wurden, wenn auch niemand so recht wußte, was mit all den Büromöbeln und Schreibmaschinen anzufangen sei, wo man sich doch Lebensmittel erhofft hatte. Die leeren Räume bieten nun Platz für viele hundert Menschen, und es werden täglich mehr. Weit ins Land hinein klingen ihre Chöre und Lieder. Gegen Abend werden die Gesänge schriller und wilder, hängen in der Dämmerung wie eine unheilvolle Drohung.

Et is widder so weit, jetz bejeben se sich auf den Kriegspfad, sagt Anton. Die sin nit von allein zu uns jekommen, mir ham se doch jeholt, gibt Mariechen zu bedenken. Jetz dürfen mir dat ausbaden, wat die da oben uns einjebrockt haben. In den Fabriken sin die bestimmt nit mit Samthandschuhen anjefaßt worden. Kein Wunder, dat se sich jetz rächen.

Mir wäre lieber, sie rächten sich auf den Hügeln der Stadt, wo die Fabrikherren wohnen und die Amerikaner Quartier bezogen haben. Aber sie kommen zu uns, mitten in der Nacht, wenn die Müdigkeit unsere Köpfe langsam auf den Tisch drückt. Horch, schreckt Mutter hoch, genauso wie früher im Luftschutzkeller. Doch diesmal handelt es sich nicht um einen unbekannten Angstgegner in einem fremden Flugzeug hoch oben in der Luft. Diesmal wissen wir, wer uns schon so nahe ist, daß wir die Schritte hören können und die Schläge gegen die Türe. Wenn wir öffnen, sehen wir in den Lauf von Pistolen und in die gierigen Augen der Frauen, die in unseren Kisten und Kasten nach Schmuck und Geld wühlen. Du, gib Schnaps, fordern die Männer mit glasigen Augen, setzen die Flasche hastig an den Hals. Wir wagen nicht aufzuschauen, fürchten, daß sie näherkommen, mit saurem Schnapsatem befehlen, »Frau, komm«.

Bei einem ihrer Raubzüge erschießen sie den Gipsmüller. Sie wollten ihm die Uhr wegnehmen, weint seine Frau. Ich jeb euch Halunken doch nit die Uhr vom Vatter, schrie er und hielt die Uhrkette fest umklammert, da haben sie auf ihn geschossen. Einfach so, wie auf dat Männchen in der Kirmesbud. Frau Rademacher schlägt weinend die Hände vor das Gesicht. Diese Mörder bringen den Josef um wegen ner Uhr. Wo sind wir bloß hingekommen, schluchzt sie, so was hat es doch früher nicht gegeben.

Die Amerikaner versprechen Beistand, falls wir sie rechtzeitig informieren. Doch es sieht ganz so aus, als wollten sie uns unserem Schicksal überlassen, weitab von der Kommandantur, während der Sperrstunde und ohne Telefon, denn für uns Deutsche sind alle Leitungen tot. So bearbeiten wir mit rhythmischen Schlägen die Straßenbahnschienen. Die Schienenstränge nehmen unsere Signale auf, geben sie wie eine Buschtrommel weiter, bis sich ein einziges, weithin hallendes Hämmern den Bahnkörper entlangzieht. Wenn wir Glück haben, setzt sich jetzt vielleicht die amerikanische Militärstreife in Bewegung.

»Hitler kaputt«, jubeln die Russen und fallen sich tanzend in die Arme. Bis zum letzten Atemzug gegen den Bolschewismus kämpfend, sei Hitler für Deutschland gefallen, verkündet der Großdeutsche Rundfunk. Am 30. April hat sich Hitler im Bunker der Reichskanzlei erschossen. Seine Geliebte, Eva Braun, die er tags zuvor geheiratet hatte, tötete sich mit Gift. Ihre Leichen wurden im Garten der Reichskanzlei verbrannt, erzählt uns der amerikanische Sender.

Ich denk, dem han se im Ersten Weltkrieg die Eier abjeschossen und mit Frauen wär nix mehr. Seine Familie sei einzig un allein sein Volk, für das er sich Tag un Nacht aufopfere. Un janz plötzlich taucht da ne Jeliebte auf, Mariechen versteht die Welt nicht mehr. Aber dä Käl hat uns schon immer belojen, dat war immer ne Heimlichtuer. Spielt den Staatsmann ohne Privatleben, un hingenröm amüsiert er sich mit de Weiber. Jut, dat er fot is, dä Lüjenbüggel.

Anton kratzt sich am Kopf, verzieht ungläubig das Gesicht. Man weiß doch noch gar nicht, ob dat auch wahr is, wat uns die Amis da erzählen. Mir is fast, als hätt ich jesoffen un wär mit nem janz dicken Kopp aufjewacht, beschreibt Anton den allgemeinen Katzenjammer.

Am nächsten Tag wird die Enkelin vom alten Gottschalk gefunden. Erhängt am Ende eines Luftschutzstollens, neben dem ehemaligen Ersatzteillager der SS. Pudelnackt war sie, flüstern die Frauen entsetzt. So ein Flittchen, macht mit der SS rum, wo der Großvater Jude war. Ein Kerl hat ihr wohl nicht gereicht, mußte gleich ein ganzes Bataillon sein. Kein Wunder, daß sich die Hure aufgehängt hat. Die hätte doch nie mehr einer anständigen Frau unter die Augen treten können.

Ich glaube nicht, daß Eva sich rumgetrieben hat, wie jetzt sogar Mutter behauptet. Mariechen weiß es besser. Sie hat es vom Günter Eschbach, der Hilfspolizist ist und die Eva gefunden hat. Am janzen Körper blau un jrün war se, un auf dem Arm war ne Nummer, wie beim Eisenkrämer. Wird wohl auch im Lager gewesen sein, aber so zugerichtet hat se die SS. Irgendwann muß sie den Sauhunden in die Finger gefallen sein, von wejen Verjnüjen, Mariechen klopft wütend den Schrubber aus, daß die Tropfen fliegen.

Ich sehe Evas blonden Kopf mit den dicken Zöpfen vor mir. Sie war so alt wie meine Schwester, achtzehn Jahre. Früher kam sie immer zu Hettys Geburtstag, später nie mehr.

Dann trifft uns die Wahrheit über die Konzentrationslager wie ein Keulenschlag, und wer davon spricht, tut es mit abgewandtem Gesicht und flüsternder Stimme. Aber die meisten schweigen. Wenn das wirklich wahr ist, dann will kein Land der Erde mehr etwas mit uns zu tun haben, sagt Mutter, den Schatten dieser Vergangenheit werden wir nie mehr los.

Ein baumlanger Amerikaner stapelt Büchsen auf den Tisch, Kaffee, Kakao, Erdnußbutter, und wir schauen fassungslos zu. Rede du mit ihm, flüstert Mutter, aber warte, bis er alles ausgepackt hat. Er scheint uns mit jemandem zu verwechseln, vielleicht haben wir Glück und er merkt nichts. Während sie mit mir flüstert, nickt sie dem Amerikaner zu, schlägt vor Freude die Hände zusammen und spielt auf allen Tonleitern übermäßiger Begeisterung, derweil der Fremde weiter Dose für Dose aus seinem Uniformblouson zaubert. Ich wage mir gar nicht auszudenken, was Mutter tun wird, wenn er diese Kostbarkeiten wieder einpackt. Tochter, Tochter, radebrecht sie und zeigt auf mich. Der Amerikaner dreht sich um und mustert mich aus braunen Augen. Mir kommt es so vor, als habe ich ihn schon einmal irgendwo gesehen. My name is John, John Rosenbaum, sagt er. Ein deutscher Jude, flüstert Mutter erschrocken. Ich bin Amerikaner, verbessert John auf deutsch mit leicht sächselndem Unterton. Mir steigt die Schamröte ins Gesicht, was soll er nur von unserem Geflüster denken. Ich möchte Balthasar, er schaut kurz auf den Zettel in seiner Hand, wiederholt den Namen noch einmal, jede Silbe betonend, wie Kinder, die gerade lesen gelernt haben, Herrn Balthasar Pelzer möchte ich sprechen. Das ist mein Mann, sagt Mutter, und auf ihrem Gesicht steht die unausgesprochene Frage: Was will der bloß von uns? Sie sind sicher ein ehemaliger Schüler meines Mannes, tastet sie sich langsam vor. No, der Soldat schüttelt den Kopf. Mein Vater hat Herrn Pelzer gekannt und mir aufgetragen, seine Grüße auszurichten, mit einem kleinen Dank für eine große Hilfe. Mutter schaut mich ratlos an. Ich kann ihr nicht helfen, ich weiß nicht, wie man mit Leuten spricht, die einer Religionsgemeinschaft angehören, deren Mitglieder wir gerade eben noch ins Gas geschickt und deren sterbliche Überreste wir zu Seife und Lampenschirmen verarbeitet haben.

Wofür wollen Sie meinem Mann danken, erkundigt sich Mutter. Ich möchte zuerst mit Ihrem Mann sprechen, antwortet der rätselhafte Amerikaner. Mutter schüttelt den Kopf: Mein Mann ist tot, ein Schlaganfall. Das tut mir leid, der Amerikaner knöpft seine Uniform zu, richtet sein Käppi und will sich verabschieden. Und diese Büchsen, fragt Mutter, Sie können doch nicht gehen, ohne mir zu sagen, was das alles bedeuten soll.

Der Fremde klebt sich ein förmliches Lächeln ins Gesicht. Als er zu einer Erklärung ansetzt, baut sich plötzlich eine unsichtbare Wand zwischen uns auf. Meine Familie stammt aus Leipzig. Wir sind nicht rechtzeitig aus Hitlerdeutschland herausgekommen, wollten das alles nicht glauben. Als es für uns fast schon zu spät war, hat Ihr Mann uns geholfen. Dafür sind wir ihm sehr dankbar. Dann verabschiedet er sich hastig, ist bereits verschwunden, als wir noch in der Türe stehen und Mutter kopfschüttelnd feststellt: Vater ist doch nie in Leipzig gewesen, das muß wirklich eine Verwechslung sein. Achselzuckend geht sie ins Haus. Erzähl nur keinem von unserem Reichtum, von diesem Geschenk des Himmels. Woher dieser Amerikaner nur unseren Namen wußte. Wenn er nur nicht wieder herkommt und seine Büchsen zurückverlangt. Denk dran, was ich dir gesagt habe, zu keinem Menschen ein Wort davon, auch nicht zu Mariechen. Kommt er zurück, sag ich einfach, sie sind weg, wir haben sie verschenkt. Ob ich sie wohl besser im Keller verstecke? Der sah eigentlich gar nicht aus wie ein Jude. Überhaupt verstehe ich das alles nicht. Verstehst du das? Ich schüttele den Kopf, ich habe Vater versprochen, nichts von dem Päckchen zu verraten, das damals auf der Bank in Leipzig liegenblieb.

Bei der Rundfunknachricht vom Kriegsende weint Mutter. Jetzt wird alles wieder so wie früher, bevor der braune Pöbel an die Macht kam. Das Lügen und Betrügen wird aufhören. Die Menschen werden Achtung voreinander haben, das Alter ehren, und niemand wird sich am Besitz des anderen vergreifen, sagt sie mit einem sehnsuchtsvollen Blick ins Leere.

Aber in unserer Küche riecht es nach Kohlsuppe. Das ganze Haus hat diesen Kohlgeruch aufgesaugt, hält ihn genauso fest wie den ranzigen Geschmack nach dem verbrannten Fett, das wir aus dem Mörtel der ausgebrannten Lindefabrik gekratzt haben. An der Wand blättert die Ölfarbe. Der Esser kann nicht mehr streichen, er ist bei Smolensk vermißt gemeldet. Meine Füße stecken in Mutters spitzen Schuhen, und ihre Bluse mit dem türkischen Muster ist Hetty viel zu eng. Nichts wird mehr wie früher sein. Die letzten zwölf Jahre werden wie Leim an uns kleben, und diesen Hitler werden wir nie mehr los, wir tragen ihn mit uns herum wie der Hausierer seinen Buckel.

Das Dachfenster auf dem Speicher ist verstaubt und klemmt. Als ich es aufstoße, beginnen die Kirchenglokken zu läuten. Weit hinten, über dem Schornstein der ausgebrannten Fabrik, hängt eine flauschigweiße Wolke. Langsam löst sie sich auf, und als sie hinter den Dächern verschwindet, denke ich, nun werde ich nie mehr in den Keller gehen müssen, mit dem kleinen Koffer in der Hand und der großen Angst im Herzen.

2

Ende Mai wird es unerträglich heiß. Wir schaffen die Matratzen auf den Balkon und schlafen in ungewohnter Stille unter freiem Himmel. Über uns, unendlich fern, blinken nur die Sterne. Unten fährt ein amerikanischer Jeep vorbei, deutlich dringen die grölenden Stimmen seiner Insassen durch die Nacht.

Mutter verachtet unsere Besatzer aus tiefstem Herzen, beklagt sich ausgerechnet bei dem ehemaligen Zellenleiter Flintscher über sie. Zuerst haben wir ihn gar nicht erkannt, als er aus seiner wochenlangen Unsichtbarkeit wieder auftauchte. Er sah so unscheinbar aus in seinen ausgebeulten Hosen, ohne das Korsett der braunen Uniform. Werkelte von früh bis spät in seinem Garten und schaute kaum hoch, wenn ihn jemand ansprach. Stellen Sie sich vor, Herr Flintscher, da werfen mir die Amerikaner hoch oben von ihrem Panzer einen Karton an den Kopf und lachen noch darüber. Ist das nicht unglaublich? Was ist bloß aus Deutschland geworden, ruft Mutter ihm über den Gartenzaun zu. Aber sie bekommt keine Antwort.

Wir räumen unser luftiges Nachtlager, als das Wohnungsamt uns Frau Hennecke einweist, die in Köln ausgebombt ist. Die Wohnung, das Café, bis auf den Keller alles weg, in einer Nacht, erzählt sie. Un et war noch am Brennen, da hat er sich schon mit dem Weib davongemacht. Mit »er« ist Herr Hennecke gemeint, der sich mit der Caféhauskellnerin nach Engelskirchen abgesetzt hat. So einer Wasserstoffblonden mit knallroten langen Fingernägeln, ich hab immer Angst gehabt, sie bleibt damit am Servierbrett hängen.

Wenn sich die Lage etwas beruhigt hat und wir wieder über den Rhein können, will Frau Hennecke die in ihrem Keller verborgenen Schätze heben, denn unsere Versorgungslage wird immer kritischer. Meist erreichen uns die auf den Marken aufgerufenen Lebensmittel gar nicht. Die Warteschlange vor Hambachs Laden zieht sich weit in die Straße hinein, und steht man endlich vor der Klingeltür, hebt Frau Hambach in blütenweißer Schürze und mit runden, rosigen Wangen bedauernd die Hände. Es is alles schon weg, vielleicht jibt et morjen widder wat, dann kommste en bißchen früher. Noch früher, ich steh doch schon drei Stunden, maule ich. Na und, die anderen auch, giftet Frau Hambach zurück. Aber nicht alle müssen warten. Viele gehen hintenrum, kommen mit vollen Taschen zurück.

Einmal, als ich mir heimlich nachts eine Scheibe von unserem tatschigen Maisbrot abgeschnitten hatte, stand plötzlich Mutter in der Küchentüre. Das ist für alle da, nicht für einen allein, schrie sie, riß mir die Brotscheibe vom Mund und gab mir eine schallende Ohrfeige. Jetzt muß ich schon wegen einer Scheibe Brot meine Kinder schlagen, jammerte sie später.

Du mußt fester stopfen, befiehlt Frau Hennecke und nimmt mir den fleischfarbenen Strumpf aus der Hand. Mit geschickten Fingern drückt sie die Sägespäne so fest, bis sich Kopf und Körper abzeichnen. Sie hatte die Idee mit den Puppen, die wir dann später auf dem Schwarzmarkt für Zigaretten an die amerikanischen Soldaten verhökern sollen. Da sin die janz jeck drauf, verspricht Frau Hennecke und hält prüfend eine Dirndlpuppe mit Wollzöpfen, Spitzenunterrock und kariertem Janker, ein Stück von Mutters altem Morgenrock, den Vater immer Punjel nannte, gegen das Licht. Die reißen dir dat aus der Hand. Sie legt die Puppe zurück auf den Küchentisch und dreht sich eine Zigarette. Willst du auch eine, dat is jut jejen den Hunger. Ich schüttele den Kopf, schaue zu, wie sie die Zigarette in ihre Bernsteinspitze pfriemelt. Mutter lehnt ihr Angebot nicht ab, hält die Zigarette geziert zwischen Daumen und Zeigefinger, wie die Stars in den alten Kinofilmen. Sie muß husten, und die blaugraue Rauchwolke unter der Lampe gerät in nervöse Schwingungen. Mit nem netten jungen Mädchen verkauft sich so wat von selbst, behauptet Frau Hennecke, und so wird beschlossen, mich mit den Puppen zum Amimarkt zu schicken.

Lang und schlaksig, wie ich bin, mit Storchenbeinen, eckigen Knochen und flach auf der Brust, halte ich mich keineswegs für so begehrenswert, daß man mir die angebotene Ware um meiner selbst willen aus der Hand reißt. Weil ich mir eher wie das Mädchen mit den Schwefelhölzern vorkomme, an dem die Leute achtlos vorübergehen, nehme ich zur Verstärkung die dicke Else mit, die all das aufzuweisen hat, was mir fehlt, und für solche Abenteuer sofort zu haben ist.

Vor dem Bergischen Hof, der amerikanischen Kommandantur, hockt ein Wachsoldat breitbeinig auf einem Stuhl, kein Schilderhäuschen, kein strammes Paradieren, noch nie habe ich einen sitzenden Wachsoldaten gesehen. Aus dem kleinen Radio neben ihm schallt laute Jazzmusik. Während er uns kauend fixiert, wippt sein linkes Bein zum Takt der Musik. Schließlich wird ihm unser staunendes Starren zu dumm, und mit einem energischen »Go on« winkt er uns fort.

Die sind so anders, gar keine richtigen Soldaten, meint die dicke Else. Auch ich kann mir dieses amerikanische Wunder nicht erklären. Meine Vorstellung von Amerika ist begrenzt, reicht von den Propagandalügen der Vergangenheit bis zur Karl-May-Romantik aus geliehenen Büchern. Hast du gesehen, wie die gehen, fragt Else. Dann läuft sie voraus, mit weichen Knien und wackelndem Hinterteil, was eher an eine watschelnde Ente erinnert als an die Siegersoldaten in ihren engen Hosen mit dem latschigen Gang.

Auf dem Sportplatz zwischen den beiden Schulhöfen schieben sich murmelnd die Menschen aneinander vorbei. Wortfetzen hängen in der Luft. Butter, Kaffee, Zigaretten, wat willste, der Ami liefert nicht mehr, Lucky Strike, besorjischdir … Andere, deren abgewetzte Sorgfalt den ehemaligen Wohlstand verrät, haben am Boden ihre Waren aufgebaut. Kristall, Porzellan, silberne Löffel, alles, was in diesen Zeiten nicht zu gebrauchen ist, denn das einzige, was zählt, ist die Zigarettenwährung, zehn bis fünfzehn Mark das Stück. Wer genügend englische oder amerikanische Zigaretten besitzt, ist reich. Die Amerikaner, für uns lauter reiche Männer, schlendern lässig durch das Gewühl und verachten die Deutschen, die in ihren Augen allesamt Nazis sind. Einer mit wieselflinken Knopfaugen hat einen Papagei entdeckt. Er nimmt dem grauhaarigen Anbieter das Porzellantier aus der Hand und tänzelt kreischend und gurrend davon, gefolgt von seinen lachenden Kameraden. Dem Alten, schwankend zwischen Besitzangst und Ergebenheit, bleibt nichts anderes übrig, als hinterherzulaufen. Als ihm schließlich der Amerikaner achtlos das Stück Meißner zurückgibt, zerrinnt das Lächeln auf seinem Gesicht, und auch die Umstehenden bekommen schmale Augen.

Puppen bietet niemand an. Die Amerikaner gieren nach Orden und Ehrenzeichen, dem Ködertrödel des Tausendjährigen Reiches, vom Blutorden bis zur Nahkampfspange. Besonders auf Ritterkreuze haben sie es abgesehen. Ich darf nicht daran denken, wie viele Stangen Chesterfield, Luckies oder Camel ein solches Kreuz jetzt bringen würde. Deutlich sehe ich den Zigarettenberg vor mir, aber dann besinne ich mich und packe seufzend die Dirndlpuppen aus. Mein Kampf, Hitlers Lesebuch für Brautleute, das der Junge neben mir anbietet, wechselt für eine Stange Zigaretten schnell seinen Besitzer. Die im Hintergrund wartende Mutter nimmt eilig Sohn und Zigaretten für das verbotene Buch in Empfang und macht sich aus dem Staub.

Wie gut die Amis riechen, flüstert mir die dicke Else zu. Die haben einfach alles, Seife, Zigaretten, Essen, flüstere ich neidisch zurück. Bevor ich mich weiter mit der Ungerechtigkeit der Welt befassen kann, nimmt mir ein dicker, rothäutiger Amerikaner die Puppe aus der Hand. Seine Begleiterin zieht mißbilligend die rasierten Augenbrauen hoch und schüttelt den Kopf. Der Ami läßt nicht locker, hebt den Spitzenunterrock meiner Puppe hoch und zieht gemächlich ihre Stoffbeine auseinander. Die dicke Else stößt mich an und zeigt auf die an seinem Arm gestapelten Uhren. Isn't it a nice doll, fragt der Ami lachend das blonde Vollmondgesicht neben ihm und spreizt meiner Puppe erneut die Beine. Der Vollmond flüstert ihm etwas ins Ohr und schiebt die Hand unter seine Blousonjacke. Sofort verliert der Amerikaner jegliches Interesse an meiner Stoffpuppe. Bevor die beiden weitergehen, spuckt er mir seinen Kaugummi direkt vor die Füße.

Ganz zuletzt, als sich der Platz bereits geleert hat, werde ich meine Ware für ein Päckchen Camel los. But it's selfmade, wage ich einzuwenden. Da legt der Soldat noch ein Stück Seife drauf. Ich weiß allerdings nicht, ob das ein gutes Geschäft war.

Die dicke Else ist verschwunden, wie vom Erdboden verschluckt, schließlich gehe ich den Weg alleine zurück, oben über den Friedhof. Dort ist es still und friedlich, Tote machen keinen Lärm. Sie haben auch keinen Hunger. Ich setze mich auf eine Bank und betrachte meine Schätze. Die Seife riecht nach Flieder, auf der Zigarettenschachtel ist ein Kamel abgebildet. Schade, daß man Zigaretten nicht essen kann. Luckies wären besser gewesen. Die Camel ist nicht so fest gedreht, sie krümelt. Plötzlich taucht das traurige Gesicht meines Vaters vor mir auf. Er hätte meine Geschäfte nicht gutgeheißen. Beklommen schiele ich zu seinem Grab hinüber, und für einen Augenblick komme ich mir sehr verlassen vor. Vielleicht liegt es an der Stille, die hier herrscht. Niemand gießt Blumen, zupft Unkraut, jätet, weit und breit ist niemand zu sehen. Nur an den Gräbern hinter der Friedhofsmauer fuchtelt ein Mann mit den Armen in der Luft herum, deutet auf sein Handgelenk und ruft mir etwas zu. Carfur, carfur, verstehe ich, was immer das auch bedeuten mag. Er schwenkt immer noch seinen Spaten über der Friedhofsmauer, als am Tor bereits dieser Amerikaner aufgetaucht ist. Ein ganz junger, mit geschulterter Maschinenpistole, dem der Stahlhelm viel zu groß über den Ohren sitzt und der nun gebieterisch seine Arme ausbreitet. It's period of closure now, sagt er und zeigt auf seine Uhr. Im selben Augenblick schlägt es vom Kirchturm unten in der Stadt siebenmal. Die Sperrstunde hat begonnen, und kein Deutscher würde sich jetzt noch auf die Straße trauen. In der Zelle über der Polizeistation neben dem Rathaus hocken alle, die dieses Gebot nicht befolgt haben, wie die Sardinen in der Dose und unterhalten sich durch die Gitterstäbe mit den Vorübergehenden, bis die Wache sie zurückscheucht in ihr viel zu enges Verlies.

Please, let me go, bitte ich den Ami. Er schüttelt den Kopf. It's seven o'clock, zur Bekräftigung klopft er nachhaltig auf das Zifferblatt seiner Uhr. Please, my mother is ill, she is in hospital, there, ich zeige nach oben, wo die gelben Außenwände des Krankenhauses durch die Bäume schimmern. And my sister, aber so schnell fällt mir kein passender Schicksalsschlag für Hetty ein. Während ich blitzartig alle Möglichkeiten überschlage, eine im nachhinein explodierende Handgranate, ein aus der Bahn geratener Panzer, wild um sich schießende Russen, hat sich der Amerikaner wohl besonnen und sagt »Okay, I'll bring you«. Dann faßt er mich am Oberarm und schiebt mich auf den Trampelpfad, der vom nahen Wäldchen zur Unterstadt führt.

Mir ist nicht wohl in meiner Haut. Ängstlich schiele ich nach dem Soldaten, der unbeirrt neben mir herstapft und nach Uniform riecht. Von irgendwo ruft ein Kuckuck, unten lärmt die Stadt. Als die grauen Mauern des Wasserturms vor uns auftauchen, bleibt der Ami stehen, schaut mich an und sagt »Come on, we make love«. Was will er, Liebe machen, hält er mich für ein Amiliebchen wie die Frau Sechtem, die neuerdings ihre Lippen knallrot anmalt und abends die Hintertür den Amis öffnet. Mir is ejal, wat Se darüber sajen, hat sie neulich laut in Hambachs Laden verkündet, ich muß für mein Leut sorjen, un die Amis sin nette junge Kerle, nit so ne Tränentüten wie unsere, die in der Eck rumsitzen un sich selbst bedauern. Die Frauen sind entsetzt von ihr abgerückt, und Mariechen hat die Arme in die Seiten gestemmt, unser Tim is auch für Sie gefallen, Frau Sechtem, un wejen Ihrem Mann han Sie damals laut jenuch jekrieschen, is dat all jetz verjessen? Mir kann et ejal sein, wat Sie machen, jeder hat jetz mit sich zu tun, aber erwarten Se nit, dat mir noch Beifall klatschen. Draußen vor der Türe haben die Frauen Mariechen zugestimmt, und die Frau Sechtem geht jetzt bei Möllenkamps oben an der Hauptstraße einkaufen. Das meiste bekommt sie sowieso von den Amis. Mutter nennt die Frau Sechtem eine Hure und das, was sie mit den Amis hinter zugezogenen Gardinen macht, Hurerei.

Und das will dieser Ami jetzt auch mit mir machen, weil er denkt, ich sei so eine Frau Potiphar, die es mit jedem treibt. You dirty pig, schreie ich, you damned dirty pig. Das sind die einzigen englischen Schimpfwörter, die ich kenne, und sie scheinen ihre Wirkung nicht zu verfehlen. Erschrocken nimmt der Ami die Hand von der schon halbgeöffneten Hose. Pig, pig, schreie ich und renne davon. Hinter mir fallen Schüsse, aber ich achte nicht darauf und renne weiter, bis mir das Zwerchfell schmerzend an die Rippen drückt. Da bin ich schon halb zu Hause, und den letzten Teil des Weges gehe ich im Schatten der Bäume mit Späherblick auf die menschenleere Straße.

Nur eine Puppe und dafür so wenig, fragt Mutter. Die dreckelijen Amis wollen alles jeschenkt haben, meint Frau Hennecke. Mit 'nem Kind handeln, wejen so 'nem Püppchen, dat kann doch nit wahr sein. Laß mich mal probieren, wie die schmecken. Sie klaubt sich ein weißes Stäbchen aus dem Camelpäckchen, Mutter bringt schnell die Seife in Sicherheit. Dann brüht sie Malzkaffee auf. Später sucht sie die Zigaretten, aber die hat Frau Hennecke mit nach oben genommen.

Was bedeutet Carfur, frage ich. Meine Schwester weiß es auch nicht. Ob das etwas mit dem Liebemachen zu tun hat? Aber Liebe ist doch nicht machbar wie das Granatendrehen in der Fabrik. Liebe ist wie ein schützendes Dach, unter dem du zu Hause bist. Der Ramschladen der Frau Sechtem, mit dem sie die Amis versorgt, hat mit Liebe überhaupt nichts zu tun, und was der widerliche Ami da oben im Wald machen wollte, weiß ich jetzt auch, eine Bullenhochzeit, wie bei dem Bauern in der thüringischen Evakuierung.

Anton liegt in der Küche auf dem Sofa mit einer Zeitung auf dem Gesicht. Was hat er, frage ich Mariechen. Bauchweh un dä flöcke Pitter. Hab ich auch, sage ich. Mußt du alles haben, wat auch die anderen haben, jecke Panz, sagt Mariechen. Unter der Zeitung stöhnt es laut, wo kumme nur die schreckliche Ping her, wat han ich denn jedonn, dat et mir so schläch jeht. Drink dat, Mariechen stellt eine Goldrandtasse mit Kamillentee auf den Tisch, un hör auf mit der Kühmerei, man künnt jrad meinen, du wöds e Kind krieje. Mit lautem Knall stellt Anton die Tasse zurück, unter der Zeitung wird es still, kurz darauf zeigen regelmäßige Schnarchtöne an, daß er eingeschlafen ist. Mariechen nimmt den Wasserkessel vom Herd, schließt mit dem Herdeisen die Ofenringe und gießt in der großen weißen Emaillekanne Kaffee auf. Wenn mer keine Kathreiner mer kriejen, müsse mer Eicheln rösten. Bei Hambachs hat jestern en Frau erzählt, dat würd janz jut schmecken. Für Zijaretten bekommste auch echten Kaffee, oder für Jeld. Achthundert Mark soll ein Pfund Kaffee auf dem Schwarzmarkt kosten. Manche kriejen dat ja umsonst, aber mit dä Amis, nä, da wär ich mir zu schad für.

Is wat, Mariechen dreht sich um und schaut mich fragend an. Während sie Blümchentassen auf den Tisch stellt, Holzbrettchen danebenlegt und die Messer mit dem schwarzen Griff aus der Tischschublade holt, rede ich mir den Druck von der Seele. Wie konnt dein Mutter dich da allein hinjehn lassen, entrüstet sich Mariechen. Du hast janz fies Jlück jehabt, wenn dä jewußt hätt, wie et jeht, hätt et schlimmer kommen können. Dat war sicher en Anfänger, jetzt lacht sie. Dat Weesch is ja auch viel zu jroß für sein Alter, dat süht doch us wie achtzehn, kommt es plötzlich aus der Sofaecke. Ich denk, du hast Ping, un dann horchst du, wenn sich zwei Frauen unterhalten, so wat tut man doch nit. Sorch du dafür, dat die Männer ihren Kaffee kriejen, ich jeh in et Jewächshaus, kann sowieso nix essen. Anton hat sein muffeliges Gesicht aufgesetzt und läßt knallend die Türe ins Schloß fallen.

Mahlzeit, sagt der belgische Paul und hängt seine Kappe an den Haken hinter der Türe. Plötzlich stutzt er, wo hast du disch weh getan, viel Blut an Bein. Erschrocken schiele ich nach unten, wo ein roter Faden das Bein entlang in meinen Schuh läuft. Rugediguh, Blut ist im Schuh, singt Franzl, der die alte Wehrmachtsuniform gegen eine neue Nationalität getauscht hat, nicht mehr Ostmärker, sondern Österreicher ist und in Röhrigs Gärtnerei abwartet, bis er unbeschadet nach Wien zurückkehren kann. Anton ist das recht, er kann jede Hand gebrauchen, jetzt, wo bis auf Paul alle Fremdarbeiter fort sind und die letzten Gärtner noch ganz zum Schluß eingezogen wurden. Rugediguh, beginnt der Franzl wieder, doch bevor er noch zur zweiten Zeile ansetzen kann, hat Mariechen mich blitzschnell aus der Küche gezogen und vor dem grinsenden Starren der Männer in Sicherheit gebracht. Laß dir dat zu Haus von deiner Mutter erklären un nit von dä Käls hier, sagt sie. Un nimm dat mit, sie drückt mir eine Packung Camelia in die Hand, und jetzt weiß ich, daß ich die Frauenkrankheit habe, die meine Mutter Periode nennt.

Wie im Traum gehe ich die Treppe runter, durch das Tor, über die Straße, und denke immer nur, ich will dieses Blut nicht. Ich will auch diese Krankheit nicht, über die sich die Frauen unterhalten, wenn kein Mann in der Nähe ist, und »Die sollten das mal haben, das Gejammer möchte ich nicht hören« sagen. Dann nehmen sie Migränetabletten und legen die Wärmeflasche auf den Bauch. Vorher sind sie zänkisch, und nachher weichen sie die blutigen Lappen in kleinen Eimerchen mit Soda ein, denn Camelia gibt es nicht mehr, und ich wundere mich überhaupt, woher Mariechen die hat. Diese immer wiederkehrende blutige

Krankheit will ich nicht, auf keinen Fall. Ich weiß überhaupt nicht, wozu das gut sein soll.

Schniefend wische ich die Tränen der Wut aus dem Gesicht, und Mutter fragt: Mein Gott, was ist passiert? Bis sie mein Päckchen und den befleckten Rock sieht und »Ist es schon soweit?« und »Da müssen wir alle durch« und »Jetzt bist du eine Frau« sagt. Ich will keine Frau sein, nie und nimmer will ich eine Frau sein, schreie ich und sehe sie alle vor mir, mit ihren Korsetts und geschwollenen Füßen, ihren müden abgearbeiteten Gesichtern, ihren Krankheiten, ihrem heimlichen Geflüster und den scheelen Blicken. Nein, so will ich nicht werden, niemals. Ich werde keine Frau, sage ich entschieden. Da kannst du dich nicht gegen wehren, das hat der liebe Gott so eingerichtet, antwortet Mutter. Außerdem mußt du dich jetzt vor den Männern in acht nehmen, jetzt kannst du Kinder bekommen, und den Männern ist sowieso alles egal, die wollen immer nur das eine. Was das sein soll, sagt sie mir nicht.

Die Engländer haben die Patton-Bridge, die hölzerne Notkonstruktion über den Rhein, nun auch für Deutsche freigegeben. Sofort macht sich Frau Hennecke auf den Weg und kommt weiß gepudert und schwer bepackt zurück. Wat ich da erlebt hab, is nit zu glauben, erzählt sie. Entwürdigend, einfach entwürdigend, wie die einen behandeln. Un dat, wo mir so viel mitjemacht haben. Zuerst wollten se in dem Schilderhäuschen an der Brück meinen Steckbrief sehen. Sie meint damit unseren neuen Personalausweis mit Fingerabdruck. Wie bei den Verbrechern, stimmt ihr Mutter zu. Und dann ham sie mir mit so ner langen Spritz, Frau Hennecke zeichnet einen Meter Spritze in die Luft, dat Läusepulver über den Körper gejagt. Unter den Rock, unter die Arme, in die Bluse, alles pfundweise. Anjeblich wejen der Seuchenjefahr un dem Unjeziefer, dat ich in die Stadt einschleppen könnte. In die Stadt, wo et keinen Strom un kein Wasser jibt, wo die Kinder um Essen betteln und die Ratten auf der Straß tanzen, aber davon sajen se nix. Ganze dreihundert bewohnbare Häuser soll es noch in Köln geben, dat muß man sich mal vorstellen, besser, man macht die Augen zu, wenn man da durchjeht. Un ich wollt et nit jlauben, der Schabau war noch da. Sie läßt uns einen Blick in die mit Flaschen vollbepackten Taschen werfen. Bring mal Gläser, Liebchen, sagt sie, wir wollen doch mal gucken, ob er noch jut is, der Schabau.

Es wird in hundert Jahren wieder so ein Frühling sein, singt Mariechen drüben. Ich summe mit, bis Mutter mir Lebensmittelmarken und Einkaufsnetz in die Hand drückt und mich in Hambachs Laden nach Maisbrot, Zucker und den auf Abschnitt 67 aufgerufenen Graupen schickt. Ich komme ohne Graupen, aber mit Neuigkeiten zurück. Endlich ist der Bürgermeister, der so beflissen die Befehle seines Führers befolgte, abgesetzt worden, und der nazibraune Kreisleiter hat sich das Leben genommen. Ich gönn es ihm, sagt Mutter bei dem einen, und, der hat es nicht besser verdient, bei dem anderen. Dann erzähle ich vom Tauschgeschäft der Amerikaner, die Thüringen gegen ein Besatzungsgebiet in Berlin an die Russen abtreten. Aber das ist wohl keine gute Nachricht. Großmutter lebt immer noch in dem Altersheim, hoch oben im Thüringer Wald, wo der Wind über die kahle Bergkuppe fegt und die verstörten Alten im Kreis gehen. Ich sehe noch ihr trauriges Gesicht hinter der beschlagenen Fensterscheibe und höre die Vorsteherin sagen, Frau Kinski gehört eigentlich nicht hierher.

Stell mal einen Aschenbecher auf den Tisch, bevor alles aufs Tischtuch fällt, sagt Mutter und starrt abwesend auf den Aschenkegel, den Frau Hennecke kunstvoll in ihrer Zigarettenspitze balanciert. Was sagst du, die Amerikaner sind schon abmarschbereit? Mein Gott, dann wird alles, was wir nach Thüringen geschleppt haben, diesen Unmenschen in die Hände fallen. Fußlappen werden sie daraus machen, und ihre russischen Matkas werden sich in meiner Bettwäsche wälzen. Wieso die Russen, fragt Hetty, ich denke der Bauer hat das in Verwahr. Weißt du denn, was er damit macht? Er wird es verschleudern, auf den Schwarzmarkt tragen, nichts werden wir davon wiedersehen, rein gar nichts.

Warum geht ihr nicht über die grüne Grenze und holt das Zeug, fragt Frau Hennecke. Für en paar Mark bringt dich doch jeder Grenzgänger rüber. Jetzt, wo die Russen einziehen, ist da Hochbetrieb. Die aus dem Osten wollen zurück in ihre Heimat, nach Leipzig, Magdeburg oder Dresden, und andere in die umgekehrte Richtung. Am eiligsten werden es die Nazis haben, in den Westen zu kommen. Irgendwo zwischen Helmstedt und Schönenborn trennen sie sich von ihrer braunen Vergangenheit und tauchen mit weißer Weste hier wieder auf. Wer fragt schon danach, was war, jetzt, wo sowieso alles durcheinanderläuft.

Die Grenzgänger sollen die Leute ausrauben, es wird erzählt, daß sie sogar mit den Russen gemeinsame Sache machen, und dahin wollen Sie Hetty schicken, empört sich Mutter. Ich doch nit, Sie sin dat doch, die ihrem Kram nachjammert, antwortet Frau Hennecke. Nie und nimmer lasse ich das Kind in die russische Zone gehen, auf keinen Fall. Mutter steht auf und öffnet geräuschvoll das Fenster. Was ist das überhaupt für ein schreckliches Kraut, das Sie da rauchen? Pfälzischer Eigenbau mit en paar Brombeerblättern und Pfefferminztee versetzt, schmeckt nicht schlecht, en bißchen herb. Stinken tut das Zeug, Mutter lehnt den Kopf zum Fenster hinaus. Trotzdem würd ich mir dat überlegen, Frau Hennecke versucht das feuchte Zigarettenpapier zusammenzudrücken, bis es sich endgültig öffnet und die schwarzgrauen Tabakkrümel auf den Tisch rieseln, wenn die nämlich erst dat Loch zumachen, is et zu spät. Ich geh rüber, sagt meine Schwester entschieden, und ich bin sicher, sie hat sich über das Kind geärgert.

Kann ich nicht mitgehen und tragen helfen, frage ich, erpicht auf Abenteuer. Das fehlte gerade noch, Mutter zieht hörbar die Luft ein. Aber vielleicht kann ich mit Hetty Großmutter da wegholen. Glaubst du etwa, Großmutter hat das alles überstanden, winkt Mutter ab. In ihrem Alter, das schlag dir mal aus dem Kopf, wahrscheinlich lebt Großmutter gar nicht mehr. Wie kannst du so etwas sagen, schreie ich empört. Schrei nicht rum, ich fühle das, schließlich ist es meine Mutter.

3

Am Bach hinter dem Bahndamm wächst der Bärenklau in so dichten Büscheln, daß ich meinen Sack schnell gefüllt habe und die Füße ins Wasser hängen kann. Früher saß Bertchen hier neben mir, aber der ist tot und klaubt keine Steine mehr mit den nackten Zehen aus dem Ufersand. Ob es wohl ein Leben nach dem Tod gibt? Großmutter sagt, daß sie uns begleiten, die, die wir einmal geliebt haben, daß sie als unsichtbare Schatten neben uns sind. Sie ist fest davon überzeugt, und wenn sie mit Großvater spricht, der angeblich immer neben ihr herläuft, wenn er auch zu Lebzeiten oft im Schrebergarten verschwand, um dort seine Ruhe zu haben, wendet sie sogar den Kopf zur Seite.

Mein Schatten kräuselt sich im fließenden Wasser. Ich werfe Gänseblümchen ins Wasser, die mich mit ihren weißbewimperten Augen anschauen, ehe sie um die Bachkehre verschwinden.

Wer glaubt schon so einen Blödsinn, Großmutter ist alt, und wer weiß, ob sie noch lebt. Ich ziehe die Füße aus dem Wasser, nehme meinen Sack und beeile mich, zu den Kaninchen zu kommen, die auf ihr Futter warten. Morgen gibt es wieder Löwenzahn, verspreche ich der kleinen weißen Häsin, die mich aus ihren roten Augen vorwurfsvoll anschaut. Ihr Fell ist warm und riecht nach Heu. Schnuppernd vergrabe ich meine Nase hinter ihren langen Ohren.

Als ich sie wieder in ihren Verschlag setze, sehe ich das

Fahrrad in unserer Waschküche. Ofenlackschwarz von der Lenkstange bis zur Pedale steht es gleich neben der Kellertür. Zwar nicht funkelnd und silberglänzend wie in meinen Träumen, sondern stumpf und schwarz, aber doch immerhin ein Fahrrad, ein unbezahlbarer Besitz in diesen Zeiten, und nicht mit Zigaretten aufzuwiegen. Wo hast du das Rad her, stürze ich in die Küche. Welches Rad, fragt Mutter. Das in der Waschküche, das schwarze Fahrrad. Ich glaube, du träumst, kopfschüttelnd folgt mir Mutter in die Waschküche, wo es in seinem finsteren Lack immer noch an der Wand steht. Mein Gott, wie kommt das Rad hierher, und warum ist es so nachtschwarz angepinselt, vielleicht hat sich jemand hier versteckt. Ängstlich suchen wir in Keller und Garten nach einem Fremden, auch wenn der ganz sicher nicht seine Visitenkarte an unserer Waschküchenwand hinterlassen hätte. Wissen Sie, wem das Fahrrad in der Waschküche gehört, fragt Mutter Frau Hennecke, die plötzlich auf der Treppe steht. En Fahrrad, wat für en Fahrrad, staunt Frau Hennecke, die qualmende Zigarettenspitze in der erhobenen Hand. Na, das hier, vollkommen angestrichen, noch nicht einmal die Marke ist zu erkennen. Wahrhaftig, pottschwarz, bestätigt Frau Hennecke und betrachtet interessiert das Fahrrad. Mit dem Rad stimmt was nicht, so was will ich nicht im Haus haben, das Rad kommt weg, entscheidet Mutter. Nein, schreie ich, laß es mir, und Frau Hennecke verschwindet schnell nach oben.

Mutter rätselt weiter an dem Rad herum, und ich überlege, auf welche Weise ich mir diesen kostbaren Gegenstand, der niemandem zu gehören scheint, aneignen könnte. Aber spätestens als Frau Hennecke mit einer Flasche Eierlikör in die Küche kommt, um uns eine Probe von ihrem Selbstgebrauten anzubieten, weiß ich, daß dieser Traum keine Zukunft hat. Mißtrauisch betrachtet Mutter die gelbe Flasche. Wahrscheinlich denkt sie an unsere faulen Hühner, die ihre Legetätigkeit neuerdings erheblich eingeschränkt haben, tippt auf einen Zusammenhang zwischen der eigelben Flüssigkeit und den leeren Nestern und fragt deshalb argwöhnisch: Wo haben Sie denn die Eier her? Ja nit dat, wat Sie denken, Frau Hennecke gießt schnell Dickflüssiges in die Gläser, die hab ich einjetauscht, ehrlich, un damit et en bißchen besser flutscht, hab ich Eierlikör draus jemacht. Wenn mer sonst schon kein Kalorien kriejen, dat sättigt auch. Sie fängt mit dem Zeigefinger einen Tropfen vom Flaschenhals auf und verkündet beiläufig: Dat Rad jehört mir. Hab ich es mir doch gedacht, Mutter schlägt mit der flachen Hand auf den Tisch, daß die Gläser tanzen, und wo haben Sie es her, dieses Rad? Dat hab ich von nem Mann. Der hat mir dat anjeboten, auf der Straß. Erzählen Sie doch keine Märchen, kein Mensch bietet ihnen heutzutage ein Rad auf der Straße an. Ja nit umsonst, ich hab ihm natürlich wat dafür jejeben. Der wollte Schnaps un hat zu mir jesagt: Ich Schnaps, du Rad. Ein Russe, ruft Mutter entsetzt, wie konnten Sie nur so etwas tun. Ob dat ne Russ war, weiß ich doch nit, auf jeden Fall hat er mir dat Rad jebracht, un ich hab ihm zwei Flaschen Schnaps dafür jejeben, un dat war jut bezahlt für dat schwarze Ding. Sie haben den Russen in unser Haus gebracht, Mutter beginnt ziellos in der Küche herumzurennen: Mein Gott, mein Gott, was haben Sie nur gemacht, Sie bringen uns in Teufels Küche. Nu rejen Se sich mal ab un setzen sich wieder hin un trinken noch nen Schluck. Dat war ne janz harmlose Jung, der mit dem Schnaps längst über alle Berge is. Ich brauch dat Rad, weil ich damit nach Engelskirchen fahren will, um dem Schweinehund, der mich hier ohne nen Pfennig sitzen läßt, auf die Bud zu rücken. Schließlich sin mir verheiratet, un ich weiß nit, wat der sich eigentlich dabei denkt. Mutter hat sich wieder hingesetzt, hockt in ihrer blaurot gestickten Küchenschürze auf dem Stuhl und sagt kein einziges Wort mehr.

Darf ich mal mit dem Rad fahren, frage ich. Sicher, Schätzchen, aber nur einmal die Straß rauf un runter, un dann stellst du et widder schön an seinen Platz.

Am Ende der Straße steht die dicke Else vor dem Gartentor. Wo haste denn das her, fragt sie und betrachtet mit staunenden Augen das schwarze Rad. Geliehen. Und warum ist es so komisch angestrichen? Ich überlege, ob ich sie einweihen soll. Schließlich siegt meine Schwatzsucht über die Vorsicht. Verrätst du mich nicht, wenn ich es dir sage? Die dicke Else schwört mein Geheimnis zu bewahren, dem ihre Augen gierig entgegenfunkeln. Aber noch während ich es ihr anvertraue, weiß ich, welchen Fehler ich damit mache. Nun ist es zu spät, sie hat bereits erfahren, daß Frau Hennecke das Rad von einem Russen gegen Schnaps getauscht hat. Wenn du keinem Menschen ein Sterbenswörtchen davon verrätst, darfst du auch mal fahren, versuche ich die Situation zu retten. Aber die dicke Else weicht meinen Bestechungsversuchen aus. Mit so was will ich nichts zu tun haben, sagt sie und geht ins Haus, um meine Neuigkeit unter die Leute zu bringen.

Der Mann ist Kriminalkommissar, heißt Müller und will meine Mutter sprechen. Mein Gott, ich hab es geahnt, und wir sind alleine, Hetty nicht da, die oben auch nicht, Mutter schnellt zur Türe, wo der Weißhaarige, der gar nicht wie ein Kommissar aussieht und mir irgendwie bekannt vorkommt, wartet. Sie sollen ein gestohlenes Rad erworben haben, sagt der Mann. Ich habe nichts gestohlen, diese Unverschämtheit verbitte ich mir, mit dem Rad habe ich nichts zu tun, es gehört meiner Mieterin. Kann ich es mal sehen, fragt der Mann, und Mutter schleppt ihn in die

Waschküche, wo er das schwarze Rad von allen Seiten begutachtet. Zweifellos Diebesgut, stellt der Mann fest, um es unkenntlich zu machen, wurde es überstrichen. Woher haben Sie das Fahrrad? Ich sag Ihnen doch, das Rad gehört mir nicht, es gehört meiner Mieterin. Dann möchte ich mit dieser Frau sprechen, verlangt Herr Müller, und ich weiß nicht, warum er dabei so freudig seine gelben Zähne bleckt. Frau Hennecke ist nicht da, sie ist mit Herrn Hambach nach Köln gefahren, antwortet Mutter und sieht ziemlich verzweifelt aus. Wer Diebesgut annimmt oder versteckt, macht sich strafbar, Herr Müller schaut streng. Ich verstecke doch nichts, es stand plötzlich da, schluchzt Mutter. Gute Frau, das machen Sie mal einem anderen weis, ich muß das Rad mitnehmen, es ist beschlagnahmt. Nehmen Sie es nur mit, schaffen Sie es fort, ich will so was nicht im Haus haben, schluchzt Mutter. Das kannst du nicht machen, es gehört uns doch nicht, wage ich einzuwenden. Aber Herr Müller ist mit dem Rad bereits zur Türe hinaus. Draußen wartet ein Mann mit einer grünkarierten Schlägermütze auf ihn. Hast du das Rad, fragt er. Herr Müller nickt und zeigt wieder seine gelben Zähne.

Frau Hennecke weint dem schwarzen Rad keine Träne nach. Fot is fot, sagt sie, un dat hätt sowieso nix jebracht, wo ich doch janit radfahren kann. Kaum haben wir uns von dieser Neuigkeit erholt, als sie mit einer weiteren aufwartet: Un außerdem zieh ich aus, morjen kommt einer mit nem Holzvergaser und nimmt mich mit nach Engelskirchen. Sie verschwindet mit Tüten, Beuteln, ihren Schnapsflaschen und läßt uns lediglich ihren Makel zurück, den sie mir in Hambachs Laden lautstark vorhalten. Ihr habt mit den Russen gemeinsame Sache gemacht, mit den Russen, die unsere Männer auf dem Jewissen haben, kreischt die Sechtem. Wejen so wat wie euch morden un stehlen die weiter, wettert die Mutter der dicken Else. Da kann man doch nur ausspucken vor, läßt sich Herr Hambach vernehmen, und auch seine Frau wendet sich angeekelt von mir ab: Et is besser, du kaufst in Zukunft woanders. Ich renne aus dem Laden, will schnell an den Ort, wo ich schon immer Trost gefunden habe.

Mariechen ist beschäftigt, schnibbelt Möhren in ein Sieb und hört sich meine Klagen wortlos an. Wo Rauch is, is auch Feuer, sagt sie endlich, un keiner jibt wat her, wat ihm nit jehört. Ich kann es nicht glauben, Mariechen, die Vertraute meiner Kindheitstage, verrät mich. Mariechen, die jederzeit für alles ein Trostpflaster hat, schlägt sich auf die Seite der Verleumder, will uns womöglich auch anklagen, Dieben und Mördern Beihilfe zu leisten. Ein feiner Riß zieht sich plötzlich durch unsere Freundschaft und macht mich stumpf vor Kummer.

In der Sofaecke unter der Kuckucksuhr wühlt Anton in den Blumenkatalogen, knallt ein buntbebildertes Heft auf den Tisch, dann schimpft er los. Alles Quatsch, wat da erzählt wird, ihr seid jelinkt worden. Kriminalkommissar, un auch noch Müller, un der hat nix anderes zu tun, als sich hinter ein anjemaltes Rad zu klemmen. Jetz, wo jeder klaut, jeder lügt und betrügt für et Leben. Un da kommt der einfach reinspaziert un sagt Polizei. Dat ich nit lache. Die Amis sin die Polizei, die haben dat Sagen un kümmern sich nen Deuwel um die Russen un um denne ihre Räder, weder bei Tag noch bei Nacht. Ausjerechnet die, immer noch schimpfend verschwindet Anton mit langen Schritten und wehendem grauen Kittel, den Blumenkatalog unter dem Arm, Richtung Gewächshäuser. Willst du en Butterbrot, fragt Mariechen. Diesmal schüttele ich den Kopf, verzichte standhaft auf ihre falsche Freundlichkeit, auch wenn mein Magen protestiert.

Hetty ist zurück und berichtet von Russen, die schmutzig und abgerissen auf von kleinen Pferden gezogenen Panjewagen saßen. Unter ihnen viele Mongolen mit kahlgeschorenen Köpfen und Schlitzaugen. Mutter streichelt ihre Tischdecken, und Hetty erzählt von der Angst der Leute vor diesen Russen, von der Pflicht, rote Begrüßungsfahnen aufzuhängen, die innen noch die Spuren der abgetrennten Hakenkreuze tragen, und von hungernden Kindern, die aus einem eisernen Kochkessel von den Soldaten versorgt wurden. Dann gehen wir schlafen und verpassen den Abzug unserer Amerikaner.

Die nachrückenden Engländer zäunen umgehend die Russenkasernen ein, stellen Wachen auf und verteilen Passierscheine. Am Abend werden die Kasernentore geschlossen, und die nächtlichen Überfälle hören schlagartig auf. Die Amerikaner waren vulgär, die Engländer sind arrogant, aber sie verstehen was von Ordnung, stellt Mutter anerkennend fest, das haben sie in ihren Kolonien gelernt. Ich frage mich, warum die höheren Chargen kleine Stöckchen unter dem Arm tragen und mit welcher Ordnung das wohl zu tun hat, daß sie über uns Eingeborene so einfach hinwegsehen.

Nie hätte ich mir träumen lassen, noch einmal englische Besatzung zu erleben, Mutter verliert sich in Erinnerungen an die Zeit nach dem Ersten Weltkrieg, als sie in Köln unter den Engländern auch gehungert und gefroren haben. Unten fährt ein Jeep vorbei, vier Schnurrbartgesichter schauen hoch, und ein Stöckchen zeigt auf unsere Fenster. Ich glaube, die wollen hier Quartier machen, murmele ich. Was, Mutter reißt an der Gardinenschnur, die können uns doch nicht aus dem Haus werfen. Der Jeep fährt weiter und hat Mutter ihre Schreckgespenster hinterlassen, zwischen denen sie jetzt wühlt. Vielleicht lassen sie uns oben wohnen, versuche ich zu beruhigen. Was denkst du denn, die dürfen doch noch nicht einmal mit uns reden, geschweige denn wohnen, denen ist doch jeder Kontakt mit uns verboten. Wie heißt denn dieses Gesetz noch mal? »Fraternisierungs-Gesetz«, helfe ich aus.

Als wir unsere Graupensuppe essen, in der ein paar verlorene Kartoffelstückchen schwimmen, kommt Mutter dieser absurde Gedanke, von dem sie nicht abzubringen ist. Ungemütlich muß es sein, richtig ungemütlich, kahl und leer, überlegt sie. Wir müssen ausräumen, wenn ich nur wüßte, wohin. Schließlich fallen ihr unsere neuen Ausländer ein. An manchem bekannten Haus hängt neuerdings eine fremde Fahne, die der Welt und den erstaunten Nachbarn mitteilt, daß der Pitter eigentlich Holländer ist, die Frau Nettesheim schon immer Belgierin war und der Herr Willemsen, der früher so begeistert mit »Heil Hitler« grüßte, in Dänemark zu Hause ist. Dieses fremde Territorium unterliegt nicht den für Deutsche entworfenen Besatzungsbestimmungen, und in ein solches Haus will Mutter unser Hab und Gut verfrachten. Ich gehe da nicht hin, warum ausgerechnet ich, warum nicht Hetty, sage ich. Weil du ein Kind bist und weil du in Frankreich im Internat warst. Im Elsaß, wo kein Mensch Französisch sprechen durfte, und das Internat war eine ekelhafte Nazischule, protestiere ich und weiß selbst nicht, warum ich so wütend bin. Das mußt du ihr nicht auf die Nase binden. Wir haben dich nicht freiwillig dorthin gegeben, sie haben Vater gezwungen. Aber mach das mal einem Menschen klar, jetzt erzählt dir das doch jeder Nazi. Also behalt es besser für dich, und vergiß es.

Das Haus der Französin liegt versteckt hinter hohen Bäumen. Aus einem der Fenster weht die Trikolore. Hinten im Garten scharren Hühner. Neumeier steht auf dem Klingelschild. Was ist das für ein Name, wenn sie Französin ist, denke ich. Dann fällt mir ein, daß ihr Mann sie verlassen hat. Es muß schon lange hersein, denn ich weiß nur, daß sie immer alleine geht, in einem Hosenrock, mit braunen, hochgesteckten Haaren. Beim Gehen schlenkert sie wie ein Kind mit der Einkaufstasche hin und her, und meinen Gruß nimmt sie mit einem »Tach, Kind« entgegen, was weich und fremd klingt. Manchmal summt sie auch vor sich hin, weshalb die Leute mit dem Kopf schütteln, denn bei uns geht man nicht summend über die Straße. Doch niemand fragt: Wat is denn mit der los, is die bekloppt, dafür geht sie zu aufrecht, dafür schaut sie den Leuten zu gerade ins Gesicht. Die meisten gehen ihr ganz einfach aus dem Weg.

Erst nach meinem zweiten zaghaften Klingeln öffnet sich die Türe. Ihr Haar ist grau geworden, so lange habe ich sie nicht gesehen. Tach, Kind, sagt sie und schaut mich erstaunt an. Obwohl ich im stillen Mutters abenteuerliche Idee verfluche, bete ich mein Sprüchlein herunter. Und warum schickt deine Mutter dich, warum kommt sie nicht selbst? Das frage ich mich auch, würde ich am liebsten antworten, aber ich sage nichts, halte nur ihrem forschenden Blick stand. Warte hier, ich gehe mit zu deiner Mutter, sagt sie und schiebt mich in ein Zimmer, wo blankpolierte Möbel auf krummen Beinen an den Wänden stehen. Ganz oben, ich muß den Kopf in den Nacken legen, hängen Strichmännchenbilder. Einer balanciert mit einer langen Stange auf einem Seil, ein anderer liegt flach ausgestreckt auf einem Tisch. Jetzt erinnere ich mich an das Gelächter der Gärtner, als Mariechen erzählte, bei der Französin sollen Strichmännchen an der Wand hängen, und Anton antwortete, solang et kein Strichfräuchen sin, jeht et ja noch.

Gefallen dir die Bilder, fragt sie. Das mit dem Seil, antworte ich. Weil ich mich selbst so bewege, Schritt für Schritt, unter mir Schutt und Gerümpel, und jetzt auch noch das schwarze Loch des Vergessens. Doch das erzähle ich ihr natürlich nicht. Komm, wir gehen, sagt sie und wickelt sich in ein schwarzes Wolltuch mit Fransen. Unterwegs erzählt sie mir von dem Maler, den sie kannte, damals, als sie noch in München lebte. Ich habe auch einmal einen Maler gekannt, einen Freund meines Vaters, aber er ist im Krieg gefallen. Wieder schaut sie mich forschend von der Seite an, dann legt sie den Arm um meine Schulter.

Zwei Tage lang schleppen wir unseren Hausrat ins Franzosenhaus, schließlich bleiben nur das Klavier und die nackten Möbel übrig. Es dröhnt durchs ganze Haus, wenn Mutter spielt. Die Französin wendet die Notenblätter. Nachher erzählt sie von der Zeit, als sie noch Gewandmeisterin am Münchner Theater war, bis 1933. Was nachher war, erzählt sie nicht. Wir fragen auch nicht danach, wir haben jetzt andere Sorgen.

Zum Glück sind die Engländer nicht gekommen, sie haben in der Stadt Quartier bezogen. Beim Rücktransport unseres Hausrats ist alles viel schwerer als vorher. Als wir die letzte Kiste ins Haus tragen, steht ein englischer Soldat am Gartentor, mit glänzend gewienerten Schuhen und Bügelfalten in der Uniformhose. Gentleman-Soldaten nennt Mariechen diese blitzblanken Engländer, die korrekt und unpersönlich höflich sind, uns Deutsche aber gar nicht richtig wahrnehmen, an uns vorbeischauen, als existierten wir nicht. Aber dieser hier ist anders. Do you speak English, fragt er und schaut sich ängstlich nach allen Seiten um. Unter dem Arm trägt er ein graues Bündel, und Hetty, die gleich weiß, worum es geht, bringt ihn mitsamt seinem Wäschepaket ins Haus. Ich werde doch nicht für die Engländer waschen, lehnt Mutter empört ab. For soap and cigarettes, sagt der Soldat schüchtern und stellt eine kleine Büchse Nescafé auf den Tisch. Diese Sprache versteht jeder, jetzt werden sie handelseinig. Bob schickt uns weitere Engländer mit Wäschebündeln, deren olivgrüne Unterhosen nun tagtäglich an unseren Wäscheleinen flattern. Bis ein kleiner Dicker kommt, der mir im Vorübergehen auf den Po klopft und erklärt: Den Hitler hätten wir in England gut gebrauchen können. Für ihn wäscht Mutter nicht. Da versiegt der Wäschestrom plötzlich. Bob holt sein letztes Päckchen am späten Abend ab. Wir sind verpfiffen worden, no fraternization, sie sind jetzt sehr streng, drei Tage Bau und Versetzung, er zuckt bedauernd mit den Schultern. Zum Abschied schenkt er mir ein Stück Lux-Seife, womit sich in England die Filmstars waschen, wie er lachend versichert. Bei uns wäscht sich die ganze Familie damit.

Schreckensbleich horchen wir auf die Stimme des Radiosprechers, der vom Atombombenabwurf auf Hiroshima spricht, wo von einer Minute auf die andere mehr als 80000 Menschen umgekommen sind, 14000 vermißt werden und Tausende verwundet sind. Am nächsten Morgen zeigt uns die Zeitung den Atompilz und berichtet von einem Menschen, der nur einen Schatten hinterließ, durch die Strahlung auf eine Wand projiziert. Wir müssen Gott danken, daß uns das erspart geblieben ist, sagt Mutter und fügt nach einer Pause hinzu: Mein Gott, die armen Menschen.

Wie fast jedermann ist auch Anton fest davon überzeugt, daß es sich bei der Bombe um unsere vielbeschworene Wunderwaffe handelt. Un da frag ich mich, warum mir dat nit wie die Amis jemacht haben, meint der bucklige Hausierer, der nichts mehr anzubieten hat und nur mal vorbeischauen wollte. Na janz einfach, weil mir zu anständig waren, weil mir nie so en Schweinerei jemacht hätten, antwortet Anton.

Wo hat Mariechen bloß die Salmiakpastillen her? Wir kleben uns mit Spucke einen Stern auf den Handrücken. Willst du auch welche, fragt Mariechen den Bitterling, der grämlich wie sein Name in der Ofenecke hockt. Er schüttelt den Kopf, brütet weiter in sich hinein. Ich weiß überhaupt nit, wat der hat, beschwert sich Mariechens Schwester, die nebenan an der Nähmaschine hockt, über ihren Mann. Et is ihm doch jut jejangen bei den Amis, un jetz, wo er Krieg, Verwundung un Jefangenschaft überstanden hat un widder heil zu Haus is, ausjerechnet jetzt macht der dat Theater. Plötzlich schreit sie: Ich kann dat Jesicht nit mehr sehen, und wirft sich weinend über die Nähmaschine. Meinste mir, antwortet Mariechen und leckt an ihrem Salmiakstern, dessen Konturen zu einem Kreis verschmolzen sind. Vielleicht wär et besser, du würdest dich en bißchen mehr um ihn kümmern, anstatt als widder an ner Blus zu fummeln. Käthi überhört den Vorwurf, wirft sich das halbfertige Nähwerk über die Schultern und dreht sich selbstverliebt von allen Seiten vor dem Spiegel. Man muß sich doch en bißchen schmücken, sagt sie, und guck mal, ob et paßt, bis Mariechen nichts anderes übrigbleibt, als hier zu zupfen und da zu zibbeln, um alles in die richtige Form zu bringen. Mutters jutes Schwarzweißes, wenn die dat sehen könnt, ich weiß nit, wat se sajen tät. Wann willste dat überhaupt anziehn, bei dem Ausschnitt bis auf die Knie. Et jibt immer Jelejenheiten, so wat zu tragen, wie zur Bekräftigung schüttelt Käthi ihre blonden Locken. Reicht et nit schon, wie et is, mußt du dat Faß unbedingt zum Überlaufen bringen. Mariechen ist mit dem Salmiakstern fertig, wischt mit dem Taschentuch über den Handrücken. Ihr gönnt mir dat bißchen Freud nit, mal wat lachen, mal den janzen Mist vergessen, schon zeijen se all mit dem Finger auf einen, Käthis Tränen rollen wieder, hinterlassen kleine Mulden auf Mutter Röhrigs Schwarzweißem.

Die Heulerei nützt auch nix, dat hast du vorher jewußt. Dat will die Käls knatschverrückt machen, un könnt mein Mutter sein, beschwert sich Mariechen draußen im Flur, aber wenn aale Schüüre brennen. Ich nicke, mit älteren Schwestern kenne ich mich aus.

Der Bitterling sitzt immer noch neben dem Ofen. Seine finstere Miene hat jetzt Gesellschaft bekommen, spiegelt sich auf dem Gesicht vom belgischen Paul, der sämtliche Schrankschubladen aufgerissen hat, mit Kordeln und Schnüren hantiert und Mariechens ordentliche Wirtschaft durcheinanderwirft. Kannst du mir mal sagen, wat dat werden soll, fragt Mariechen. Ich suchen, ich suchen kleine Ding, doch was er eigentlich sucht, sagt er nicht. Bring mir nur nit meinen Kram aus der Reih, Mariechen schiebt den belgischen Paul zur Seite. Der nimmt doch alles hier in Besitz, erst die Frau, jetzt et Haus, un die Gärtnerei wird am End auch noch drankommen, alles schön nacheinander, tönt es aus der Ofenecke. Was du willst, das hier nix deine Haus, nix deine Gärtnerei, haßerfüllt starrt Paul den Bitterling an. Aber et is mein Frau, die du zur Hure machst, tönt wieder die Stimme aus der Ofenecke. Sag das noch eine Mal zu mir, der Paul hat Käthis Mann am Kragen gepackt, vom Stuhl gezerrt, noch eine Mal, was soll ich haben gemacht? Während ich da draußen de Knochen hinjehalten hab, amüsiert der Lump sich hier im Bett mit meiner Frau, fistelt Bitterlings Eunuchenstimme, denn der Griff am Kragen schnürt ihm die Luft ab. Du Dreckesack, schreit der Paul, lockert den Kragengriff und landet mit der Rechten einen gezielten Hieb auf das linke Auge des betrogenen Ehemanns. Inzwischen ist Käthi kreischend in die Küche gestürzt, hat sich zwischen die Kampfhähne geworfen, und ein nicht für sie bestimmter Gegenschlag landet unsanft auf ihrem rechten Auge. Aus dem Küchenfenster ruft Mariechen Anton zur Hilfe, ich zerre die flüchtenden Katzen aus der Schußlinie, und Paul hält wieder den schmächtigen Bitterling im Kragengriff, beutelt ihn wild hin und her, wie die Katze ihre eben gefangene Maus. Hört doch auf, hört doch auf, heult Käthi, doch keiner nimmt von ihr Notiz. Schließlich macht Antons energische Stimme dem Hahnenkampf ein Ende. Schluß jetzt, wat soll dat wohl, dat ihr euch nit schammt. Aber sie schämen sich nicht, die beiden, lassen nur unwillig voneinander ab, gehen murrend auseinander, jeweils gezeichnet mit einem blauen Auge. Auch Käthi schwillt es bereits blauviolett im Gesicht, und Mariechen behandelt mit Tinkturen und guten Ratschlägen.

Warum der hierbleibt, wo die drüben wieder alles haben und Frau und Kinder auf ihn warten, rätselt Anton, als sich die Küche geleert hat. Dat fragst du noch, bist du blind, antwortet Mariechen. Als Käthi hereinkommt, wechseln sie schnell das Thema.

Paul stopft weiter seine belgischen Briefe ungelesen in die Tasche, öffnet nur die Päckchen mit den Lebensmitteln und den Belga-Zigaretten, und der Bitterling hockt wie zuvor neben dem Ofen. Bis sich eines Tages eine zierliche, dunkelhaarige Frau in gebrochenem Deutsch nach der Gärtnerei erkundigt. Mariechen bietet Kaffee an, sie lehnt dankend ab, nicht wegen dem Muckefuck, wie sie ausdrücklich versichert. Später geht der Paul mit ihr zurück nach Mechelen. Um alles zu regeln, wie er Käthi versichert, aber er schaut sie nicht dabei an, zupft an seinem neuen Hemd, zupft an seiner Nase und lächelt sogar den Bitterling versöhnlich an. Von wegen alles regeln, den sehn mer nie wieder, sagt Mariechen. Reisende Leute soll man nit aufhalten, meint Anton, dem das am Ende egal ist, schließlich hat er noch die beiden Österreicher, und Wien ist weiter weg als Mechelen.

Käthis Mann hat seinen Beobachtungsposten neben

dem Ofen nun endlich aufgegeben, und sie sagt jetzt oft mit einer ganz neuen Stimme: Wenn du dat meinst, Hans, wird dat schon richtig sein. Ihre blonden Locken verdeckt neuerdings ein Kopftuch, und um den Mund sind ihr zwei bittere Falten gewachsen.

Rühr mal, sagt Mutter und drückt mir den Holzlöffel in die Hand, mit dem ich die Rübenstücke in dem großen Einmachkessel bewegen soll. Sie stammen vom Acker hinter dem Haus, der schon viele blanke Stellen hat, vom Vorbeigehen, wenn ich Kaninchenfutter hole und die gestohlenen Zuckerrüben in meinem Sack, zugedeckt mit Löwenzahn und Kräutern, nach Hause trage. Manchmal lauert der Bauer mit einem Knüppel hinter der Hecke und schneidet mir den Rückweg ab. Dann stolpere ich keuchend hinter den Bahndamm, schleiche mich vorsichtig durch das Wäldchen von rückwärts an das Haus heran. Die Rüben in meinem Sack wiegen schwer und hindern beim Laufen. Während an der Haselhecke immer noch der Bauer steht, liegen sie längst in der Kiste im Keller. Morgen wird es wieder Rübenkraut aufs Maisbrot geben und übermorgen auch, die ganze Woche lang, und die nächste Woche wird wieder mit dem tatschigen Brot und dem klebrigen Sirup beginnen, dessen Zubereitung so langwierig und dessen Beschaffung so schwierig ist. Wenn die kahlen Stellen im Acker überhandnehmen, muß ich mir ein neues Feld suchen, aber dann wird der Weg weiter sein und der Bauer vielleicht flinker auf den Beinen.

Vergiß das Rühren nicht. Mutter bringt den Kopfkissenbezug, bindet ihn an einen Besenstiel, den sie zwischen zwei Stühle klemmt. Über Nacht wird darin der Sud abtropfen, um morgen wieder gekocht und gerührt zu werden.

Im Suchfunk verliest eine unpersönliche Schicksalsstimme Namen. Gesucht wird, zuletzt in Posen, zuletzt auf Kreta, bei Wilna, in Königsberg, vor Budapest, wo wir bloß überall rumgelaufen sind. Bei der 6. Armee, Panzerregiment ll, schalte ich das Radio aus. Laß das, es könnte einer von uns dabei sein, sagt Mutter. Jetzt kommt doch der Kindersuchdienst. Mein Gott, nein, das kann ich nicht hören. Ich muß immer daran denken, wo du jetzt wärst, wenn ich dich nicht aus diesem Elsaß rausgeholt hätte. Bevor sie dazu weitere Überlegungen anstellen kann, ergreife ich die Flucht. Bei Möllenkamps soll es Kartoffeln geben, ruft sie mir noch nach.

Eine mürrische Frau ersetzt den in Rußland gefallenen Milchmann und teilt uns die Milch zu. Sie befiehlt mich ans Ende der Schlange hinter zwei Männer, von denen einer schwerhörig zu sein scheint und die Hand ans Ohr hält, wenn der Jüngere mit ihm spricht. Jetzt halten die Alliierten über uns in Nürnberg Gericht, sagt der. Wat meinste? Gericht halten, sie wollen uns in Nürnberg verurteilen. Wat sagste, die wollen da wat verteilen? Verurteilen wollen sie uns. Tja, wat willste machen, dat is die Siegerjustiz. Wer am Ball is, hat dat Sajen. Un zimperlich waren mir doch auch nit jrad, sagt der Alte. Aber die da mit dem Finger auf uns zeigen, haben selbst genug Dreck am Stecken. Denk bloß mal an Indien, an China un an die Indianer, die Liste ließe sich doch endlos verlängern. Sag, Mattes, warst du nit auch bei dem braunen Verein, ich mein, du wörs mer ens in der Kluft begegnet. Da muß du dich irren, ich hab mit den Nazis nie wat am Hut jehabt. Du meinst sicher den Eschbergs Hännes, der is mit denen mitmarschiert. Beide versinken in Schweigen und rücken wortlos Schritt für Schritt zum Milchbottich vor.

Als die Frau mir einen knapp bemessenen halben Liter Magermilch in die Kanne füllt, lange an den Marken herumschnippelt, die sie demnächst abgeschnitten präsentiert haben will, ist es bald Mittag. Kein Mensch ist auf der Straße, niemand steht vor Möllenkamps Laden nach irgend etwas an, aber die Ladentür gibt meinem Druck nach. Drinnen verstaubt in den leeren Regalen das Warenangebot dieses Herbstes, Maggiflaschen und Essigessenz. Wir haben schon auf dich gewartet, strahlt mich Frau Möllenkamp mit ungewohnter Freundlichkeit an. Ich staune und schaue atemlos zu, wie sie hinter der Theke nach der Ware fahndet, die nur wenigen handverlesenen Kunden vorbehalten ist, denn schließlich wäscht eine Hand die andere. Wir haben nichts zum Waschen, sind auf unsere Marken angewiesen, weshalb ich das alles für einen Traum halte. Doch sie hat schon einen Kartoffelkorb hervorgezogen, halt mal dein Netz auf, und füllt es bis an den Rand mit runden, goldgelben Kartoffeln. Komm, laß die Marken stecken, dat mach ich mit der Mutter aus. Wie auf heißen Kohlen stehe ich und warte auf mein Wechselgeld, nur schnell diesem Irrtum entfliehen und meinen Reichtum in Sicherheit bringen. Fast bin ich zur Tür hinaus, als sie mich zurückruft. Komm noch mal her un laß dich ansehn, du bist doch janit dat Manns-Mädchen, wie kannste denn da wat annehmen, wat nit für dich bestimmt is. So en Frechheit, steht da un sagt kein einziges Wort. Dat wär jlatt mit dä Äpel nach Haus jejangen, und ich hätt später die Sucherei jehabt. Nu jib mal janz schnell dat Netz widder her. Sie reißt mir das Netz aus der Hand und schüttet alles, was beinahe mir gehörte, zurück in den Kartoffelkorb. Draußen, vor dem Schaufenster mit den Persilattrappen und den toten Fliegen, schießen mir die Wuttränen in die Augen aus Enttäuschung über den kurzen Besitz.

Der Rotdorn an der Straße wirft schon gelbe Blätter ab, aber es ist immer noch sommerwarm. Irgendwo wird eine Sense gedengelt. Früher trug der Möllenkamp sogar im Laden die SA-Uniform, und unter dem weißen Kittel schauten die langen Schaftstiefel hervor. Ihr Diebe, ihr Schieber, ihr Nazis, das hätte ich ihr sagen sollen.

Ein die Straße entlangschlurfender Heimkehrer zieht eine Staubspur hinter sich her. Seine Blechbrille unter der Gebirgsjägermütze ist an den Bügeln mit Heftpflaster umwickelt. Er setzt sich auf ein Gartenmäuerchen und trinkt aus seiner Feldflasche. Beim Trinken hält er mit dem Zeigefinger die Brille über der Nase fest. Zuletzt schüttelt er die Flasche sorgfältig aus und verstaut sie in seinem Bündel. Dann hockt er wieder blicklos da, wie eingehüllt in den Mantel seiner Verlorenheit. Ich verwehre mir das Mitleid, was geht mich dieser Mann an. Von meiner Milch hätte ich ihm abgeben sollen. Wo ist sie überhaupt? Erschrocken starre ich auf meine Hände, die nur das leere Netz halten. Ich muß lange rufen, bis sich endlich im Hof ein Fenster öffnet und ein unwilliger Kopf fragt: Warum schreist du hier so rum, was willst du denn noch? Meine Milch, ich hab sie vergessen. Euch muß et noch jutjehn, wenn de sojar die Milch verjißt, sagt Frau Möllenkamp und öffnet die Hintertür. Wir gehen durch die Küche. Himmel und Äd, gestampfte Kartoffeln, Apfelmus und eine Platte mit kross gebratener Blutwurst stehen auf dem Tisch. Was gibt es da zu gucken, geh weiter, befiehlt Frau Möllenkamp.

Als ich herauskomme, sitzt der Heimkehrer nicht mehr auf dem Mäuerchen. Ich hätte ihr das doch sagen sollen, der Frau Möllenkamp, mitten ins Gesicht, anstatt mich zu bedanken, denn dafür hasse ich mich am meisten.

4

Die Straßenbahnen aus dem Rechtsrheinischen fahren nur bis Wiener Platz. Von dort hasten die Menschen hinunter zum Rhein, um schnell eins der Boote zu erwischen, die die Aufgabe der zerstört im Wasser liegenden Hindenburgbrücke übernommen haben. Weil Mutter nicht so schnell rennen kann, müssen wir uns am Ende der Schlange einreihen und kommen, drängend und schiebend, erst ins dritte Boot. Es ist überfüllt, die Rheinwellen schlagen gefährlich hoch an den tiefliegenden, tuckernden Kahn, erst kürzlich ist einer umgekippt. Eingekeilt schaukle ich im Rhythmus der Rücken vor mir und der Bäuche hinter mir. Wind kommt auf, treibt graue Wolkenfetzen über den Rhein. Bleigrau ragen die Domtürme über die Trümmer der Stadt. Mir können von Glück sagen, dat er noch da is, sagt ein Mann und deutet auf den Dom. Die Engländer han mit Seeminen die Fahrrinne freigeräumt, die wußten anscheinend nit, dat der Rhein kein Ozean is. Himmelhoch is dat Wasser jespritzt, un der Dom hat so jeschwankt wie im janzen Krieg nit. Aber Jott sei Dank, er hat et ausjehalten, sagt seine Begleiterin, eine kleine Frau in derben Männerstiefeln. Nit janz, dat, wat drunter is, die Gewölbe, sind zum größten Teil eingebrochen. Die Gesichter an Deck sind jetzt alle dem Dom zugewandt und starren auf seine grauen Türme.

Im ausgebrannten Eisstadion klappern die Kabinentüren im Wind. Menschen mit freudlosen Gesichtern kommen uns entgegen, tragen Rucksäcke, verschlissene Aktentaschen, Körbe und zerbeulte Koffer. Halb Köln scheint auf dem Trampelpfad hinter den Kasematten unterwegs zu sein, und auch wir wollen sehen, was aus Mutters Bruder Helmut geworden ist und ob er überhaupt noch lebt. Als die Ruinen an der Neusser Straße auftauchen, fallen die ersten Regentropfen. Den Trümmerberg neben Großmutters Wohnung schützt ein zusammengefallener Zaun, windschief hängt das verrostete Tor in den Angeln, klappt quietschend auf und zu. Doch das Haus, in dem Großmutter wohnte, steht noch, und neben dem Klingelknopf steht auch der vertraute Name. Wir stoßen die Brettertür auf und hangeln uns an einem Seil, das den Handlauf des Treppengeländers ersetzen soll, hinauf.

Ein Kind öffnet und rennt schreiend davon. Hinter ehemals weißlackierten Flügeltüren plärrt ein Radio, im Korridor hängt Zigarettenrauch. Wollen Sie zu Kinskis, fragt uns ein alter Mann mit hängenden Hosenträgern, da is keiner, aber et Anni weiß, wo se sin. Mit einer Zigarette in der Hand und zwei Kindern am Rock öffnet Anni die Eßzimmertür. Die Kinskis sin ma kurz wegjejangen, zur Apotheke wejen dem Lebertran, lispelt sie zwischen fehlenden Vorderzähnen, dat is en Zuteilung für de Unterernährung, weil se doch so dünn jeworden is, aber ma kann prima Bratkartoffeln damit machen. Wollt ihr nit reinkommen un euch en bißchen setzen, nachher muß ich einen Stuhl wiederhaben, weil dann en Kundin kommt. Dat stört aber nit, mir jehen hinter den Vorhang, wenn ich ihr die Zukunft saje. Soll ich se euch auch sajen? Ihr dürft et aber nit erzählen, die Oma wird knatschjeck, wenn se de Karten nur sieht. Ich brächt et Unjlück in et Haus, wat ne Quatsch, dat Unjlück is längs da, aber so sin se, de alten Lück. Was erzählt die denn da, flüstert Mutter verständnislos, während ich bereits über die Zukunft nachdenke. Draußen im

Flur sind Stimmen zu hören. Ich jlaub, da kommen se, sagt Anni und reißt die Tür auf. Frau Kinski, Sie haben Besuch. Mutter starrt die schmale kleine Gestalt im Türrahmen an, als sehe sie ein Gespenst. Sie will es einfach nicht glauben, auch nicht, als uns Großmutter schnell über den Korridor hinter die Sperrholztür schiebt, wo es feuchte Küsse hagelt und Tränen rollen.

Als sie erfuhr, die Russen ziehen in Thüringen ein, hat Mutter sich auf den Weg nach Köln gemacht, erzählt mein Onkel, auf Lastwagen, Güterwagen, zuletzt noch auf einem Kohlentender. Pechschwarz wie ein Mohr stand sie hier vor der Türe. Erst als sie sagte, was ist denn, mein Junge, willst du mich nicht hereinlassen, habe ich sie erkannt.

Mein Gott, in deinem Alter, was hätte dir passieren können. Für Mutter ist Großmutter schon so lange tot, daß sie ihre leibhaftige Existenz jetzt kaum glauben kann und die kleine Gestalt andauernd zweifelnd von der Seite beobachtet. Was sollte mir noch passieren, im Gegenteil, ich habe viele hilfsbereite Menschen getroffen, es war eine ganz fidele Reise. Aber es klingt nicht sehr überzeugend, was Großmutter da erzählt, auch wenn ihre masurischen Schlitzaugen lächeln. Und es wundert mich gar nicht, daß sie Lebertran trinken muß, so klapperdürr, wie sie geworden ist, mit dem schütteren, zu einem Rattenschwänzchen geflochtenen Haar und den müden, abwesenden Augen, als säße sie immer noch zwischen den verwirrten Alten oben im Thüringer Wald.

Großmutter bindet die Küchenschürze um und legt fünf Kartoffeln auf den Tisch. Du sollst uns nicht von eurem wenigen abgeben, ihr habt selbst nicht genug, protestiert Mutter und stellt ihr Rübenkraut daneben. Großmutter wehrt ab, hantiert bereits mit Lebertran und Pfanne am Ofen, und wie nebenbei erzählt sie, über ihren schmächtigen Rücken hinweg, Mama ist gestorben, auf der Flucht aus Ostpreußen, sie haben sie einfach im Straßengraben abgelegt, wie einen toten Hund.

Erschrocken höre ich meine Großmutter, die für uns alle nur Mama oder Oma ist, von ihrer eigenen Mutter sprechen, die in einem ostpreußischen Straßengraben zurückblieb, zugedeckt vom Schnee, wie Großmutter weiter erzählt und sich dabei mit dem Schürzenzipfel den Kummer aus den Augen wischt. Ellachen ist auch tot. Jetzt weint sie auch um ihre dürre Schwester mit den ewig rutschenden Strümpfen und dem arroganten Schwiegersohn. Buchstäblich verhungert ist sie. Zum Schluß, im Flüchtlingslager in Friedland, hat sie jedes Essen verweigert. Zu stolz, um das Elend zu ertragen, so war meine Schwester schon immer. Großmutter schichtet die hauchdünnen Kartoffelscheiben in die Pfanne und stülpt einen Deckel drüber. In der Küche riecht es jetzt wie in einer Fischfabrik. Der Geruch ist unangenehm, aber die Kartoffeln schmecken köstlich, kein bißchen nach Fisch, sagt sie und wendet sie vorsichtig mit einem breiten Messer. Wilhelm reist jetzt mit einem Wanderzirkus, berichtet Großmutter vom Verbleib eines Vetters aus ihrer ostpreußischen Verwandtschaft. Mit einem Wanderzirkus, Mutter bekommt runde Augen, was macht er da? Die Bücher oder irgend so etwas. Herta schreibt, er habe wenigstens Essen dort, sie schlachten so nach und nach die Tiere, wenn es kein Futter gibt. Mutter schüttelt den Kopf, das hätte er sich auch nicht träumen lassen in seiner Königsberger Bank. Keiner ist mehr das, was er mal war, bestätigt Großmutter, aber Helmut haben sie in diese Kommission geholt, in diesen Entnazifizierungsausschuß. Was ist denn das, fragt Mutter. Wir rücken dem kollektiven Vergessen zu Leibe, antwortet mein Onkel. Nach einem Erlaß der Militärregierung müssen alle erwachsenen Deutschen entnazifiziert werden und in einem Fragebogen über ihre politische Tätigkeit während der Nazizeit Auskunft geben. Die höheren Chargen werden verhaftet, die sogenannten Parteigenossen bekommen Berufsverbot und werden in die Arbeitsbrigaden zur Enttrümmerung gesteckt. Inzwischen gibt es aber fast nur noch weiße Westen, niemand ist Nazi gewesen, alle waren gut zu Juden, es gab sowieso keine in ihrer Gegend, und fast jeder kommt mit einer Unbedenklichkeitsbescheinigung, die irgendein Dorfpfarrer ausgestellt hat und damit Braunes weißwäscht. So schnell geht die Verwandlung von Wölfen in Lämmer, schimpft Onkel Helmut.

Die Bratkartoffeln liegen knusprigbraun auf unseren Tellern, wir essen sie langsam, Scheibchen für Scheibchen. Ich möchte so gerne, druckse ich herum. Was möchtest du denn, mein Herzchen, fragt Großmutter. Mir von Anni die Zukunft sagen lassen. Großmutter wedelt abwehrend mit den Händen. Aber nicht in meiner Wohnung, auf keinen Fall. Was die da macht, ist Scharlatanerie, alles Lügen, Märchengeschichten tischt sie den Leuten auf, zieht ihnen das Geld aus der Tasche, kauft Zigaretten bei den Schwarzhändlern, und die kleinen Würmer haben Hunger. Kartengeschichten bringen Unglück, und was die Zukunft uns bescheren wird, weiß nur unser Herrgott, also Schluß mit dem Unsinn. Unerwartet bekomme ich von meinem Onkel Schützenhilfe. Vielleicht entdeckt sie dort drüben den berühmten Silberstreifen am Horizont, der Glaube versetzt bekanntlich Berge, und wenn sie das Orakel nebenan befragt, bleiben uns hier die zweifelhaften Weisheiten der Anni von Delphi verborgen.

Ich nehme seine fünf Mark erst, nachdem Großmutter nach langem Zögern ein »Meinetwegen« seufzt. Mutter sagt nichts dazu, sieht aber ganz so aus, als würde sie gerne mitgehen hinter den muffigen braunen Vorhang, wo ich jetzt sitze und mit klopfendem Herzen zuschaue, wie Anni die Karten mischt. Abheben, zum Herzen hin, befiehlt sie, teilt aus, zählt ab, runzelt nachdenklich die Stirn. Über den kleinen Weg stehen Unannehmlichkeiten ins Haus, der Pikbube schmiedet Ränke, ein Brief mit einer guten Nachricht, allerlei Kleinkram, dann endlich das große Glück und ein strahlender Held über den langen Weg. Aber du mußt schon noch etwas warten, mahnt Anni mich zur Geduld. Was macht mir das schon aus, wenn in ferner Zukunft das große Glück auf mich wartet, obwohl ich mir vorerst noch nichts Richtiges darunter vorstellen kann, lediglich an eine Unmenge von Schuhen, Kleidern und Lebensmitteln denke, so ähnlich wie im Schlaraffenland, wo einem die Würste ins Maul wachsen. Gerade als ich so eine Wurst vor mir sehe, lüftet Mutter den Vorhang, will nur mal sehen, wie das so ist mit der Kartenlegerei, und dann schicken sie mich hinaus. Später kommt sie mit glänzenden Augen und rosigen Bäckchen zurück in die Küche, verschweigt uns aber, welches Garn die Schicksalsnornen für sie gesponnen haben. Und das ist ganz im Sinne von Großmutter, die energisch sagt: Ich will nichts davon hören, kein Sterbenswörtchen.

Auf der Rückfahrt schaukelt das Bötchen wieder bedrohlich. Besorgt schaue ich ins Wasser, denn gerade jetzt, mit diesen glänzenden Zukunftsaussichten, möchte ich nicht hineinfallen und womöglich untergehen.

Auch wenn es heißt, die Karten lügen nicht, geschieht zunächst nichts Außergewöhnliches. Parteien mit neuen und alten Namen werden gegründet. Ein Ministerialdirektor aus Berlin möchte meinen Vater sprechen, geht ohne weitere Erklärung wieder, als er von seinem Tod erfährt, und Mutter jammert mit vielem Wenn und Hätte den unerreichbar gewordenen Möglichkeiten nach. Warum ist er bloß so früh gestorben, jetzt hätte er so viel erreichen können. Dabei zählt sie alle möglichen Titel auf, die ihn schon zu Lebzeiten nicht interessierten und die er jetzt auch nicht mehr bekommen wird, dort oben, in seinem kleinen, von Buchsbaum umsäumten Grab.

Der angedrohte Pikbube kommt an einem Nachmittag, trägt eine goldgeränderte Brille und stellt sich als Vaters Nachfolger vor. Handkuß, liebe gnädige Frau, riesige Bitte, im Namen des Gymnasiums, schreckliche Zustände, kein einziges Buch, Hoffnung auf Ihre liebenswürdige Hilfe, vielleicht im Nachlaß Ihres verehrten Herrn Gemahls, unendlicher Dank des Gymnasiums und seiner zukünftigen Schüler, er hält einen Moment inne und nestelt an seinem Offiziersjäckchen, dem alle Hoheitszeichen fehlen. Wann wird dieser Schleimbeutel endlich fertig sein, denke ich, aber da hat Mutter schon die Türen des Bücherschranks geöffnet, schickt mich den Wäschekorb holen, während die Brille schon die Regale absucht. Griechen, Römer, Cyniker und Stoiker, Vorsokratiker und Epikureer, Platon und Aristoteles, alle wandern in den Korb, der sich zusehends füllt. Dann greift er auch nach meinem roten Buch mit den Reproduktionen expressionistischer Bilder. Ihre Originale waren schon längst als »entartete Kunst« aus unseren Museen verbannt, als Vater mir dieses Buch zeigte und ich zum ersten Mal diese unbekannte Welt der leuchtenden und tanzenden Farben sah. Ich reiße ihm den sorgsam gehüteten Schatz aus der Hand, noch bevor er im Korb landen kann. Das ist ein Kunstbuch, das bekommen Sie nicht, sage ich und blicke mitten hinein in sein goldgerändertes Glas. Entschuldigung, es war ein Versehen, mit gerötetem Gesicht erwidert er kurz meinen Blick und schließt dann langsam die Glastüren vor den halbleeren Regalen.

War das ein reizender Mensch, stellt Mutter fest und sieht sicher schon ihren Spendernamen in goldenen Lettern auf einer Namenstafel direkt neben dem Lehrerzimmer. Wie konntest du nur Vaters Bücher hergeben, zische ich. Es ist für das Gymnasium, Vaters Nachfolger konnte ich diese Bitte unmöglich abschlagen. Meine Wut wird laut: Du kennst ihn doch überhaupt nicht, und was heißt hier Nachfolger, sie haben Vater damals vor die Tür gesetzt, und jetzt kommen sie, als sei nichts gewesen, und wollen seine Bücher haben, kann denn neuerdings jeder hier ausräumen, wenn er dir schöntut? Schrei nicht, sagt Mutter, du bist schon völlig verwildert, höchste Zeit, daß die Schule wieder beginnt.

Am Abend höre ich sie zu Hetty sagen: Ich habe da wohl einen großen Fehler gemacht. Ach was, meint meine Schwester, was willst du mit den alten Schwarten, da schaut doch sowieso niemand rein. Aber vielleicht Ida? Was versteht Ida schon davon, antwortet Hetty.

Früher, als er noch nicht vorläufiger Leiter des Gymnasiums war, sondern nur ein einfacher katholischer Religionslehrer, stand er stets neben Vater auf dem Schulhof. Heute begrüßt uns der Geistliche mit kühler Höflichkeit und hält gebührenden Abstand zu mir und meiner evangelischen Mutter, die er nie mochte. Sein Blick gleitet über uns hinweg und bleibt an dem Kruzifix hängen, das genau an der Stelle hängt, wo vorher ein Hitlerbild gehangen hat. Es ist noch nicht sicher, ob wir Ihre Tochter aufnehmen können, sagt er, die Anmeldungen sind bereits abgeschlossen, und unsere Kapazitäten sind begrenzt. Es fehlt an allen Ecken, an Räumlichkeiten, an Lernmaterial und am meisten an unbelasteten Pädagogen. Sicher ist nur eins, Verhältnisse, wie wir sie hier einmal hatten, sind nun gottlob vorüber. Wir werden wieder echte Auslese betreiben und unsere Schüler im ethisch-religiösen Sinne auf das Hochschulstudium vorbereiten. Wer da nicht mitmachen will, wer glaubt, alles gehe weiter wie bisher, hat auf unserer Anstalt nichts zu suchen. Die eisgrauen Augen mustern uns streng, und es kommt mir sehr bekannt vor, was er da mit leiser pastoraler Stimme vorträgt. Ida hat ausgezeichnete Zeugnisse, sagt Mutter und fummelt aufgeregt an ihrer Handtasche. In Zeugnissen werden die geistigen Fähigkeiten benotet, über die charakterliche Entwicklung sagen sie leider recht wenig aus, und gerade junge Menschen unterliegen da oft gewissen Beeinflussungen, die sich nicht so schnell rückgängig machen lassen. Aber die Kopfnoten, das charakterliche und geistige Streben, wehrt sich Mutter. Liebe gnädige Frau, die Noten dieses Regimes, Gefälligkeitsnoten, was besagen sie schon. Seine Stimme wird immer müder und leiser, bis sein Kopf plötzlich vorschnellt, uns ins Visier nimmt und laut und deutlich fragt: War ihre Tochter nicht auch auf so einer Schule?

Was soll das heißen? Sprechen Sie von der Schule, die die Nazis uns aufgezwungen haben, weil mein Mann sich nicht nur hinter der vorgehaltenen Hand gegen dieses Regime ausgesprochen hat? Es waren die eigenen Kollegen, die den Machenschaften des Nazidirektors gegen meinen Mann tatenlos zusahen, auch Sie, Herr Doktor Reimers, haben geschwiegen, als ihn die Gestapo vorgeladen hatte, alle haben geschwiegen zu den Intrigen, mit denen er aus der Schule entfernt wurde, und nun wollen Sie unserer Tochter den Schulbesuch verweigern, um weiter schweigen zu können. Das ist so ungeheuerlich, da kann ich nur pfui Teufel sagen. Mutter holt tief Atem, der Kirchenmann hat an Farbe verloren, schaut kalkweiß durch uns hindurch. Sie müssen mich völlig mißverstanden haben, selbstverständlich nehmen wir Ihre Tochter auf, das Sekretariat wird alles Nötige für Sie erledigen, versichert er plötzlich eilfertig. Er kann also auch ganz normal, so wie jeder andere, reden, nur seine Hände fühlen sich schlaff und weich an, wie der Bauch eines Reptils.

Beim Hinausgehen erkundigt sich Mutter nach den Büchern. Welche Bücher, fragt er verständnislos. Die dem Gymnasium überlassenen Bücher meines Mannes. Wenn es sich um Latein handelt, müssen Sie sich beim Kollegen Danz erkundigen, davon weiß ich nichts. Seine wedelnden Hände signalisieren uns das endgültige Aus der Besuchszeit. Draußen macht sich Mutters bittere Enttäuschung über ihre zerstobenen Träume mit einem wiederholt gemurmelten Pfui Teufel, da ist doch einer wie der andere, Luft. Ihrem Bestätigung suchenden Blick weiche ich schnell aus, irgendwann werde ich wohl die Suppe auslöffeln müssen, die mir Mutter gerade eingebrockt hat.

Ein ohrenbetäubender Knall schmeißt uns mit einem Ruck aus den Betten, sofort wähnen wir uns wieder im Krieg und halten die Gegenwart für einen kurzen Traum. Erst auf der Kellertreppe wird Mutter der Irrtum bewußt, mein Gott, der Krieg ist doch zu Ende.

Aus der Gärtnerei klingt aufgeregtes Stimmengewirr zu uns herüber, ein englischer Jeep hält vor der Thujahecke, und kurz darauf kommt im Sturmschritt Mariechen angerannt. Bei uns is wat passiert, et muß einer rüberkommen un übersetzen, der Engländer versteht uns nit. Bei euch war das Getöse, und ich dachte schon, wir hätten wieder Krieg. Mutter bindet ihren verblichenen Morgenrock zu und schaut Mariechen fragend an. Dat Dach is fotjeflojen, dat von der Waschküch, komm, Hetty, beeil dich, ohne eine weitere Erklärung hastet Mariechen davon, und wir wundern uns, wie mitten in dieser sternklaren Nacht so mir nichts dir nichts ein Dach wegfliegen kann. Wer weiß, mit was die da herumhantiert haben, seid bloß vorsichtig, und laßt euch in nichts hineinziehen. Begleitet von Mutters Warnungen und ihren mißtrauischen Blicken gehen wir hinüber.

Der englische Jeep steht jetzt im Hof, und ein Soldat beleuchtet mit einem Handscheinwerfer den Rest von Röhrigs Waschküchenanbau. Das kleine spitzgiebelige Dach ist verschwunden. Suchend gehen die Engländer ums Haus und finden es schließlich, wie einen verlorenen Hut, mitten auf der Wiese liegen. Aus dem Waschküchenrest züngelt grauer Rauch. Anton lehnt wie festgebacken an der Wand und stiert mit glasigen Augen auf den englischen Offizier, der ihm mit seinem unverständlichen Wortschwall unverständliche Fragen stellt. Ich hab nix jetan, ich hab nur dajesessen, wiederholt Anton immer wieder. Sein benommener Blick hat sich an dem Offiziersstöckchen wie an einem Zauberstab festgehakt, vielleicht in der Hoffnung, daß es ihm, nach all dem Abrakadabra ringsum, etwas vom Geheimnis der fremden Sprache erschließen wird.

Jott sei Dank, dat ihr kommt, Mariechen atmet sichtlich auf. Ihr müßt dem da sajen, dat mir nit wissen, wie dat jekommen is. Mir haben jeschlafen, und auf einmal gab et den Knall, un dann war dat Dach weg. Et roch auch en bißchen komisch. Ich schnuppere, Fuselgeruch hängt in der Luft. Ganz egal, was sie in ihrem Waschhaus gebraut haben, es wird schwer sein, das den Engländern klarzumachen, auf Schwarzbrennen stehen hohe Strafen. Mariechen streift mich mit einem schrägen Seitenblick: Un der Anton, der hat überhaupt kein Ahnung, der Anton is nämlich sturzbesoffen, dat müßt ihr denen sagen. Aber dazu braucht es wirklich keine weiteren Erklärungen, Antons Zustand ist unübersehbar, so wie er sich hin- und herwiegt, ein schwankendes Rohr im Wind. Ich hab nur dajesessen, und dann is mir auf einmal alles um de Kopp jeflojen, berichtet er gerade wieder mit schwerer Zunge, dann weiten sich plötzlich seine Augen, er faßt haltsuchend in die Luft, löst sich langsam von der Wand, schwankt noch ein paarmal hin und her, um dann steif und kerzengerade dem Engländer genau vor die Füße zu fallen.

Keinen Schritt weicht der zurück, betrachtet ungerührt den wie tot daliegenden Anton, winkt Hetty heran und läßt sich mit unbeweglicher Miene ihren dürftigen Bericht vortragen. Yes, I understand, you don't know anything. Ohne ein weiteres Wort zu verlieren, stakst er, das Stöckchen fest unter den Arm gepreßt, mit steifen Schritten zurück zum Jeep.

Kurz darauf überbringt der Fahrer die Befehle seines Chefs. Morgen früh haben alle auf der Kommandantur zu erscheinen. Alle, ohne Ausnahme, sagt der Chauffeur und zeigt auf den österreichischen Franzl, der gerade den Gartenschlauch ausrollt und den Wasserstrahl auf den immer noch unbeweglich daliegenden Anton richtet. Wo bin ich, wat soll dat, fährt der hoch und schüttelt sich, daß die Tropfen fliegen, während der englische Jeep langsam vom Hof rollt.

Wenn die erfahren, dat mir schwarz jebrannt haben, sin mer dran, Mariechen nagt sorgenvoll an ihrer Unterlippe, wobei sie gedankenverloren den englischen Rückzug verfolgt. Und was hat das alles mit dem Dach zu tun, erkundige ich mich. Mariechen schreckt auf. Der Anton sollte auf den Kessel aufpassen, dat nix passiert. Un dann is er janz benebelt von den Dämpfen einjeschlafen, bis auf einmal der Kessel explodiert is un alles in die Luft jeflojen is, auch et Dach. Ein Jlück, dat et nur dat Dach war un nit noch der Anton. All dat müssen wir morgen den Engländern vorsichtig beibringen. Nur vom Schnaps sagen mer nix, sonst kommt der Anton in die Blech.

Aber dazu sollte es nicht mehr kommen. Die Welsh Guard zieht ab und macht den einmarschierenden schottischen Dudelsackpfeifern Platz, und über dem Wechsel gerät Anton mit seiner Schnapsküche in Vergessenheit.

Aus dem Radio erfahren wir, daß die Amerikaner den Süden Koreas besetzt haben und die Russen im Norden einmarschiert sind. Plötzlich stehen sich die ehemaligen Waffenbrüder in unterschiedlichen Lagern gegenüber.

Sollen die sich ruhig noch mal die Köpp einhauen, mir sin wenigstens aus dem Schneider, sagt Anton, ich hab de Nas voll vom Krieg, für all mein Lebtag. Un von den Parteien auch. Kaum is der Kladderadatsch mit der einen am End, kommen se schon wieder mit neuen Parteien, aber janz ejal, ob die nun christlich, sozial oder knatschrot sind, ich renn hinter keiner Fahne mehr her. Un jlauben tu ich sowieso keinem mehr wat, auch wenn er mir goldene Berge verspricht.

So wie er denken die meisten, und sowieso hat niemand Zeit, sich um irgendein politisches Geschehen zu kümmern. Das Aufbessern der Hungerkarten mit den uns täglich zugewiesenen tausend Kalorien, die wegen der Versorgungsengpässe oft nur auf dem Papier stehen, nimmt uns vollauf in Anspruch. Ob uns das später einer glauben wird, sagt Mutter, fünf Gramm Butter, zwei Gramm Käse, dreißig Gramm Fleisch, achtzehn Gramm Zucker, achtzehn Gramm Nudeln, neun Gramm Ersatzkaffee und drei Scheiben Brot pro Tag, das kann man sich doch gar nicht vorstellen.

Um diese kärglichen Rationen aufzubessern, fahre ich mit Mutter in Vaters Eifeler Heimatort. Wie Trauben kleben die Menschen an dem Zug nach Euskirchen, hängen an Puffern und Waggonkupplungen, hocken auf den Dächern und Trittbrettern von jedem einzelnen Wagen. Mit Mühe zwängt sich der Schaffner durch die vollgestopften Gänge und Abteile. Schließlich gibt er es auf und setzt sich für einen Augenblick auf eine Teppichrolle, die von einem schnurrbärtigen Mann bewacht wird. Wo willst du denn mit dem Ersatzperser hin, fragt er den Besitzer, der seine kostbare Fracht nicht aus den Augen läßt. Von wejen Ersatz, der is echt, der Bauer tauscht mir den gegen Fressalien ein. En paar Pfund Speck, zwei Päckchen Butter, dat is et dann auch schon. Die Preise sin jesunken. Kein Wunder, wo se jetz alles in die Eifel schleppen. Zuletzt kam einer mit nem Öljemälde zu meinem Bauern. Aber der wollte keine Kopie, es sollte echt sein. Dann müssen Sie sich an das Museum wenden, hat der mit dem Bild geantwortet, so en klein Männchen mit nem steifen Kragen und abjewetzte Manschetten. Vielleicht stiehlt Ihnen ja jemand die Mona Lisa für ein Stück von Ihrer Sau, lüftet den Hut und stelzt mit seinem Bild vom Hof.

Se sin aber nit all so, manche geben den Stadtleuten, wat se entbehren können, sagt der Schaffner und wendet sich an uns. Das Klo können Sie aber nicht besetzen, da müssen Sie raus! Wir haben dieses Ausweichquartier belegt, teilen es mit einer Frau aus Ehrenfeld und mehreren Rucksäkken, gefüllt mit Tauschware bis zum Rand. Der Koffer, auf dem ich sitze, enthält unsere Puppen. Auch Meta mit dem weißen Lederbalg und den echten schwarzen Haaren, die meiner Schwester gehört. Früher haben wir uns oft darum gestritten, jetzt bin ich froh, nicht trauern zu müssen, wenn wieder ein Stück Kindheit verschwindet. Und wohin sollen wir, fragt Mutter. Der Schaffner zuckt die Achseln und drängelt weiter durch den Gang.

Hier stinkt es nach Pisse, stelle ich fest und atme hörbar durch die Nase. Du bist sofort ruhig und benimmst dich, Mutters giftiger Blick prallt wirkungslos an mir ab. Na, ist das denn normal, daß wir auf einem Scheißhaus durch die Gegend reisen, maule ich provozierend. Wir können froh sein, dat mir überhaupt in den Zug jekommen sin. In Köln auf dem Bahnsteig warten noch jenuch, die gerne mit uns tauschen würden. Un überhaupt, wat is heuzutage schon normal, sagt die Frau, die wie selbstverständlich mit ihrem gewichtigen Hinterteil auf dem Klodeckel hockt.

Auf dem Gang erzählt jemand Maggelwitze. Weilerswist, ruft der Schaffner. Keiner will raus, keiner kann rein, und an den nächsten Stationen hält der überfüllte Zug nicht mehr. »Auf dem Dach der Welt«, irgendwo spielt eine Mundharmonika den alten Schlager. Ich wäre jetzt auch gerne bei denen oben auf dem Dach, in frischer Luft, ohne diese Gerüche von Urin, Schweiß und muffigen Kleidern, die sich hier unten zu einem einzigartigen Gestank mischen.

An einem provisorisch wiederhergestellten Bahnsteig hält der Zug, und die Rucksackkarawane zieht davon. Frauen mit zum Turban verknoteten Kopftüchern, Männer in schlotternden Vorkriegsanzügen, die Hosen in derben Kommißstiefeln, den Knobelbechern, mit denen sie durch halb Europa marschiert sind. Alle sehen gleich aus, und alle haben die gleiche Hoffnung, von irgendeinem Bauern gegen Tausch oder Bezahlung etwas Eßbares zu ergattern. Bei manchem wird das mehr als einen halben Monatslohn ausmachen, nur für ein knapp bemessenes Pfund Butter.

Wir steigen um, klettern über eine wackelige Leiter in einen alten Wehrmachtslastwagen, der seine besten Tage bereits in der russischen Steppe abgedient hat und sich nun altersschwach und klapprig durch die Schlaglöcher quält. Unser Chauffeur, das verschossene Wehrmachtskäppi unternehmungslustig über dem linken Ohr, scheint mehr Vertrauen in die alte Kiste zu setzen als wir, steuert sie quietschend durch die Kurven, daß wir oben auf unseren Holzbänken kreuz und quer durcheinanderfallen und nachher heilfroh sind, wieder festen Boden unter den Füßen zu haben.

Immer noch nennen die Bauern im Dorf das kleine Häuschen hinter dem Gemüsegarten, wo der Kohl auf seine Ernte wartet, Pelzers Scheune. Dabei hat Vater den alten Kotten schon lange vor dem Krieg ausbauen lassen und für billiges Geld an den Kersten verkauft, der unten in der Seifenfabrik arbeitet und mit Mühe zurechtkommt, weil seiner Frau die Kinder wie die Jahresringe an den Bäumen zuwachsen. Vater mit seinem sozialen Fimmel, murrt Mutter. Sie vergißt dabei, daß uns im Kaufvertrag ein lebenslanges Wohnrecht zugesichert wurde, oben im Dachgeschoß, wo der Blick über unsere verpachteten Wiesen und Felder bis weit hinunter ins Tal reicht. Mehr als Tisch, Schrank, Bett und ein Waschbecken gleich neben dem Fenster hat die kleine Kammer nicht aufzuweisen. Vater war das genug. Zum Essen ging er sowieso zu den Bauern, die mit ihm die Schulbank gedrückt hatten, im eigenen Dorf ißt man nie an fremden Tischen. Nach Vaters Tod haben wir vieles hier oben ausgelagert, Vaters Anzüge, Wäsche und unseren halben Hausrat. Jetzt wollen wir möglichst viel davon gegen Lebensmittel eintauschen.

Früher empfing uns der Hauswirt bereits an der Gartenpforte, und es dauerte lange, bis Vater seine sprachlose Ehrerbietung mit Eifler Platt aufgetaut hatte. Nun gibt uns der mißmutige Nachkriegsempfang der Kerstens und ihr mühsam hervorgekramtes Lächeln zu verstehen, daß für uns jede Mühe zuviel ist.

Eijentlich jilt dat Wohnrecht nur bis zum Tod, un der Pelzer is doch tot. Die Kammer brauchen wir für dat Mädchen, die kann nit mehr mit den Jungen in einem Zimmer schlafen, da müssen wir drüber reden, erklärt uns der Kersten nach einem kurzen »Tach, wie jeht et euch denn«. Unsere Antwort wartet er nicht erst ab, sondern kommt gleich zur Sache. Jehn Se nur mal rauf, da werden Se sich umgukken. Mir haben nix verändert, alles is so jeblieben, wie die SS et verlassen hat. Wieso SS, fragt Mutter. Ja, haben Se dat noch nicht jehört, die haben bis zum Schluß im Dorf jelejen, un die Amis haben Tag und Nacht hier reinjeschossen. Als die Sauhunde endlich abzojen, sah et bei uns aus, als wär der Deubel reinjefahren. Aber dat können Se oben alles selbst besichtigen, wir haben et so jelassen, wie et war, mir jehn nit an fremde Sachen, beteuert er und betrachtet seine Flurkommode, die vollbepackt mit alten Zeitungen in der Ecke steht. Na denn, sagt er, nachdem er das Möbel lange genug in Augenschein genommen hat, zieht Hose und Nase hoch und verschwindet in der Küche.

Oben sind Türen und Schränke aufgebrochen, Vaters Anzüge und Mäntel verschwunden. Was will uns der Kersten denn da weismachen, was soll denn die SS damit anfangen, sogar die Gardinen sind nicht mehr da. Das ist auch nicht unser Bettzeug, ich rieche das, Mutter hält sich das schlaffe Inlett an die Nase, ausgetauscht, gestohlen, alles weg.

In dem stinkigen Zeug schlaf ich nicht, ich schlaf nicht in dem Bett, wo der fiese Kersten dringelegen hat, der stinkt nach Schweiß, keiner von denen wäscht sich. Das ist doch Unsinn, die haben genug Seife, er bekommt ein Deputat von der Seifenfabrik, sagt Mutter und steht auf. Ich habe es auch liegen sehen, unten in der Küche an dem grauen Spülstein, ein großes Stück grünlich schimmernder Kernseife, die frisch riecht und wunderbar schäumt, nicht zu vergleichen mit unserer pappigen grauen Tonseife oder der Schwimmseife, die sich im Wasser sofort auflöst, wenn sie aus den Händen rutscht.

Unten kommt Frau Kersten aus der Küche. Zwei Kinder staunen hinter ihrem Rücken hervor. Eins hält den Finger im Mund, das andere trägt ein blaues Kleidchen mit dem Muster unserer verschwundenen Gardinen. Auf dem Weg ins Dorf versuche ich mir die SS-Soldaten in den Anzügen meines Vaters vorzustellen. Wie ganz gewöhnliche Zivilisten werden sie darin aussehen, und eigentlich könnte in jedem Anzug, der mir entgegenkommt, so ein SS-Mann stecken.

Im Dorf hat sich nichts verändert, bis auf die Einschußlöcher an den Häusern und die alten Männer, die nicht mehr unter der Linde an der Wegkreuzung sitzen. Wahrscheinlich sind sie gestorben.

Schmitzens Hoftor steht offen, zwei braune Hühner stieben gackernd davon, Eimer klappern, langanhaltend brüllt eine Kuh. Die graue Jacke des Bauern über der Kittelschürze, Männerstiefel an den Füßen, kommt die Bäuerin aus dem Stall und sieht aus wie eine der Fremdarbeiterinnen, die früher hier auf den Feldern arbeiteten. Die Kuh wird bald kalben, erzählt sie uns nach der Begrüßung. Solange der Franz noch in Gefangenschaft ist und da der Vater jetzt zu alt ist für die Hofarbeit, bleibt alles an mir hängen. Aber der Junge hier arbeitet schon für zwei und hilft, wo er kann. Zärtlich fährt sie dem uns neugierig anstarrenden Halbwüchsigen durch die strohblonden Haare. Dann streift sie die Stiefel an dem eisernen Fußabtreter von den Füßen und schlüpft in ihre Holzlatschen.

Die gute Stube ist kalt und riecht ungelüftet nach Kuhstall. Auf dem Ripssofa liegen weiße Schondeckchen und eine in dieser Umgebung sehr exotisch wirkende, schwarzrot berüschte Sofapuppe. In einer Vase auf der Anrichte stecken silberberieselte Papierrosen, Schießtrophäen von einer längst vergessenen Kirmes. Viel lieber säße ich nebenan in der gemütlich warmen Küche. Aber die Bäuerin besteht auf der Feiertagsstube, die Distanz schafft und die Wünsche lähmt. Sie heizt den kleinen eisernen Ofen ein, der auf hohen Beinen mit einem weitausholenden Ofenrohr in der Stubenecke steht. Später begutachtet sie Mutters Ware, die Mokkatassen und die Puppen, hebt Metas Röcke hoch und fährt mit dem Zeigefinger über den weißen Lederrumpf. So etwas Kostbares für eine Puppe, wundert sie sich. Mutter berichtet von den gestohlenen Sachen. Was der Kersten da behauptet, stimmt nicht. Die SS war nicht im Dorf, sie lag in den Baracken am Steinbruch, hinter Brettens Hof. Der Kersten wird schon wissen, warum er so was in die Welt setzt, er hat doch dauernd mit denen zusammengesteckt. Mit seiner Arbeit ist es auch nicht mehr so sicher, wie er tut. Dann erzählt sie ausführlich von einem Juden, der die Seifenfabrik unten im Tal zurückhaben will. Kaum ist der Krieg zu Ende, sind die schon wieder da. Keine zehn Pferde brächten mich in dieses Land, wenn ich so einer wär, nach all dem, was gewesen is. Nicht daß Sie denken, ich hätt was gegen Juden. Was man jetzt so über die Lager hört, das hätte unser Herrgott nicht zulassen dürfen. Aber wenn ich dran denke, was meine Eltern erzählt haben, wie der Viehjud den Bauern die Preise diktiert hat. Was sollten sie machen, in den schlechten Zeiten, es blieb ihnen doch keine andere Wahl, als die Kuh für nen Appel un en Ei herzugeben. Wir sitzen schweigend auf dem Ripssofa, wollen unser Tauschergebnis nicht durch unliebsame Gegenrede gefährden und schauen zu, wie die Bäuerin unsere Mokkatassen sorgfältig in den Schrank stellt.

Später legt sie Speck auf den Tisch. Für die Puppen ist unsere Christel schon zu groß, aber vielleicht will der Nachbar sie haben. Ich leg noch ein paar Eier dazu. Wir haben selber Hühner, beeilt sich Mutter zu sagen. Ach so, na, dann ein Stück Butter. Wir müssen auch noch über die Pacht reden, mit Geld ist euch doch nicht gedient, ich hab an nen Sack Kartoffeln un en bißchen Weizen gedacht. Als sie unsere aufleuchtenden Augen sieht, schränkt sie schnell ein: Natürlich nur solange wir das noch können, bei den hohen Abgaben. Die knapsen uns Bauern jetzt alles ab, lassen uns nicht mal das Nötigste.

Nachher stellt sie Wurstbrote und eine dickbauchige Kaffeekanne auf den Tisch, mit einem Tropfenfänger an der Schnute, einem Schmetterling aus himmelblauem Porzellan. Kaffeeduft breitet sich aus, und Mutter schnuppert echte Bohnen. Für mich gibt es Milch, die nach Kuhstall riecht.

Welche Felder hat der Pelzer denn damals an Sie verpachtet, erkundigt sich Mutter. Haben Sie keine Unterlagen, fragt die Bäuerin, und in ihren Augen glimmt ein kleiner Funke auf. Doch, aber der Papierkram, niemand ist da, der mir etwas abnimmt. Früher hat mein Mann alles geregelt, jetzt muß ich alleine damit fertig werden, die Kinder sind mir auch keine Hilfe. Der Funke erlischt, so schnell er gekommen ist. Erfahrungen werden ausgetauscht über das Los der Frauen in dieser chaotischen Welt, wo jeder den anderen übers Ohr hauen will. Die Bäuerin droht damit, daß sich so mancher umgucken wird, wenn erst der Franz aus der Gefangenschaft zurückkommt und es ihnen allesamt zeigen wird. Ich füttere meinen Ärger mit Wurstbroten, bis nichts mehr hineingeht. Das stimmt doch gar nicht, daß wir nicht helfen und du alles alleine machst, platze ich heraus, warum erzählst du so was? Mutter stößt mich unter dem Tisch mit dem Fuß, während sie der Bäuerin verschwörerisch zulacht, was das Kind da redet, aber sie versteht es nicht besser. Diesen Satz kenne ich, er macht mich klein und blind wie eine dreitägige Katze. Kinder müssen keine Rüben klauen, Bäume schlagen, Schlange stehen, und Formulare ausfüllen kannst du auch nicht, schreie ich und fühle mich gleichzeitig furchtbar elend, weil ich ihr unseren täglichen Kampf ums Überleben vorwerfe. Erzähl nicht solche Märchen, Hetty geht in den Wald. Aber immer mit mir, murre ich. Schluß jetzt, Mutter schlägt mit der flachen Hand auf den Tisch, daß der weiße Spitz bellend unter der Bank hervorschießt. Die Bäuerin nickt. Das kenne ich, das ist das schwierige Alter. Sie steht auf, um die Papiere zu holen. Ach was, Alter, sie hat einfach nicht gelernt zu gehorchen, entgegnet Mutter.

Was für schöne Namen, Notacker, Gewann an den drei Wegen, Franzosenwiese, richtig poetisch, sagt Mutter, als die Bäuerin die Pachtverträge auf dem großen Tisch ausbreitet. Das ist die Obstwiese, alles alte Bäume, die kaum noch tragen. Auch der Wald am Hang macht mehr Arbeit als Gewinn. Krüppelholz, gerade gut zum Verfeuern. Eigentlich müßten wir noch Geld dazubekommen. Sowieso würde ich am liebsten alles abgeben, die Bäuerin wirft Mutter einen forschenden Blick zu. Um Gottes willen, was soll ich damit anfangen, Sie haben das Land immer schon bearbeitet, warum wollen Sie das jetzt nicht mehr tun, bei Ihnen ist es doch in den besten Händen, protestiert Mutter. Zufrieden faltet die Bäuerin die Papiere wieder zusammen. Wenn der Franz zurück ist, können wir vielleicht ans Kaufen denken. Keine Angst, verhungern lassen wir euch nicht. Wieder dieser prüfende Blick und dann Mutters zustimmendes Nicken.

Du darfst die Wiese nicht verkaufen, alles, nur diese Wiese nicht, bettele ich draußen. Ich will mich nicht trennen von dem Bild meiner Erinnerung, von dem Schaum der rosa Apfelblüten, von dem plätschernden Bach und von jenem himmelblauen Frühlingstag, als Vater das Holzgatter zu meinem Zaubergarten öffnete. Ich will es nicht verlieren, das kleine ärmliche Dorf hoch oben über der Eifel, es gehört zu mir. Noch ist nichts verkauft, antwortet Mutter, nur vergiß nicht, Vater ist tot, und wir müssen sehen, wie wir zurechtkommen.

Josef, schreit die grelle Stimme, Josef, wer is dat? Dem Baltes sing Frau mit dem Töchterchen, brüllt Josef die Treppe rauf. Dat du nix jibst, mir han selvs nix, kreischt die grelle Stimme von oben. Nä, nä, Mutter, brauchst kein Sorj zu haben, antwortet Josef und drückt leise die Klinke zur Vorratskammer herunter. Josef, du jehst doch wohl nit an die Butter? Nä, nä, Mutter, ich han die Katz rausjelassen. Josef, denk dran, mir han selvs nix, kreischt es wieder von oben. Jo, jo, Mutter, ich denk dran, ruft Josef nach oben, »den janzen Dag« setzt er noch murmelnd hinzu, bevor er in der Vorratskammer verschwindet und mit einem ranzig riechenden Stück Butter zurückkommt, das er unbeholfen in ein Zeitungsblatt wickelt. Tut et schnell weg, empfiehlt er, als kämen mit der Stimme auch ihre Augen treppab.

Die Stimme gehört einer kleinen verknitterten Frau, die unbeweglich, zwischen Kissenbergen vergraben, aus dem Bauernkaro starrt, ganz so, als sei alles Leben aus dem steifen Körper herausgefahren, um sich in diesem gierigen Blick niederzulassen. Ihr Sohn dagegen ist von stiller Sanftmut, versorgt mit seinem Humpelbein, einem Andenken aus Verdun, den Hof und pflegt seine kranke Mutter. Manchmal schimpft sie ihn einen Krüppel, der zu nichts taugt.

Josef, schreit jetzt die Stimme wieder, sin die noch do? Ja, Mutter, aber se jehn jleich. Jott sei Dank, ein Stock poltert. Mit der Mutter wird es immer schlimmer, sagt der Bauer und horcht nach oben, kommen Sie, wir sprechen draußen weiter. Wir setzen uns auf das Holzbänkchen an der rissigen Mauer, vor das Geviert des mit Gerümpel vollgestopften Hofes.

Kalt ist es hier draußen. Über die Höhe pfeift ein eisiger Eifelwind. Ich krümme die Zehen in meinen Holzklappen und verschränke die Arme um die Schulter. Dem Bauern in seiner dicken Joppe und mit den schweren Stiefeln an den Füßen scheint die Kälte nichts auszumachen. Er will seine Klagen loswerden, den Kummer, der sein Gesicht in hilflose Falten zerlegt. Ich konnte nie eine Frau ins Haus bringen, die Mutter mit ihrem Lamentieren hätte doch jede sofort vergrault, sagt er und drückt mit seinem Daumen den Tabak im Pfeifenkopf zurecht. Ob das der Grund ist, weshalb Tante Finchen, die Schwester meines Vaters, ihn damals nicht genommen hat? Schon als Kinder steckten der Josef und die Fine immer zusammen, das war eine richtig romantische Liebe mit den beiden, erinnere ich mich an Vaters Worte. Die kommen mal zusammen, hieß es im Dorf. Aber als schließlich vom Heiraten die Rede war, hat die Mutter sich eingemischt. Der Josef in seiner Gutmütigkeit konnte sich nie durchsetzen. Unsere Fine ist später in Stellung gegangen, unten an der Mosel als Wirtschafterin, und der Josef ist mit seiner Mutter allein geblieben.

Ich schaue mir den alten Mann genauer an. Schöne Hände hat er, keine Arbeitshände. Der Bauer erwidert meinen Blick lächelnd. Dat Mädchen kommt aber auf et Finchen, sagt er und beschäftigt sich wieder mit seiner Pfeife. Was macht sie eigentlich, erkundigt er sich dann wie beiläufig. Mutter weiß es auch nicht, wir haben nach dem Krieg nichts mehr von ihr gehört.

Daß sich eine so große Liebe in zwei so kurzen Sätzen erschöpft. Vater hat ihn wohl zu Recht den heiligen Josef genannt, im Gegensatz zu dem späteren Ehemann meiner Tante, der den gleichen Namen trug, aber eher unheilig war und die Finger nicht von ihrem Geld lassen konnte. Der Lumpenkerl wollte alles durchbringen, was sich Generationen erarbeitet hatten, aber sie hat ihm einen Riegel vorgeschoben und Gütertrennung beantragt, schon Anfang der dreißiger Jahre, als der Hof verkauft wurde. Durchsetzen konnte sich meine Schwägerin, sie war hart wie ein Mann, ich hätte nie das Herz dazu gehabt, erzählt Mutter noch, als wir wieder in der Festtagsstube bei der Bäuerin sitzen.

Will die sich hier ausziehen? Mutter zeigt auf die dicke Frau aus dem Zug, die in der Vorhalle des Kölner Bahnhofs, mitten zwischen den vorbeihastenden Menschen, sich ihrer Last entledigt, die sie wie Zwiebelhäute vielschichtig am Leibe trägt. Päckchen für Päckchen pflückt sie von ihrem Körper, bis der gewaltige Umfang ihres Leibes mehr und mehr schrumpft, während der Rucksack am Boden anschwillt, prall und rund wird, wie vordem ihr gewaltiger Busen. Zum Schluß steht eine schmale Frau mit verhärmt vorgebeugten Schultern vor uns. Ich muß sehen, wie ich meine Kinder durchbringe, mein Mann ist gefallen, da fragt keiner, wie wir satt werden, erklärt sie. Wir helfen ihr, den schweren Rucksack zu schultern.

5

Als der Unterricht wieder beginnt, fehlen Lehrer an den Schulen. Zu viele sind gefallen, zu viele noch in Gefangenschaft, außerdem wurden nach einer Verfügung der englischen Militärregierung alle ehemaligen Lehrer entlassen. Ihre Wiedereinstellung hängt vom Ergebnis des politischen Fragebogens ab, dessen 131 Fragen peinlichst genau zu beantworten sind. Während bei uns das Papier immer knapper wird und wir für die uns monatlich zustehenden zwei Schulhefte Altpapier abliefern müssen, gehen die Alliierten geradezu verschwenderisch damit um. Doktor Pechstein hat bereits den siebten Fragebogen ausgefüllt, und es ist nicht abzusehen, wie viele noch folgen werden.

Die neuen Lehrer wechseln ständig. Manche haben diesen Beruf nie ausgeübt, manche haben ihn lange vergessen. Einer, mit Rübezahlbart, spricht in unverständlichen Sprachen zu uns, wir können weder sein Deutsch noch sein Latein entschlüsseln. Ein anderer erzählt pausenlos vom Krieg. Wir marschieren mit ihm durch die Pripjetsümpfe über die Himmel-Arsch-und-Wolkenbruch-Brücke nach Smolensk, werden vor Moskau verwundet, und schließlich holt uns in einem MG-Loch vor Leningrad der russische Winter ein. Aber wir haben vom Krieg mehr als genug, wir wollen diese Geschichten, die uns von überall täglich über den Weg laufen, nicht mehr hören.

Unsere Klasse liegt zu ebener Erde, mit Ausblick auf den Schulhof, wo sich in der Pause die Abiturienten vom

Sonderlehrgang versammeln, Männer, die Zigaretten und Pfeife rauchen und von ihrem Lehrer mit den Worten »Darf ich bitten, meine Herren« in die Klasse komplimentiert werden. Im Gesicht des abgestürzten Fliegers stehen die engen Augenlöcher geisterhaft zwischen verknorpelt zusammengewachsenen Narbenbündeln, und ich wage kaum hinzusehen, während mich die leeren Jackenärmel und Beinprothesen der anderen weniger berühren, so etwas bin ich gewohnt.

Mit der dritten Fremdsprache soll uns der neue Französischlehrer vertraut machen, doch vorrangig lernen wir von ihm das Fürchten. Wenn sein Lineal rhythmisch gegen den Pultdeckel knallt und seine Stimme »Attention« fordert, lacht niemand, wagt keiner zu flüstern. Manchmal ist es ein falscher Blick, manchmal eine unerwünschte Antwort, die den Französischmann zur Raserei bringt. Aber immer ist das Furioso seiner Wut entsetzlich, immer schlägt das Lineal im Stakkato über die Pulte, fallen Stühle, werden Hefte hinweggefegt. Manchmal springt er selbst auf das Katheder, um uns von oben mit Lineal und Fistelstimme aufzuspießen und zu vernichten. Ich zittere vor diesem Menschen, bekomme Herzklopfen und feuchte Hände, Französisch lerne ich nicht bei ihm.

Der neue Schüler ist sehr groß, sehr blond, heißt Otto und war auf einer Napola, was der vorläufige geistliche Leiter des Gymnasiums bei der Vorstellung wie beläufig erwähnt. Er spricht erneut von den charakterlichen Beeinträchtigungen, die Schüler an diesen Schulen erfahren haben, und von ihren verbrecherischen Lehrern. Von den ehemaligen Nazilehrern an unserer Schule sagt er nichts, sondern schaut, die Handflächen aneinanderreibend, starr in meine Richtung. Schließlich spricht er noch von seiner Hoffnung, daß es Wernicke, unserem Französischlehrer, gelingen möge, den Schüler Otto von dem Satanskraut zu befreien, das in ihm wuchert.

Nun, dann wollen wir versuchen, aus dir ein brauchbares Mitglied der Gesellschaft zu machen, sagt Wernikke und klopft mit dem Lineal. Und alles, was bisher war, kannst du getrost vergessen, hast du mich verstanden. Otto grinst mit mahlendem Unterkiefer, und ich frage mich, wie er das macht, grinsen und mahlen zugleich. Und dieses Grinsen wird dir auch noch vergehen, schreit die Fistelstimme, dafür werde ich schon sorgen. Bevor er mit dieser Sorge beginnen kann, läutet es, und Klaus fragt, wo der Otto sitzen soll. Was fragst du, neben dir ist doch Platz. Der Wernicke hat bereits die Aktentasche in der Hand, und wie immer ähnelt sein Abgang einer Flucht. Was war das denn für ein komischer Vogel, fragt Otto. Klaus zuckt die Achseln, der ist immer so.

Im November beginnt vor dem Internationalen Gerichtshof in Nürnberg der Prozeß gegen 21 führende deutsche Nationalsozialisten, und der Ankläger vergißt nicht darauf hinzuweisen, daß der wahre Ankläger die gesamte Menschheit sei.

Bei den großen Nazis, diesen verbrecherischen Mördern, kann ich das verstehen, sagt Mutter, aber daß sie unsere Offiziere vor Gericht zerren, das ist nicht richtig. Sie haben doch einen Eid geleistet, als Soldaten ihre Pflicht zu tun. Damit wollen sie das gesamte deutsche Volk treffen. In Wahrheit sitzen wir alle in Nürnberg auf der Anklagebank, ohne jede Ausnahme.

Ich gebe keine Antwort. Sie würde es sowieso nicht verstehen, daß ich dieses Deutschtum am liebsten ablegen möchte, es wie einen alten Mantel an den Haken hängen, weil ich mit alldem nichts mehr zu tun haben will.

Aber sogar Anton schwingt neuerdings die nationale

Fahne, nur nicht so vehement wie Mutter. Die haben zwar allerlei auf dem Jewissen, aber dat se wie jemeine Verbrecher behandelt werden, ich weiß nit … Anton läßt seinen Satz unfertig im Raum stehen. Mariechen fährt gleich drauflos und fragt zornfunkelnd, was er damit gemeint habe. Ist »Allerlei« jetzt deine Bezeichnung für Massenmord und Totschlag, gerade mal so en bißchen hier und da? Auf dem Rost braten sollte man dat Jesocks, ausstellen im Käfig, wie jemeinjefährliche Bestien, un nit vor einem ordentlichen Jericht verhandeln, nach dem Buchstaben des Gesetzes mit Verteidiger und allem Drum un Dran. Allerlei, ich faß et nit. Sie nimmt das Stocheisen aus dem Kohlekasten, öffnet die Ofentür und stochert wütend in der Glut, daß die Funken fliegen. Mein Jott, bist du heut empfindlich, meint Anton, jib mir lieber mal nen sauberen Kittel, mit dem hier kann ich nit mehr unter die Leut jehen. Hol dir deinen Kittel jefälligst selbst, antwortet Mariechen, ich hab Halsschmerzen und Kopfschmerzen, un et is mir heut sowieso nit zum Lachen. Du hast nen janz roten Kopp, Anton faßt ihr an die Stirn, du hast Fieber, du jehörst in et Bett. Un wer macht meine Arbeit, komm, hilf mir mal en bißchen, sagt Mariechen und hält mir das rotweißkarierte Geschirrtuch hin. Ich verlasse nur ungern das warme Plätzchen neben dem Ofen. Zu Hause ist es kalt. Im Herd brennt nur ein sparsames Flämmchen, das in der Nacht mit einem in nasses Zeitungspapier eingewickelten Brikett am Leben erhalten wird. Die Brennstoffzuteilung ist knapp, gekocht wird auf dem Gasherd, schnell, bevor sie das Gas wieder abstellen. Und der Winter steht vor der Tür. Morgens blühen die Eisblumen am Fenster, der Bach dampft, und die Stromdrähte hängen schlapp und rauhreifbepudert zwischen den Masten.

Vor Weihnachten wird es noch schlimmer. Im Wald suchen die frierenden Menschen nach Brennholz, und in meinen einzigen Schuhen klafft ein Loch. Der Schuster kann erst einen Riester aufsetzen, wenn die Lederzuteilung kommt. Solange müßte ich schon noch warten. Dabei stapeln sich in der Garage von Frau Heiterscheid die Schuhe zu Hunderten bis an die Decke. Wie eine Geburtstagsüberraschung präsentiert sie uns Karton für Karton, zeigt uns die in weißes Seidenpapier gebetteten Lederpaare, worauf in mir eine sinnlose Hoffnung keimt, die mit jeder vorgeführten Schachtel neue Knospen schlägt. Kurz vor dem Einmarsch der Amerikaner hat sie die Garage an einen aus Köln vermietet. Wir stehen fassungslos vor diesem Schuhwunder, und es dauert lange, bis wir uns von unserem sprachlosen Staunen erholt haben. Warum hält der das alles hier versteckt, wo andere keine Schuhe haben und die Kinder in Holzklumpen laufen? Er hat etwas von besseren Zeiten gesagt, wo Schuhe nicht für wertloses Papiergeld verschleudert werden müssen. Ich weiß, eigentlich ist das eine große Schweinerei, aber was will ich machen, ich bin auf die Garagenmiete angewiesen, sagt Frau Heiterscheid. Bei dieser Menge würde es gar nicht auffallen, wenn ein Karton fehlte, Mutter zupft eine Schachtel aus dem Regal, natürlich zum Schwarzmarktpreis, setzt sie noch hinzu. Schnell nimmt Frau Heiterscheid ihr den Karton aus der Hand und stellt ihn zurück. Das kann ich nicht machen, das wäre ein Unrecht, außerdem habe ich versprochen, niemandem davon zu erzählen. Sie hat bereits die Hand am Lichtschalter, um ihr Schuhparadies eiligst zu verdunkeln. Vielleicht bereut sie schon, die Geschichte überhaupt ans Licht gebracht zu haben. Wer weiß, wo der die Schuhe herhat, überlegt Mutter auf dem Heimweg. In den letzten Kriegstagen gab es so viele herrenlose Geschäfte, so viele herrenlose Keller, anzeigen müßte man so was, aber das kann ich der Frau Heiterscheid nicht antun.

Die im Potsdamer Abkommen festgeschriebene Aussiedlung der Deutschen aus den Gebieten jenseits von Oder und Neiße hat 6,3 Millionen Ostdeutsche heimatlos gemacht. Sie kommen in einem zerstörten Restdeutschland an, wo jeder an seiner eigenen Not leidet, wo es weder Arbeit noch Wohnungen gibt, wo ein Viertel des gesamten Wohnbedarfs zerstört ist und in den Großstädten sogar mehr als die Hälfte. Die Behörden veranlassen Wohnraumbewirtschaftung und Zwangseinweisungen und versuchen dem Mangel zu begegnen, aber die Einheimischen teilen nur ungern ihren ohnehin schon engen Raum mit den Flüchtlingen.

Eines Tages schickt das Wohnungsamt auch zu uns einen Mann mit Glatze und Stirnnarbe, der mit Block und Stift umhergeht, in alle Winkel und Ecken schaut und eifrig Notizen macht. Öffnen Sie bitte diese Türen, befiehlt er, um das Reich der in den Harz geflüchteten Frau Obermeier zu begutachten. Vermietet, wo ist diese Frau denn? Wir können sie ihm nicht präsentieren, sie lebt in der Ostzone bei ihren Verwandten. Der Quartiermeister will die anderen Räume sehen. Das ist mein Schlafzimmer, sagt Mutter und öffnet unwillig die Tür zu kaukasischer Birke und rosa Bettvorlegern. Da paßt aber noch gut und gerne eine Familie mit Kindern rein. Das sagen Sie doch nicht im Ernst, wo sollen denn wir hin, und was mach ich mit all den Möbeln, fragt Mutter. Es war abzusehen, daß diese Frage dem Mann nicht gefallen würde. Sofort läuft seine Narbe rot an und tritt noch deutlicher auf der weißen Stirn hervor. Was glauben Sie, mit wie wenig Platz wir in Dachau ausgekommen sind, sagt er gefährlich leise, und die Aussiedler haben zur Zeit überhaupt keinen Platz. Aber die sind doch von den Polen und Russen rausgeworfen worden, wendet Mutter ein. Das ist eine Folge des Unrechts, das der Hitlerstaat den sozialistischen Völkern des Ostens angetan hat, oder wollen Sie das etwa bestreiten? Ein Kommunist, flüstert Mutter erschreckt und schaut den Glatzkopf an, als stehe der leibhaftige Satan vor ihr. Seien Sie froh, daß nicht Ihr gesamtes Haus beschlagnahmt wird. Ihnen stehen pro Kopf sechzehn Quadratmeter und ein gemeinsamer Wohnraum zu, das ist mehr als genug, wenn man bedenkt, wie die Vertriebenen aus dem Osten hausen. Mit sechs bis acht Familien im Tanzsaal, mit über eine Leine gehängten Pferdedecken als Trennwand, gehen Sie nur hin und schauen sich das an, drüben in Klevers Wirtshaus. Ich werde mich über Sie beschweren, murmelt Mutter matt. Tun Sie das, tun Sie das, gute Frau, antwortet der Mann und steckt Stift und Notizbuch ein.

Die im Wohnungsamt sin alles ehemalige Kommunisten, klärt uns Anton auf, die sin ihnen jut jenug, dat se den Leuten den Stuhl unterm Hintern wegziehen, der Bürjermeister weiß jenau, wat er da tut.

Schließlich zieht in Frau Obermeiers Wohnung ein eleganter Herr mit englischem Lippenbärtchen und steifem Homburg ein, und wenn er den Homburg lüftet, leuchtet sein weißes Haar und sieht aus wie onduliert. Die junge Frau an seiner Seite sei die Schwiegertochter, sagt er.

Mit ihm kommen Kisten und Kasten und ein riesengroßer Kühlschrank. Ich habe noch nie einen Kühlschrank gesehen, wir bewahren unsere Vorräte im Fliegenschrank im Keller auf. Wenn wir überhaupt welche haben. Deshalb bestaune ich das Monstrum gehörig. Mutter bestaunt den ondulierten Herrn, erfährt, daß er eine Maßschneiderei auf der anderen Rheinseite betrieben hat, von der nichts mehr übrig ist, und wird mit einem Handkuß beglückt. Sind das aber reizende Leute, äffe ich hinterher. Gerade wollt ich das auch sagen, Mutter strahlt und will mir später nicht glauben, daß der reizende Herr beim Treppensteigen die rechte Hand fest auf der linken Pobacke seiner wasserstoffblonden Schwiegertochter hatte.

Jessus Maria, bist du groß geworden, muß ich jetzt Sie sagen? Aber du wirst doch nicht glauben, daß ich das tue, wo ich dich über die Taufe gehalten habe. Jessus Maria, laß dich anschaun, siehst schon aus wie eine richtige Dame. Aber, Perunje von Gleiwitz, wie läufst du herum, wie eine Polnische. Es wurde höchste Zeit, daß Sie wieder auftauchten, sagt Mutter. Das seh ich, geht eben nix ohne oberschlesische Perunje, lacht Agnes.

Sie hat uns gefehlt, und ich bin glücklich, daß sie wieder da ist. Agnes ist keine Hausschneiderin im üblichen Sinne, die kommt und wieder geht. Sie gehört, solange ich denken kann, zu unserer Familie. Vor ihr haben wir keine Geheimnisse, sie hat das Recht, zu tadeln und zu streiten, sogar Mutter duldet ihren Widerspruch ohne die übliche Gegenrede, Agnes ist mit uns verwachsen.

In Polen war sie, bei ihrer Schwester Frieda. Deutsch darf dort nicht mehr gesprochen werden, jetzt, wo sie Polen geworden sind. Wie schwer das der Frieda fällt, mit ihren paar Brocken Polnisch. Aber es hilft nichts, der Mann arbeitet im Bergwerk, nie hätten sie sonst dableiben dürfen, wenigstens die Heimat haben sie behalten. Wo hätten sie sonst auch hinsollen, wo schon der ganze Osten auf der Straße umherzieht und, schisskojeno, Heimat ist Heimat, ob hier oder in Polen.

Wie sie über die Grenze gekommen sei, will Mutter wissen, wo wir uns doch nur dreihundert Kilometer weit vom Fleck rühren dürfen. Der Grenzer wollte mich zuerst auch nicht rüberlassen, hat mich sogar einsperren lassen. Aber in der Nacht ist er gekommen, und da haben wir uns auf polnisch unterhalten, Agnes grinst, und ich muß daran denken, daß sie noch älter als Mutter ist. Ich hab ihm meinen Ring mit dem roten Stein versprochen, wenn er mich nur rüberließe, aber den wollte er gar nicht, und am nächsten Tag ließ er mich über die Grenze gehen. Den Ring hat er dann doch noch genommen, so sind sie eben, die Polen. Ein hübscher Mann, sagt Agnes versonnen lächelnd, und Mutter lenkt mal wieder ab, um ihr von unserem neuen Mieter in der Obermeierschen Wohnung zu erzählen. Nachher, als sich ein Schlüssel in der Haustür dreht, geht Agnes schnell durch den Flur, als habe sie dort etwas zu besorgen, denn neugierig ist sie wie eh und je. Ein Lackierter und Gelackter, lautet ihr Urteil, aber Schwiegertochter, nie im Leben. Wohl eher Schlummertochter, so verliebt, wie die beiden sind. Niemand widerspricht, in solchen Dingen ist Agnes absolute Expertin. Nur Mutter fragt mit einer enttäuschten Stimme: Glauben Sie das wirklich?

Agnes verspricht, sich um mein Konfirmationskleid zu kümmern, das schwarze Taftkleid meiner Schwester, und aus alten Mänteln, Hosen und Jacken meines Vaters Neues zu zaubern. Freu dich nicht zu früh, warnt sie noch, als ich den englischen Schlager pfeife, den dieser Unterhosen-Engländer immer sang, und das »It was on the isle of Capri« fortwährend wiederhole, als habe die Schellackplatte einen Sprung.

Mariechen hat Diphtherie, aber Penicillin erhalten nur geschlechtskranke Frauen, damit die Amis und Engländer sich nicht anstecken können, obwohl niemand so genau weiß, ob es nicht die Soldaten selber waren, die den Frauen diese Krankheit mitgebracht haben, die man nur bekommt, wie Mutter warnend vermerkt, wenn man sich mit Männern einläßt. Ich habe keine Ahnung, wie das alles zusammenhängt, aber mir wäre lieber, Mariechen hätte diese Nuttenkrankheit, könnte mit Penicillin geheilt werden und müßte nicht so unwahrscheinlich elend und röchelnd im Bett liegen.

Heute wischen wir die katholische Taufe weg, sagt Mutter, und das klingt gerade so, als fahre sie mit einem Rotstift durch mein Leben, um zu entfernen, was ihr nicht paßt. Ich möchte nicht, daß sie an mir herumradiert, bis ich mich selbst nicht mehr erkenne und als Homunkulus von Mutters Gnaden durch die Welt renne. Ich will so bleiben, wie ich bin.

Sei getreu bis an den Tod, so will ich dir die Krone des Lebens geben, predigt der Pfarrer, und ich bin froh, daß er sich nicht weiter in frommen Sprüchen ergeht, sondern von der Verantwortung des Menschen für sein eigenes, gottgegebenes Ich spricht und der Verpflichtung, es keinen fremden Götzen zu opfern und es nicht durch Lug und Trug zu verfälschen.

Die Leute aus der Oberstadt mögen diesen Pfarrer nicht, der nach der Gefangenschaft zu uns kam, als Ersatz für den anderen, der seine Götter ausgetauscht hatte und dem fremden Führer eifriger diente als dem eigenen Herrn. Der Neue sei ihnen zu intellektuell, sagt Mutter. Vorsichtshalber schaue ich im Lexikon nach, um das Wort zu suchen, das so viele im Munde führen. Ein Verstandesmensch, steht da, und noch etwas von gesellschaftskritischem Bewußtsein, da begreife ich, warum sie ihn nicht mögen. Ein Pfarrer muß so reden, daß jeder ihn versteht. In der Kirche sei einzig und allein Gottes Wort angesagt und keine philosophischen oder psychologischen Purzelbäume, sagen sie.

Mir sind seine Worte verständlich, und ich möchte auch sofort beginnen mit dieser Verantwortung, obwohl mir in letzter Zeit manchmal selber nicht klar ist, wer oder was ich überhaupt bin und warum ich immerzu hin und her rutsche auf der Achterbahn meiner Gefühle.

Sei getreu bis in den Tod, und ich will dir die Krone des Lebens geben, liest der Pfarrer meinen Konfirmationsspruch vor, die schläfrigen Köpfe in den Kirchenbänken rucken hoch, und ich nehme stolz das Schmuckblatt in Empfang. Die Krone des Lebens gefällt mir sehr. Leider wird sie erst am Schluß des Weges verliehen, der mit allen nur möglichen Stolpersteinen ausgelegt ist, die selbst einen Heiligen zu Fall bringen würden.

Mein Stolperstein, dieser Otto, kommt genau in dem Augenblick, als die Konfirmanden mit verklärten Augen aus der Kirchentüre strömen und von ihren schwarzgekleideten Verwandten feierlich in Empfang genommen werden, mit einem riesigen Fliederstrauß über den knirschenden Kies. Ich habe den Garten geplündert, grinst er und wedelt mit lila Blüten vor meiner Nase. Ein sehr schöner Strauß, freut sich Großmutter, und nur weil Hetty so hämisch grinst, gebe ich dem Blumenkavalier schnell einen Kuß auf die Wange, worauf die wartenden Mütter enge Augen und spitze Münder bekommen, Otto sich verlegen mit dem Handrücken im Gesicht herumwischt und ich schnell meine Nase in den Flieder stecke.

Du hast dich wieder einmal unmöglich benommen, das muß ich dir sagen, auch wenn heute dein Konfirmationstag ist. Bis über die Ohren hast du uns blamiert, küßt vor allen Leuten diesen Menschen, wie die uns angestarrt haben, in den Erdboden hätte ich versinken können, wer war das überhaupt? Einer aus meiner Klasse, antworte ich und versuche mühsam meinen guten Vorsätzen gerecht zu werden. Ich weiß nicht, was du hast, Mathilde, das war doch sehr aufmerksam von dem jungen Mann, hier mit Blumen zu erscheinen, auf mich hat er einen sehr guten Eindruck gemacht, sagt Großmutter. Kein Wunder, daß du sie verteidigst. Wenn ich nur an deinen Konfirmationsspruch denke, entgegnet Mutter bissig. Was war das für ein Spruch, will ich wissen. Großmutter überhört meine Frage, wenn ich mich nicht täusche, ist sie sogar rot geworden. Wenn dich die bösen Buben locken, so folge ihnen nicht, kann sich Mutter nicht verkneifen, Großmutters Geheimnis preiszugeben. Ich hätte zu gerne gefragt, ob so etwas wirklich in der Bibel steht, aber in diesem Fall ist wohl Schweigen geboten, wie mir ein Blick auf Großmutters grimmiges Gesicht zeigt.

Eigentlich war der Apfelkuchen nur für mich gedacht, doch wer ißt schon alleine von einem Kuchen, wenn hungrige Augen auf den Teller schauen. Agnes ist zum Gratulieren gekommen und hat mir vorsorglich eine in Tschenstochau geweihte Marienmünze mitgebracht. Sie glaubt nicht an zwei Taufen und behauptet, das Katholische lasse sich nicht wegwischen.

Mutter altert mit dem Jahrhundert. Aber sie hält sich nicht an die Jahreszahlen und erzählt jedem, daß sie bereits auf die Fünfzig zugehe, auch wenn dieser Geburtstag erst in einigen Jahren ansteht. Ich weiß nicht, was das soll, aber ich möchte sowieso niemals so alt werden wie Mutter, oder wie Frau Sievers, die Wirtin vom Café Wiesengrund, das von den Engländern beschlagnahmt ist, die dort mit ihren wechselnden Bräuten die Nächte durchfeiern und bisher noch keinen Pfennig Miete bezahlt haben. Sie raucht Selbstgedrehte in einer Bernsteinspitze und kommt nie ohne ihren Hund.

Die Französin hat zwar gritzegraue Haare, doch manchmal noch sehr junge Gedanken. Vielleicht liegt es daran, daß sie in München gelebt hat, in den zwanziger Jahren, von denen jeder sagt, da war was los. Die Frauen trugen Bubiköpfe, lange Ketten und kurze Kleider, die Maler malten Bilder ohne Baum und Haus, man tanzte Charleston, schnupfte weißes Pulver aus silbernen Döschen, sprach Dada und hatte jede Menge freche Sprüche auf Lager. Bis sie diesen Hitler wählten, der für Dada und freche Sprüche nichts übrig hatte und sofort alles abschaffte, das Jüdische und das Verkommene. Eine deutsche Frau schminkt sich nicht, die Kleider wurden länger, und am Kopf wuchs der alte deutsche Zopf.

Im Amselfeld gibt es wieder eine Tanzschule, warum schicken Sie die Mädchen nicht dorthin, schlägt die Französin meiner Mutter vor. Ich bitte Sie, Hetty hat für das Abitur zu lernen und Ida, na, das fehlte gerade noch. Außerdem sind jetzt nicht die Zeiten zum Tanzen. Junge Leute sollten zu allen Zeiten ein bißchen Freude haben, sonst werden sie solche Trauerklöße wie wir, widerspricht die Französin. Alte Weiber können zu Hause rumsitzen, die Jugend muß unter die Leute. Sie haben schon genug erleben müssen, was nicht für sie gemacht war, stimmt Frau Sievers mit rauchiger Stimme zu, um sich dann wieder diesem kleinen Maschinchen zu widmen, aus dem unter ihren geschickten Händen die Zigaretten nur so fliegen. Mutter verzieht den Mund und pickt unsichtbare Krümel von der Tischdecke. Das wird wohl nichts mehr werden, denke ich, mal sehen, was Zilli dazu sagt.

Zillis Mutter sitzt an der Nähmaschine und setzt Flikken auf ein weißes Bettuch. Wir melden uns morgen in der Tanzschule an, verwandle ich den Wunsch in eine beschlossene Sache, und füge hinzu: Junge Leute, die zu Hause rumhocken, werden schnell zu Trauerklößen. Besser ein Trauerkloß als eine angemalte Ami-Nutte. Engländer, verbessere ich. Was sagst du, sie schaut mich mit abgestandenem, freudlosem Blick an. Ich meine, bei uns sind keine Amis, hier sind die Engländer. Das ist doch ein und dasselbe, sagt sie, legt das Bettuch zur Seite und geht zum Ofen. Du brauchst gar nicht erst zu fragen, Zilli geht nicht mit, und dabei bleibt es. Ich hatte auch nicht vor zu fragen, schließlich muß jeder alleine wissen, was er zu tun hat, antworte ich hoheitsvoll und lasse die Tür ordentlich ins Schloß patschen.

Mutter hält nicht viel von diesen Leuten, die sich so unauffällig machen und von denen niemand weiß, wo sie eigentlich herkommen. Eines Tages wohnten sie beim alten Krein, in den zwei Zimmern zum Hof hinaus. Dunkle, feuchte Löcher, die er nie loswurde. Wer will schon Tag und Nacht die Lampe brennen. Zillis Mutter sagt kein Wort zuviel und redet nicht einmal über das Wetter mit den Leuten. Auch Zilli verschließt manchmal ihr Gesicht und bekommt die kalten abweisenden Augen ihrer Mutter, wie damals, als der englische Soldat, ein Bündel Schmutzwäsche unter dem Arm, mit allen zehn Fingern auf Mutter einsprach, wobei jeder Satz mit einem »you understand« schloß. Ida, komm schnell, rief Mutter, ich versteh ihn nicht. Zilli hatte sich in die Thujahecke gedrückt und war durch nichts zu bewegen, unser Haus zu betreten. Nicht solange der noch da drin ist, schrie sie, riß an den Thujazweigen und zerpflückte sie in kleine Schnipsel. Sei doch nicht albern und komm, ich muß Mutter helfen, sie kann kein Englisch. Du hast wohl vergessen, daß das unsere Feinde sind, sagte Zilli mit wie zu Eis gefrorener Stimme und peinigte weiter den Thujastrauch. Wenn du da reingehst, kann ich nicht länger deine Freundin sein. Ihr macht gemeinsame Sache mit diesen Schweinen, die meinen Vater im Lager schlagen und hungern lassen. Du spinnst doch, Mutter wäscht für Zigaretten und Seife, und die haben wir bitter nötig, verteidigte ich Mutters Kompensationsgeschäfte, für die ich mich sonst schäme. Allein die Vorstellung, daß Bob, dieser schüchterne Soldat, dem bereits die Röte ins Gesicht stieg, wenn er nur

Hettys Rockzipfel erspähte, und der sich hauptsächlich für englische Schlagertexten interessierte, den Schlagstock hätte nehmen können, war absurd. Aber er ist Engländer, die meinen Vater halb totschlagen, weil er SS-Mann war, schrie Zilli, und ihr roter Fahnenrock leuchtete wie ein Signal, als sie heulend um die Ecke verschwand.

Was geht mich denn Zillis SS-Vater an, der zur Abwechslung jetzt selbst die Prügel bezieht. Zum Fürchten waren sie, in ihren gelackten schwarzen Stiefeln und mit den verbissenen Heldengesichtern. Zillis Mutter trägt auch so eine Miene spazieren, und selbst bei Zilli weiß man nie genau, ob ihren Augen nicht plötzlich stählerne Gitter wachsen.

Der Strom ist wieder mal abgestellt, ich muß mit Großmutters Eisernen bügeln, beklagte sich Mutter und holte mit dem hölzernen Klappgriff ein neues, heißes Bügeleisen von der Herdplatte. Es stammt noch aus dem Ersten Weltkrieg, nie hätten wir uns träumen lassen, daß es noch einmal zum Einsatz kommt. Was war denn da draußen los, fragte sie. Zilli wollte nicht reinkommen, wegen dem Engländer. Ich möchte bloß wissen, wovon die eigentlich leben, überlegte Mutter. Sie hamstern nicht, sie haben keinen Garten, und Zilli trägt einen neuen Lodenmantel spazieren. Sie bekommen das Zeug mit der Post, sagte ich und drehte am Radio. Was für Zeug? Weiß ich auch nicht, solche Pakete eben. Wenn er könnte, würde er jetzt noch in die Partei eintreten, hat neulich der alte Krein gesagt. Wie die sich helfen und gegenseitig unterstützen, richtig neidisch werden kann man da. Aber das war schon immer so, eine Krähe hackt der anderen kein Auge aus. Eines Tages werden die alle wieder oben sitzen, und wir dürfen die Zeche bezahlen.

Mit einem Knall fiel das Eisen auf die Herdplatte. Mein Gott, hast du das gesehen, ein Glück, daß ich noch am Herd stand, der Griff schließt wohl nicht richtig, sagte sie noch, aber da hatte ich schon alles um mich herum vergessen und hörte nur noch auf dieses Lied, das ich einatmen wollte, Wort für Wort und Ton für Ton, um diese Sehnsucht nach Freiheit ganz tief in mir festzuhalten und mich forttragen zu lassen in eine Welt ohne Schuldzuweisungen und Kriegskrüppel, ohne Hunger und Schlangestehen, ohne Stromsperren und Wassersuppen und ohne diese gräßlichen olivgrünen Unterhosen und die ewig nörgelnden Erwachsenen mit ihren für eine andere Zeit gemachten Anweisungen. Don't fence me in, sang Bing Crosby, und ich saß selbstvergessen auf dem Unterteil des Küchenschranks und trommelte den Takt mit meinen Hacken. Hör mit der Trommelei auf, komm vom Küchenschrank runter, und mach das Radio aus, hörte ich irgendwo aus weiter Ferne Mutters Stimme.

Der Gigolo, ein ehemaliger Fliegerleutnant, tänzelt, die Hauchdünne mit den flatternden Volants im Arm, im Foxtrott-Schritt an uns vorüber. Wir stehen an der Wand mit hängenden Armen, großen Füßen und lächeln blöde. Roter Mohn, warum welkst du denn schon? Der Gigolo schmachtet die Hauchdünne an, ihr Ehemann bedient das Grammophon in der Ecke. Und jetzt Sie, meine Herren, fordern Sie die Damen auf, gibt er das Zeichen zum Sturmangriff, und schon stürzt sich alles auf uns. Schließlich schlurft ein übriggebliebener Dicker heran und baut seinen Diener vor mir auf. Er hat schweißige Hände und Füße wie Elbkähne, wovon er einen sofort auf meinen Zehen deponiert. Sie stehen auf meinem Fuß, flüstere ich. Tschuldigung, jetzt schwitzt auch sein Gesicht, während der zweite Kahn meine Ferse blockiert. Passen Sie doch auf, Sie haben mich schon wieder getreten. 'tschuldigung, sagt er und wechselt das Tanzbein auf meine linke Zehe. Können Sie Ihre Füße nicht sortieren, zische ich. 'tschuldigung, murmelt er von der Tanzfläche flüchtend, so daß ich mir zähneknirschend allein einen Weg durch schadenfrohes Grinsen bahnen muß. Wie mein Herz sollst du glühn und feurig lohn, schmachtet die Hauchdünne, und der Leutnant betrachtet mißmutig meine gekränkte Unschuld, die mit gekreuzten Armen an der Wand lehnt. Roter Mohn, Hetty tanzt zählend vorüber, und Zilli, die dank ausgiebiger Tränenströme auch dabei ist, kommt aus dem Tritt. Wie mein Herz sollst du glühn und feurig lohn, säuselt wiederholend das Grammophon, während die Tanzenden ihre Füße nicht aus den Augen lassen. Wie unsagbar blöd das ist, denke ich noch, da zieht mich der Ehemann sanft von der Wand. Schauen Sie nicht auf ihre Füße, schauen Sie mich an. Roter Mohn, auf einmal klappt es mit den Schritten. Schön ist es, so dahinzuschweben. Der Ehemann hat trockene Hände und riecht nach irgend etwas, das schon lange nicht mehr zu haben ist. Nur seine Augen blicken müde in weite Fernen und keineswegs auf mich. Sicher weil die Flatterziege mit diesem ausgedienten Militär herumgirrt, der ihr Sohn sein könnte, sich überhaupt keinen Zwang antut und damit die mohnroten Gesichter ringsum völlig aus dem Takt bringt. Warum welkst du denn schon, das macht richtig Spaß. Die Nadel knarzt, der Ehemann stürzt zum Grammophon. Wieder einer, der mich stehenläßt, ich muß doch irgend etwas an mir haben.

Über dem Waldrand hängt der Mond blaß wie Reispapier, am Bach wabern Nebelfetzen, und irgendwo schreit ein Käuzchen. Wir wischen den Eichendorff mit dem Roten Mohn weg, üben im Wechselschritt auf der Straße, bis die Scheinwerfer der Militärstreife hinter der Bahnüberführung aufleuchten.

Im Gang teilt der Deutschmann aus der Unterprima Schulspeisung aus. Ich halte ihm meinen Henkelmann hin. Erbswurstbrühe hält länger vor als die schlabbrige Kekssuppe, der Hunger meldet sich nicht so schnell zurück, aber manchmal ist sie sauer und schmeckt nach muffigen Fußlappen. Seit der Deutschmann mir noch eine Zusatzkelle spendiert, kann er meiner Liebe gewiß sein, und so schaue ich vor dem dampfenden Kübel meinem Suppenschwarm tief in die sanften, blauen Augen. Der hat doch Glotzaugen, behauptet Klärchen abfällig, aber aus ihr spricht ein neidisches Herz, das keinen Nachschlag bekommt.

Heute fällt mein Blickkontakt mager aus, hinter mir schlenkert Otto, für den ich mich irgendwie verantwortlich fühle, seinen Henkelmann. Er hat sein Grinsen kurzfristig abgelegt und sieht sehr verwundbar aus. Mach dir nichts draus, flüstere ich ihm zu, ich war auch auf so einer Schule, und die hier sind sowieso alle beknackt. Otto muß meinen Tröstungsversuch in den falschen Hals bekommen haben, er schaut interessiert hoch, lächelt mich vielsagend an und flüstert zurück: Ich komm dich mal besuchen. Erschrocken nicke ich, das hatte ich nicht beabsichtigt. Schon sehe ich das Gesicht meiner Mutter vor mir, wie sie schmale Lippen bekommt und Ottos Familiengeschichte erforscht, bis ich ins Stottern kommen werde, weil er hinter dem Bahndamm in den kleinen Arbeiterhäuschen wohnt, wo die Frauen samstags in der Kittelschürze vor der Türe sitzen und die Männer das Bier aus der Flasche trinken. Und sowieso ist Otto nicht mein Typ. Ich kann nur hoffen, daß sich das nicht auf meine Suppe auswirkt, aber der Deutschmann kratzt sorgfältig mit der Kelle den Kübelrand sauber und sieht friedlich aus wie immer.

Ein schrilles Klingelzeichen zeigt das Ende der Pause an. Wir strömen in die Klasse, wo uns die schlechte Laune des Französischen erwartet, bis wir, unbeweglich in die Bänke geduckt, dasitzen wie das Kaninchen vor der Schlange. Alfred, komm, teil die Hefte aus, wir schreiben ein Diktat. Für Sekunden verändert sich die schneidende Stimme, bekommt menschliche Töne, nahezu Wärme. Der lange Alfred schlendert gemächlich nach vorn. Er kann sich das erlauben, ihm gibt der Französische nie ein böses Wort, betrachtet ihn mit den Augen der Milde. »La cigale et la fourmi«, der Titel schwingt im Rhythmus einer singenden Säge vom Katheder und treibt mir den Angstschweiß auf die Stirn, doch der Französische läßt uns keine Zeit zur Besinnung, galoppiert durch die französische Fabel, daß man ihren toten Dichter weinen hört. »Eh bien, dansez maintenant«, setzt sein gefrorener Diskant bereits den Schlußsatz, um honigweich fortzufahren: Alfred, sammle bitte die Hefte ein. Ich schüttle meine verkrampfte Hand, und Otto fächelt sein Heft, dem das Löschblatt fehlt. Alfred stapelt bereits unsere Diktate auf dem Katheder, als sich das Auge des Französischen auf Otto richtet, der gerade sein Heft obenauf legt. Du kommst zu spät, mein Lieber, sagt er und wischt mit einer Handbewegung das Heft vom Pult, haben sie dir in deiner Nazischule keine Ordnung beigebracht? Doch, antwortet Otto, aber das soll ich alles vergessen, haben Sie gesagt. Wir kichern hinter vorgehaltener Hand. Diesmal scheint das den Französischen nicht zu stören, er blättert im Klassenbuch, schreibt, rückt seine Brille zurecht und liest schließlich lächelnd und unendlich langsam seinen Eintrag vor: Otto lügt, leistet den Anordnungen des Lehrers keine Folge, weigert sich, sein Arbeitsheft abzugeben. Also eine Sechs, triumphiert die Stimme, und du hebst sofort das Heft auf. Nein, sagt Otto und grinst nicht mehr. Du hebst sofort das Heft auf, du verkommenes Subjekt, kreischt der Französische. Nein, wiederholt Otto in unsere Stille. Diese wohl noch nie erlebte Weigerung verschlägt dem Französischen die Sprache, fassungslos starrt er den widerspenstigen Schüler an, bis es aus ihm herausbricht, Bürschlein, dir werde ich die Flötentöne schon beibringen, und sein Arm zum angedrohten Spiel hochschnellt. Für einen kurzen Augenblick bleibt die geballte Faust in der Luft stehen, dann fängt Otto den erhobenen Arm ab, drückt ihn tief und tiefer, bis mit dem Arm auch der Lehrer aus unserem Gesichtskreis verschwindet und wir aufstehen, um nach der Stelle zu spähen, wohin er verschwunden ist.

Sie werden sich jetzt bei mir entschuldigen, für die Nazischule, für das Subjekt und für die Lügen im Klassenbuch, hören wir Otto sagen, uns stockt der Atem. Wenn du mich losläßt, klingt es mit einer sonst nur für Alfred reservierten Milde von unten. Otto lockert seinen Griff, der Französischlehrer rappelt sich auf und entkommt. Das wird dich teuer zu stehen kommen, zischt er noch drohend, bevor er zur Tür hinaus ist und wir ihn draußen gellend um Hilfe schreien hören.

Du sollst ins Direktorat kommen, meldet Alfred. Otto packt seine Tasche und geht. Der geht nicht zum Direktor, der geht nach Hause, flüstert einer. Vom Fenster sehen wir ihn über den Schulhof stapfen, mit vorgebeugtem Kopf, wie zum Angriff, und am nächsten Tag bleibt seine Bank leer.

Das ist doch unglaublich, ein Schüler, der seinen eigenen Lehrer angreift und einfach nach Hause verschwindet, wenn ihm etwas nicht paßt. Es ist wahr, ihr seid alle verlottert durch den Krieg und diesen Hitler, lamentiert Mutter. Aber so war es doch gar nicht, er hat ihn angelogen, dieser Mistkerl, er hat doch gelogen. Wie sprichst du denn von deinem Lehrer? Du hörst sofort auf zu schreien, ich will das nicht hören. Wie, sagst du, heißt der Mann, Wernicke? Helmut hat einmal einem Wernicke Nachhilfe in Latein gegeben, ein netter, bescheidener Junge mit einer Brille. Nett und bescheiden, das kann er nicht sein, er ist ein Ungeheuer, ein Sadist, keiner mag ihn, vielleicht Alfred, aber das ist auch noch nicht sicher. Er wird schon wissen, weshalb er so streng ist, sagt Mutter, schließlich muß er euch zur Ordnung erziehen. Helmut mochte übrigens diesen fleißigen Jungen sehr gerne. Seine Mutter hat sich die Schule bitter vom Mund abgespart, war immer knapp mit ihrer Witwenrente, ich glaube, Helmut hat ihn sogar umsonst unterrichtet, war wie ein Vater zu dem Jungen. In der nächsten Französischstunde fragst du ihn, ob er die Kinskis kennt, und bestellst Grüße. Nie im Leben werde ich den fragen, ich denke gar nicht daran, versichere ich, so einem Lügenmaul einen Gruß zu bestellen.

Unter Tims Soldatenbild mit dem angestaubten Trauerflor sitzt ein fremdes Gesicht. Mariechen schält einen Kochtopf aus ihrem Einkaufsnetz. Wo haste den denn her, frage ich, gekauft? Mariechen nickt und stülpt sich den Topf über die Ohren. Kochpötte aus Stahlhelmen, dat hätten se mal früher machen sollen, dann säßen mer jetz nit so in der Scheiße. Wat nützen dir die Pött, wenn de nix für drin zu kochen hast, sagt der Fremde und zeigt mit dem Finger auf mich, wer is dat denn? Kennste et Ida nit mer, dat Klein von nebenan? Nä, wat biste jroß jeworden, komme ich ihm äffend zuvor, denn inzwischen hat mir die Erinnerung sein Bild zugespielt, so wie er auf dem Foto nebenan auf der Kommode aussieht, ein Junge in kurzen Hosen mit dem Luftgewehr in der Hand. Später sind andere Fotos dazugekommen, in Wehrmachtsuniform und mit Gewehr, das nicht nur auf Spatzen schießt. Also Robert, Mariechens Bruder, ist wieder da. Sieh mal an, die kleine Ida, grinst er und, schon an der Tür: Aber glaub ja nit, dat ich jetz Sie zu dir sag.

Gestern is er gekommen, mit dem Kerpens Will, sie waren zusammen im Lager, sagt Mariechen und nimmt endlich den Topf vom Kopf. Der Will war doch vermißt? Jetzt nit mehr, er wird dem Anton im Garten helfen, sagt sie und beginnt, den Topf im Spülstein mit Vim und Wurzelbürste zu bearbeiten. Du schrubbst grad so, als hätt der Topf schon auf einem Kopf gesessen, die sind doch aus Lagerbeständen der Wehrmacht und fabrikneu. Wer weiß, wo dat alles herkommt un hinjeht, Mariechen wischt sich eine feuchte Haarsträhne aus dem Gesicht. In der Südsee sin die Amis schon wieder am Rumprobieren mit den Atombomben. Versuche nennen se dat. Bikini, wo is dat überhaupt? Ich ziehe die Schultern hoch, was interessieren mich diese Pilzbomben, weit weg am Ende der Welt. Auch Mariechen wendet sich einem neuen Thema zu. Laß mal die Katz raus, un dann kommste wieder, ich hab was für dich.

Unter dem Vordach brütet die Sommerhitze. Lustlos schleicht die Katze an den Freßnapf, schnuppert, schließlich springt sie auf die Zeitungskiste und zieht mit ihrer roten Zunge feuchte Furchen durch den Tigerpelz. Ich rekke die Arme, spüre, wie die Wärme meine Haut streichelt, und lasse den Duft nach Gras und Sommer in alle Poren dringen. Summertime, meiner Stimme fehlt das Samtweiche der Sängerin, bei der sich sogar meine Mutter ihr ewiges »Mach die Negermusik aus« verkneift. Ella Fitzgerald, komischer Name. Summertime, singe ich und hopse wie wild unter dem Vordach herum, bis ich an der Hausecke den Robert stehen sehe, grinsend, mit hungrigen Augen, die Zigarette im Mund.

Mariechen hat die Bänderkiste auf dem Tisch ausgeleert, die mit den Grabschleifen, als letzten Gruß und in stillem Gedenken. Ganz unten in der Kiste sind die roten mit dem Hakenkreuz in der Mitte, das jetzt nicht mehr gebraucht wird. Sie nimmt die Schere und schnipselt das falsche Kreuz weg. Jetzt bleibt nur noch ein rotes Band übrig, das sie zusammendreht und in mein Haar bindet. Wie en Zijeunerkind siehste aus, richtig hübsch, freut sich Mariechen an ihrem Werk. Un jetz mach, dat de fortkommst, sie gibt mir einen Klaps, ich gehe, den Kopf steif im Nacken, die Nase hoch in der Luft. Der Robert steht nicht mehr an der Hausecke. Erleichtert atme ich auf, obwohl, mit dem roten Band hätte er mich ruhig sehen können.

Wer hat dir denn diese schreckliche Schleife umgebunden, die nimmst du sofort aus dem Haar, empfängt mich Mutter. Trotzig schüttele ich den Kopf, weiche vorsichtshalber zurück, aber da hat sie mir die Grabschleife bereits weggerissen. Komm mir nur nicht noch mal so an wie ein billiges Flittchen, schreit sie, meinst du, ich will die Kerle ums Haus herumschleichen sehen? Von wem hast du das scheußliche Ding überhaupt? Von Mariechen, antworte ich und spüre den Haß wachsen. Dachte ich es mir doch, immer hängst du da rum, das ist kein Umgang für dich. Hilf lieber deiner Mutter, die hat genug zu tun und muß alles alleine machen.

Ich halte mir die Ohren zu, will der Jeremiade schnell entkommen und wäre beinahe über Hetty gestolpert, die sich draußen im Flur zu schaffen macht und abwehrend die Hände hebt, als ich mich beklagen will. Laß mich aus dem Spiel, ich muß mich um mein Abi kümmern, sagt sie.

In meinem Kinderversteck auf dem Dachboden krieche ich auf die alte Matratze. Sie riecht muffig. Um die Balken flirrt der Staub mit den Geheimnissen meiner Kindheit. Ich kann sie nicht mehr entziffern, sie sind tot, wie der ausgetrocknete Fledermausbalg in der Ecke, der beim Nähertreten zerfällt. Warum kann Vater nicht auch vermißt sein und plötzlich wie der Kerpens Will an der Tür stehen. Leicht vorgebeugt, um den Kopf nicht am Türpfosten zu stoßen, und den weißen Haarkranz wie einen Heiligenschein um den Kopf. Ida, würde er sagen, du mußt sparsam umgehen mit deinen Tränen. Du darfst sie nicht verschwenden, schon gar nicht an eine ausgediente Nazischleife. Auf dich wartet noch das ganze Leben mit einer Vielzahl bunter Bänder.

Eigentlich ist es egal, wo er mit mir spricht, an der Tür oder in meinem Herzen, denke ich, putze mir die Nase und gehe pfeifend wieder hinunter.

6

Mit den Flüchtlingen und zurückkehrenden Kriegsgefangenen kommt das Ungeziefer. Es schleicht sich aus den Lagern bei uns ein, haust mit den Ausgebombten in den Kellerlöchern, reist zu Fuß oder per Bahn und springt von einem zum anderen. Mutter schuppt sich den Rücken und nimmt dazu den Stiel des langen Heinrichs zur Hilfe, mit dem wir gerade die Jauchegrube leeren. Ich weiß nicht, warum es die Viecher immer auf mich abgesehen haben, das wird wohl an meinem süßen Blut liegen, sagt sie, und lehnt die Schöpfkelle gegen die Wand. Mich scheint das Ungeziefer zu verschmähen, wahrscheinlich gehöre ich zur Gruppe der Sauerblütigen.

Aber nicht für alle Plagen findet sich so schnell eine Erklärung. Mit der Jauche kippen wir lange, weiße Würmer auf das Gemüsefeld, die von den herbeieilenden Hühnern gierig verschlungen werden. Es muß von uns kommen, dieses ekelhafte Gewürm, es sitzt in uns drin, wir tragen es mit uns herum. Eines Tages ziehe ich die Bestätigung so laut schreiend aus mir heraus, daß das halbe Haus zusammenläuft, selbst Frau Fesenmeier von der Mansarde. Alle versuchen mich zu beruhigen. Mutter sagt immerzu: Es ist nichts, es ist gar nichts, aber ich bekomme vor mir selber Angst und hätte mit jeder Zirkusdame ohne Unterleib getauscht, wenn es sie gegeben hätte. Verzweifelt trage ich meine Schande in Mariechens Küche. Dat is nur dat verdammte Maisbrot, mit dem se uns füttern wie et liebe Vieh, un sons noch all der Dreck, den mer in uns reinstopfen müssen, sagt Anton, so wat hat et früher nit jejeben.

Gerade als Mutter meinen Eimer wieder vollschöpft, biegt der Gelackte mit seinem Weihnachtsengel um die Ecke, im Schlepptau einen jungen Mann mit Geheimratsecken und Tweedjacke, die nach Kompensationsgeschäften und Schwarzmarkt riecht. Darf ich Ihnen meinen Schwiegersohn Konrad vorstellen, fragt er, ungeachtet des ringsum wabernden Gestanks und der Jaucheflecken an unseren Armen. Wenigstens hält der Tweedmensch Abstand, nickt nur kurz mit dem Kopf und verzichtet auf eine Begrüßungshand. Er sieht nicht sehr vergnügt aus, und die beiden anderen vermitteln auch nicht den Eindruck einer über die Ankunft des verlorenen Sohns besonders glücklichen Familie.

Wenn ich Großmutter glauben soll, gehören diese Heimsuchungen zu den biblischen Plagen, die uns der Herrgott für das Unrecht auferlegt, das wir über die Welt gebracht haben und für das wir jetzt alle die Mitschuld übernehmen müssen, wie ihr Lieblingspfarrer Niemöller predigt. Ich will diese Schuld aber nicht auf mich nehmen, weder innen noch außen, sollen doch die sich damit abplagen und abtragen, die alles verursacht haben. Aber plötzlich wollen sie von allem nichts gewußt haben und ziehen den Kopf aus der Schlinge wie dieser Göring, der einfach auf die Zyankalikapsel biß. Wenigstens er hat wie ein Deutscher gehandelt und sich diesem unehrenhaften Tod entzogen, sagt Mutter, und ich glaube, nicht richtig zu hören. Was bringt sie bloß zu diesem unsinnigen Gerede? Er durfte das nicht tun, er hat die Strafe verdient, und wer keine Ehre hat, dem kann sie auch nicht genommen werden, widerspreche ich. Schrei nicht so, wenn du mit mir sprichst, Mutter setzt wieder einmal ihr ironisches Lächeln auf, und was ist mit dem Fritzsche, hat der keine

Strafe verdient? Darauf weiß ich auch keine Antwort. Den Freispruch von Hans Fritzsche, dem persönlichen Adjutanten und willfährigen Sprachrohr von Goebbels, der bei den Nazis jeden Abend die politische Lage mit seinen Lügen im Rundfunk verzierte, versteht sowieso niemand. Vielleicht haben sie den Fritzsche unter Reklame eingeordnet, wie Coca-Cola oder Kaugummi, vielleicht holen sie ihn sogar nach Amerika wie den Raketenbraun. Mutter schüttelt den Kopf: Wer soll das denn sein? Wernher von Braun, der die V2 gebaut hat, mit der sie England bombardiert haben. Gib endlich Ruhe, seufzt Mutter, und hilf mir die Mühle drehen. Sie schiebt mir die Kaffeemühle zu, mit der wir den Weizen aus der Eifel zu Schrot mahlen, eine Arbeit, von der man Blasen an den Händen bekommt und der ich gerne aus dem Wege gehe.

Ruhig sein, schweigen, nicht darüber reden. Plötzlich hält es alle Welt mit den Stummen. Als in Hambachs Laden die Rückkehr vom August Blecher besprochen wird, den nicht falsche politische Ansichten oder die falsche Religion ins KZ gebracht hatten, sondern eine Vorliebe für Föttchesfühlereien an den verkehrten Objekten, wie Mutter so was nennt, plustert sich ausgerechnet die Frau Schlimbach auf. Dat dä wieder da is, un andere brave Jungen, wie mein Paul, mußten ins Gras beißen, sin irgendwo in Russland verscharrt worden, un dä hat hier in der Heimat warm un trocken, bei freier Kost un Logis gesessen. Dat se so wat wie den verjessen haben, nä, dat kann ich nit verstehn! Danach ist es in Hambachs Laden totenstill geworden, noch nicht mal das Zeitungspapier, mit dem die Frau Hambach den vom Block geschnittenen Kunsthonig einwickelt, raschelt. In diese Stille hinein dröhnt die Stimme vom alten Keppel. Wir wollen unsere Toten begraben und endlich Ruhe haben, ein für allemal, merken Sie sich das, Frau Schlimbach. Dat kann ich jut verstehen, meint

Mariechen dazu, wo der selbst laut jenug jeschrien hat, un immer den rechten Arm hoch in der Luft.

Dat Kättchen von der Hühnerfarm am schwarzen Weg hat sich nen steinreichen Ami jeangelt, berichtet Mariechen. Der soll sojar nen Swimmingpuhl haben un will se mit nach Amerika nehmen, wenn dat wieder erlaubt ist. Stellt euch vor, der will dat Kättchen heiraten. Robert grinst, nimmt ausnahmsweise die Zigarette aus dem Mund, legt sie auf die Untertasse und sagt: Da kann se dann die Enten auf dem Puhl schwimmen lassen. Die han doch gar keine Enten, die han Höhner, mischt sich Anton ein, der wieder nicht hingehört hat. Ne Swimmingpuhl, dat is in Amerika kein Dorfteich, klärt Mariechen die begriffsstutzigen Männer auf, dat is en Schwimmbad im Garten, mit Liegestühle drum rum un kleinen Tischen mit Jetränken drauf, die man mit nem Strohhalm trinkt, jenau wie im Kino. Wat will dat Kättchen denn mit nem Schwimmbad im Garten, dat kann überhaupt nit schwimmen, wo die Mengens noch nit einmal en Badezimmer han, sagt Anton. Wer schwimmt denn in der Badewanne, dat Kättchen mit seinen hundertvierzig Pfund is doch kein Zelluloidentchen. Wat hast du et dauernd mit den Enten, fährt Mariechen den Robert an, stellt euch doch bloß mal vor, nie mehr Schlangestehen, immer zu essen, immer warm, de Schrank voll Kleider, en Villa mit dicken Autos vor der Tür. Un drin dat Kättchen, sagt Robert.

Du warst doch mal schwer hinter dem her, sag bloß, du gönnst ihm dat nit, sagt Mariechen. Wejen mir kann sich dat mit zehn Amis auf einmal verheiraten, weiß un pottschwarz, dat is mir völlig ejal. Woher weißt du das? Wat? Dat der Ami schwarz is? Kohlrabenschwarz, haben se bei Hambachs erzählt. Deshalb braucht der auch nen Swimmingpool, lacht Robert. Anton reicht es jetzt: Nu is et aber jenuj mit dem Quatschverzäll von der Mengens ihrem Kättchen, jlaubt ihr, in dem Amerika wird nit mit Wasser jekocht, anscheinend han die jar kein Arbeitsleut, nur Millionäre mit nem Ententeich, die all scharf sin auf Weiber wie dat Kättchen. Da mir aber grad beim Baden sin, hast du drüben schon gefragt? Mariechen schüttelt den Kopf: Dann mach dat mal, sonst tu ich es! Anton angelt sich den Hut vom Haken und verschwindet. Der hat heut dat falsche Bein erwischt, murrt Mariechen und sammelt das Geschirr ein. Und du gehst jetz auch, sie schiebt Robert von der Bank, der mir beim Vorbeigehen so dicht mit den Fingern vor dem Gesicht schnippt, daß ich erschrocken zurückfahre.

Mariechen klappert mit dem Geschirr. Die Uhr schnarrt, bevor der Kuckuck anfängt zu plärren und der Kerpens Will mit einem Korb Äpfeln hereinkommt. Er wirft mir aus seinen blauen Augen einen langen Blick zu. Dat is die Ida von nebenan, klärt ihn Mariechen auf. Aber er weiß es schon, es hat sich in den Gewächshäusern herumgesprochen.

Mariechen schält die Äpfel mit einem einzigen Schalenkringel. Ich versuche es ihr nachzumachen, aber bei mir bricht die Krause immer ab. Ich würde auch gerne auswandern, fasse ich meine Gedanken in Worte. Nach Amerika, wie dat Kättchen, fragt Mariechen interessiert zurück. Nein, da zeigen sie auch mit dem Finger auf uns, für die Amis sind wir doch nur Ruinenbräute, Siegerware, billig zu erstehen für Zigaretten oder Schokolade. Von wem hast du denn dat? Denk doch mal an eure Schulspeisung, Mariechen sticht mit dem Messer in die Luft, dafür kannste nit jenug dankbar sein. Sie spricht schon wie meine Mutter, und deshalb werde ich ihr nichts von Otto erzählen, den ich in der Schlange vor Linnartz' Laden getroffen habe und zuerst gar nicht erkannt habe mit seinen pechschwarz gefärbten Haaren. Er erinnerte in nichts mehr an den ehemaligen germanischen Siegfried, sondern glich jetzt eher einem dieser Schieber vom Schwarzmarkt. In seiner diesem Aussehen angepaßten Rede wimmelte es nur so von undurchsichtigen Geschäften, gefährlichen Reisen und listigen Machenschaften, mit denen er die Amis aufs Kreuz gelegt und sich ihrer deutschen Fräuleins bemächtigt habe. Aber ich glaube das nicht, sein plustriges Getue und der wirre, schwarze Haarschopf sprechen dagegen. Er kommt mir eher wie ein aus dem Nest gefallener Vogel vor, als er mir seinen baldigen Besuch androht.

Mit den Amis haben wir doch nix zu tun, hier sin jetz die Belgier, sagt Mariechen und stellt die Äpfel auf den Herd. Also überleg dir das mit dem Auswandern. Ich werde doch nicht zu den Belgiern wollen, wehre ich empört ab. Mir reicht, was bei Onkel Karl im Haus los ist, wo die Belgier Wohnung, Möbel, Hausrat und Garten beschlagnahmt und Quartier bezogen haben, was Tante Malchen als ausgleichende Gerechtigkeit für seine Eskapaden mit den Weibern ansieht, damals, als er noch im besetzten Belgien Zivilbeamter war. Zwar läßt sich Onkel Karls ausschweifender Lebenswandel durch nichts beweisen, aber Tante Malchen läßt nicht locker und gibt Onkel Karl die Schuld an ihrem dürftigen Mansardendasein, ihrem hungrigen Herbeihasten, wenn der rotnasige Jean als neuer Hausherr schnapsselig für sich und seine dicke Madame mit lauter Feldwebelstimme Gesellschaft anfordert. Über ihren Vorwürfen vergißt sie völlig, daß sie es war, die Onkel Karl seinerzeit zu dem Parteiabzeichen geraten hatte und daß er diesen schlechten Rat jetzt auf den Kölner Ruinen abschippt, gemeinsam mit den zur Trümmerentsorgung eingesetzten Elefanten vom Zirkus Williams. Überhaupt hat sich das Leben für Onkel Karl gewaltig verändert und ist gefährlicher, als es in seiner belgischen Bürostube je war, wo er die Bilanzen der beschlagnahmten Firmen prüfte und beschaulich dem Feierabend entgegenrechnete. Jetzt befiehlt abends der versoffene Jean und kommandiert den müden Onkel zum wiederholten Brüderschaftstrunk. Manchmal wird er böse und zückt den Revolver, um seinen Nazibruder zu erschießen. Dann ziehen die dicke Madame und Tante Malchen beidseitig an ihren Ehemännern, bis Onkel Karl aus der Schußlinie ist und die Revolverkugel in der Decke steckenbleibt. Manchmal drängt es Jean, Nazilieder zu hören, dann läßt er sein Gefolge strammstehen und die Hand zum Hitlergruß heben. Warum du nicht singen mit, ich Hitler, wenn du nicht singen, ich schießen! Noch nie haben Onkel Karl und Tante Malchen diese Lieder so folgsam und angstschlotternd gesungen.

Das Klavierspiel des rotnasigen Jean ist weniger gewalttätig. Hier wird nur die absolute Aufmerksamkeit der Zuhörer erwartet, ein hingerissenes Lauschen, wenn Jean mit zwei Fingern sein Hänschenklein intoniert. Doch neulich überwog die Spielleidenschaft des Belgiers seinen Pegelstand. Vielleicht verwechselte er auch irgend etwas. Auf jeden Fall ließ er das Hänschen mit einer schrillen Dissonanz im Raume stehen, stieg auf den Klavierstuhl, klappte den hinteren Deckel des Klaviers auf und ließ den Dingen ihren Lauf, indem er ungehemmt auf die hölzernen Hämmerchen des Tasteninstruments pinkelte. Und während Onkel Karl wiederholt und zornbebend schrie: Nicht in mein Klavier, legte Tante Malchen interessiert den Kopf in den Nacken, bis die dicke Madame, die händeringend und völlig widersinnig immerzu rief »Jean, Jean, dat du so wat machen kannst«, Tante Malchen die Sicht versperrte, indem sie ihr die Klavierdecke über den Kopf warf.

Am nächsten Tag keuchte sie reuig mit einem randvoll gefüllten Versöhnungskorb schweratmig die Treppe herauf, was Tante Malchen ihr hoch anrechnete und weshalb sie später zu Onkel Karl sagte: Das Klavier ist sowieso hinüber, bis die weg sind, aber wir haben jetzt vier Wochen lang zu essen, und dafür darf der ruhig noch mal reinpinkeln. Du willst wohl wieder ausgiebig hingucken, soll sich Onkel Karl giftig geäußert haben. Aber das ist nicht verbürgt, wahrscheinlich hat es Mutter erfunden.

Der Sommer hat lange ausgeatmet, mit dem fallenden Laub trollte sich der Herbst, jetzt streckt der Winter seine eisige Kralle nach uns aus. Nachts schläft Anton neben dem Koks, bewacht ihn mit einer dicken Eisenstange, und die Gärtner hauchen am Morgen in ihre klammen Hände, bevor sie die gestrickten fingerlosen Handschuhe überstreifen.

Auf der Suche nach Brennholz durchstreifen wir den Wald. Unter unseren Füßen raschelt das froststarre Laub, und zwischen dem Nachtschatten der Bäume huschen wispernde Gestalten. Hetty legt den Finger an den Mund, bevor wir die Richtung wechseln. Jeder Axtschlag kann den Förster alarmieren, soll er sich mit denen anlegen, die es auf die mächtigen Fichten abgesehen haben. Wir schauen nur nach den Kümmerlingen, mit denen wir schnell entwischen können. Denn der Herr der Bäume ist unerbittlich und führt die entdeckten Baumsünder persönlich ab. Ein ganz scharfer aus Schlesien, wird gemunkelt, lauert die halbe Nacht im Wald, dem ist es egal, ob wir erfrieren.

Einmal hätte er uns beinahe gehabt, kam unversehens, wie ein Keiler, aus dem Unterholz, mit der völlig überflüssigen Frage: Was tun Sie hier, wissen Sie nicht, daß der Wald staatliches Eigentum ist? Er sprach wahrhaftig von Eigentum, wollte unseren Ausweis sehen, mir verschlug es die Sprache. Mach mal die Augen zu, das ist dein Staat, das ist dein Eigentum, nämlich nix, rein gar nix, rief ich ihm im Davonlaufen zu. Bist du verrückt, keuchte Hetty, damit haben wir ihn auf dem Hals. Aber er schaute uns nur nach und behielt seinen knurrenden Köter fest an der Leine.

Am nächsten Tag stand er in unserem Garten und betrachtete nachdenklich die aufgestapelten Holzscheite, die ihre Herkunft nicht verrieten. An Ihrer Stelle würde ich das Holz nicht draußen stapeln, es gibt zu viele Holzdiebe, sagte er und schaute uns aus seinem schwarzbärtigen Gesicht lange und durchdringend an. Ich muß überprüfen, ob dieses Holz rechtmäßig erworben ist, fügte er noch hinzu. Soll das etwa heißen, meine Kinder stehlen und dazu noch Bäume, wie denn, mit diesen Ärmchen, verhungert und unterernährt, ja, schauen Sie nur genau hin, so sehen Ihre Baumdiebe aus, Mutter schlenkerte meinen Arm wie eine Signalfahne hin und her, ohne den Förster im geringsten zu beeindrucken. Was glauben Sie, wie viele Kinder heutzutage stehlen, alles Diebe, fressen sich wie die Biber durch den Wald, lassen keinen einzigen Baum stehen. Und schließlich kramte er noch diesen Satz hervor, der zur eisernen Ration eines jeden Beamten gehört, ihn als ausführendes Organ irgendeiner im Hintergrund waltenden, verantwortungstragenden Instanz ausweist: Ich tue doch nur meine Pflicht! Mutter liebt diesen Satz, Worte wie Pflichterfüllung, preußisches Beamtentum, Verlaß in diesen heruntergekommenen Zeiten zergehen ihr auf der Zunge. Mit solch altbackenem Schnickschnack nimmt sie die Leute für sich ein und fällt nicht gleich mit der Tür ins Haus wie ich. Du kannst dein eigen Freud und Leid nicht verschweigen, rät sie mir, damit wirst du nicht weit kommen im Leben, die Menschen freuen sich an deinem Elend und neiden dir das Glück. Was soll das für ein Leben sein, in dem sich die Menschen wie Schneiderpuppen bewegen, angefüllt mit Sägespänen bis zum Hals. Dort möchte ich noch nicht einmal eine Ameise sein. Und so schrecklich weit gekommen seid ihr damit auch nicht, gab ich zur Antwort.

Der Förster, dem Mutters Worte die blanke Freude ins Gesicht gezaubert haben, begann eine Besichtigungstour durch unseren Garten. Mutter zeigte auf die Zitterpappel, mit ihren silbrigen Klimperblättern, er nickte. Mutter zeigte auf die Fichte, er schaute taxierend hoch, nickte wieder und schrieb etwas in sein Notizbuch. Schließlich deutete Mutter auf die über der Wiese schwingenden blaugrauen Äste der Silbertanne. Mal sehen, wer schneller wächst, du oder der Baum, hatte Vater gesagt, als er ihn pflanzte. Inzwischen ist mir der Baum über den Kopf gewachsen. Die ist noch zu jung, wehrte der Förster ab, klappte sein Notizbuch zu und steckte den Bleistift in die Brusttasche. Im Frühjahr will er wiederkommen und alles in Angriff nehmen. Von unserem Holz war nicht mehr die Rede.

Was will er in Angriff nehmen, fragte ich. Gar nichts, rein gar nichts. Soll er etwa unsere Bäume fällen? Was bildest du dir da schon wieder ein, sei froh, daß er uns mit eurem Holz verschont hat. Mutter unterbrach meine Fragen auf ihre Weise, drehte sich um und verschwand im Haus.

Das feuchte Holz brennt nicht gut und qualmt durch die Ritzen unserer Öfen, es fehlt an der Zufeuerung von Kohlen oder Briketts. Eines Tages sitzt Anton in seinem grauen Kittel, den speckigen, braunen Hut auf den Knien, in unserer Küche und druckst herum. Erzählt von den Halunken, die nachts um seinen Heizungskeller schleichen und die erst aufgeben, wenn er ihnen mit dem Stocheisen nachsetzt. Kalt is et jeworden, meint er, morjens is alles voller Rauhreif. Was will er wohl, er ist doch nicht gekommen, um mit uns über das Wetter zu reden. Eigentlich taucht Anton nur im Katastrophenfall hier auf.

Das letzte Mal, als wir gerade Padühm beerdigt hatten, schon beim Türaufschließen dieses Rauschen hörten und nur noch dem Geräusch nachzugehen brauchten, um das geplatzte Wasserrohr zu entdecken, aus dem eine armdikke Fontäne schoß, die bereits den halben Keller unter Wasser gesetzt hatte.

Drüben tranken sie gerade auf Padühms letztes Wohl, als ich mit meiner Hiobsbotschaft hereinplatzte. Dat kommt mir wie bestellt vor, bei euch passiert so wat immer nur am Festdag, sagte Frau Bitterlich, und Mariechen beschwor Anton, auf keinen Fall im Sonntagsstaat mitzugehen. Ach wat, knurrte er, die Rohrzange schon in der Hand, ich dreh doch nur zu. Dann paß aber op, dat dich der Ühm nit zoppt, wenn du heut et Arbeitszeug in de Hand nimmst, rief uns Mariechen noch nach.

Das Wasser reichte bis zum Rand seiner kniehohen Gummistiefel, und die Rohrzange bewegte sich keinen Millimeter breit. Mein Gott, mein Gott, was machen wir nur, jammerte Mutter. Der Hahn klemmt, brummte Anton und hantierte weiter. Endlich mit einem heftigen Ruck versiegte der sprudelnde Strahl, Anton begann auf dem glitschigen Boden zu schwanken. Er versuchte zwar noch gegenzusteuern, balancierte mit der Rohrzange wie ein Zirkusbär auf dem rollenden Ball, versank dann aber trotz aller Bemühungen mit seinem blütenweißen Hemd und der schwarzen Sonntagshose in unserem Kellersee, aus dem er prustend zwischen faulen Kartoffeln und grusigen Kohlenstückchen wieder auftauchte. Mein Gott, der arme Kerl ist platschnaß, sagte Mutter und lächelte.

Un mit unserer Waschküch sin mer auch noch nit fertig, nimmt Anton seine Rede wieder auf, un in der Küch, wo dauernd einer reinwill, jeht dat nit. Wir nicken verständnislos. Er gibt sich einen Ruck und kommt endlich zum Kern der Sache. Ich würde sagen, wenn ich euch zwei Säck mit Briketts in den Keller stelle, könnten mir dann samstags hier baden? Aufatmend wirft er uns einen fragenden Vergißmeinnichtblick zu. Mein Gott, warum sagen Sie das nicht gleich, freut sich Mutter, selbstverständlich können Sie das.

Seitdem befindet sich neben unserer Küche eine öffentliche Badeanstalt, und jeden Samstag erscheinen Anton, Robert und sogar der Kerpens Will mit einem Handtuch unter dem Arm, um bei uns ihre Sauberkeit zu pflegen. Mir ist das unendlich peinlich, denn wenn ich mein Maisbrot kaue und meinen Pfefferminztee trinke, muß ich immerzu daran denken, daß nebenan die nackten Männer in der Wanne sitzen. Nachher, wenn sie mit blanken Augen aus dem Badezimmer kommen, weiß ich schon gar nicht, wo ich hingucken soll. Ausgerechnet Anton, von dem man so was gar nicht kennt, gibt dann in reinstem Hochdeutsch allerlei Blödsinn von sich, quasselt, daß das Baden noch mehr Spaß mache, wenn nebenan zwei nette Mädchen sitzen, und warum Mutter, die sonst in solchen Dingen außerordentlich pingelig ist, nichts dabei findet, ist nicht zu begreifen. Aber wie immer sieht sie nur das Naheliegende, die Brikettsäcke. Daß meine Gefühle verletzt werden, wenn es drüben plantscht und prustet, ist ihr völlig gleichgültig. Besonders der Kerpens Will tobt in der Badewanne, daß man Angst hat, das Wasser läuft unter der Türe durch, für den hätte auch der Soldatenzuber in der Waschküche gereicht.

Was, ich soll mit auf euren Abschlußball? Auf Mutters Stirn erscheint die Unmutsfalte. Ich habe jetzt andere Sorgen, da reden wir noch drüber, halt das hier mal fest. Sie drückt mir Großmutters halb aufgeriffeltes Umschlagtuch in die Hand, zurrt an einem filzigen Wollfaden und wikkelt ihn auf ein dickes Knäuel. Meine Begeisterung über den Abschlußball hält sich auch in Grenzen, denn der dicke Bäckerssohn mit den schweißigen Händen ist mir während aller Tanzstunden erhalten geblieben. Ein Bäkkerssohn, Mutters Augen funkeln, warum bist du so unfreundlich zu ihm, sei ein bißchen nett, vielleicht bringt er dir ein Brot mit. Das ist doch der Gipfel, will sie mich verhökern an diesen Tolpatsch mit den Quadratlatschen? Kaum gedacht, ist es schon ausgesprochen. Mutter preßt die Lippen zusammen. So habe ich das nicht gemeint, wie sprichst du überhaupt mit deiner Mutter. Merk dir eins, Mütter wollen immer nur das Beste für ihre Kinder. Wer aber so denkt wie du, hat es nicht verdient, mit der Mutter zum Ball zu gehen. Du kannst es dir selber zuschreiben, wenn ich nicht mitkomme. Schlimm ist nur, daß unter deiner Bosheit immer auch Hetty leiden muß. Das Knäuel rollt zu Boden, die Tür knallt zu, daß der Schlüssel aus dem Schloß fliegt.

Mariechen hat keine Zeit, sich meine Empörung anzuhören. Sie will sich beim Friseur den Kopf verdrahten lassen, mit unzähligen bleischweren Wicklern, in denen die mit Silberpapier umwickelten Haare brutzeln wie der Braten im Ofen. Sie packt Briketts in die Tasche, denn ohne diese Spende gibt es keinen Friseur, kein Theater, kein Kino.

Im Schuppen wirtschaftet Anton herum, wühlt in der Lade mit den Kondolationskarten, wischt das Krepppapier vom Tisch, brabbelt etwas von einem Saustall, in dem man alles alleine machen muß, und zieht endlich die Baumschere unter einem Haufen Grünzeug hervor, die er wahrscheinlich selbst dorthin gelegt hat. Is wat, fragt er und hebt eisklumpenbehangene Tannenzweige auf den Arbeitstisch. Ich schüttele den Kopf. Anton ist nicht der geeignete Gesprächspartner. Außerdem fürchtet er nichts so sehr, wie mit irgendeinem Weiberkram, wie er das nennt, aufs Glatteis zu geraten. Kannst du tanzen, frage ich ihn etwas anderes und muß bei der Vorstellung schon lachen. Wat, er schaut mich entgeistert an, tanzen, so en Quatsch. Die Baumschere schnippt Zweig für Zweig in den geflochtenen Korb. Nachher wird er sie zu kleinen Sträußen binden und auf die Kränze stecken. Plötzlich legt Anton die Schere beiseite. Tanzen, ja wat glaubst du denn, er schnippt mit den Fingern, pfeift diesen Uraltschlager von den Regentropfen, die ans Fenster klopfen, und saust im Tanzschritt durch den Schuppen, daß der graue Kittel nur so flattert. Jetzt erinnere ich mich wieder an den jungen Mann im schicken Zweireiher und breitkrempigen Hut, der sonntags mit unserer Grete tanzen ging, was Vater nicht gerne sah. Vielleicht wollte er Anton vor ihrem flatterhaften Hang zur Abwechslung bewahren, oder es war die Sorge vor einer möglichen Nachbarschaft. Na, wat sagste nu, grinst Anton. Vorn fehlt ihm ein Schneidezahn, der Kittel schlottert, sein Gesicht ist grau vom Wächteramt im Heizungskeller und von seiner Abrackerei, die der Familie den Betrieb erhalten soll. Wie er so über den Arbeitstisch gebeugt dasteht, tut er mir plötzlich sehr leid. Ich wußte gar nicht, daß du so gut tanzen kannst, sage ich mit einer ganz kleinen, ganz engen Stimme und gebe ihm schnell einen Kuß auf die Wange. Wat soll dat denn wieder, brummt er mit hochroten Ohren, jetz mach aber, dat de fortkommst, du störst mich bei der Arbeit. Als ich durch das Gewächshaus gehe, wo die Alpenveilchen ihr Dasein fristen, höre ich Anton im Schuppen wieder die Regentropfen pfeifen.

Zilli möchte sich auch nicht über die Rolle unserer Mütter auslassen, glaubt, es sei mit Kochen, Stopfen und Nähen getan. Gerade jetzt, wo sie dieses traumhafte Ballkleid bekommt. Weiß der Himmel, wo die den Stoff herhaben, und alles mit der Hand genäht, weil sie keine Nähmaschine haben. Nein, sie könne sich nicht beklagen. Sprichst du manchmal mit ihr, frage ich. Warum sollte ich nicht mit ihr sprechen? Ich meine, über das, was du denkst, was dich bewegt, all diese Fragen? Du bist schon komisch, sagt Zilli. Ich belasse es dabei, ihre Mutter läßt sie wenigstens nicht alleine zum Abschlußball gehen, denke ich neidisch.

In der Waldmühle stimmt die Kapelle ihre Instrumente, Ober tragen Dünnbier in den Saal, hinter dem Tresen im Vorraum zapft der Wirt mit schläfrigen Augen. Um die Großväter im Sonntagsschwarz, stellvertretend für die fehlenden Väter, scharen sich wortreiche Sippen, und Mütter blicken mit gerührtem Stolz auf ihren tanzfreudigen Nachwuchs. Wie gut, daß es so was wieder gibt, daß sich die Verhältnisse langsam normalisieren und die Jugend ein bißchen Freude hat. Ich hab damals noch Charleston gelernt, sagte eine, war auch Nachkriegszeit, was haben wir mit den falschen Ketten gewirbelt!

Als Zillis rotes Ballkleid auftaucht, verstummt das Gemurmel, fassungslose Blicke folgen der knisternden Seide und bleiben bedrückt an der eigenen, aus dem Mangel entstandenen Ärmlichkeit hängen. Wir kommen spät, mit dem unpassenden Kleid ließen sich keine schnellen Schritte machen. Jetzt stehen wir mitten im Saal, im Zentrum des allgemeinen Interesses, während die Sitzenden sich hastig über die freien Stühle hermachen, keiner gönnt diesem Kleid den Platz an seiner Seite. Ich ziehe die Schultern zusammen. An der Haustüre hat Mutter mir noch schnell ihr weißes Hermelinpelzchen um den Hals gelegt, es mit Sicherheitsnadeln auf meinem Konfirmationskleid festgesteckt. Damit du nicht so nackt aussiehst, paß gut darauf auf. Doch mein Fell scheint so wenig willkommen wie das rote Kleid.

Endlich flattert großgeblumt die Hauchdünne heran, trällert, wir finden noch ein Plätzchen, und dirigiert uns an einen Tisch direkt vor der Bühne, an dem zu meinem Entsetzen der dicke Bäckerssohn mit seinen Eltern sitzt. Wegen Zillis bauschiger Rockfülle verzichtet er großzügig auf seinen Platz direkt neben der Tanzfläche und nimmt den Stuhl neben seiner Mutter, die, rosig wie ein Glücksschweinchen, das rote Kleid mit Blicken löchert und ihre Neugier kaum zügeln kann. Wo ham Se denn dat schöne Kleid her, dat et so wat überhaupt noch jibt, aber dat is auch nur hintenrum zu haben, allein et angucken kostet da schon, mein Jott, wat müssen da Zijaretten dran hängen, hat dat Töchterchen nen spendablen Freund? Zillis Mutter wird kalkweiß und stürzt sich in eine wortreiche Erklärung. Noch nie habe ich so viele zusammenhängende Sätze von ihr gehört, mit denen sie die Seide als Geschenk ihres Mannes deklariert, noch in Friedenszeiten, wie sie ausdrücklich betont, aufgehoben über lange Kriegsjahre, gerettet im Luftschutzgepäck und alles mit der Hand genäht, nächtelang. Die Bäckerin bekommt feuchte Augen, fingert aufgeregt an dem Aquamarin in ihrem üppigen Ausschnitt und tätschelt Zilli mütterlich die Hand. Nä, is dat schön, da kannste aber froh sein, dat du so ne jute Mutter hast, ja, wenn mir nit wären. Hast du das gehört, wendet sie sich an ihren Mann. Der nickt und lächelt freudig, darf er doch Zilli nun ungehindert betrachten, zumindest an diesem Tisch sind wir angenommen.

Nach der Begrüßungsrede tanzen die Tanzschüler, dann tanzen die Großväter mit ihren Enkelinnen, die Väter mit ihren Töchtern, ich bleibe wieder an dem Bäckerssohn hängen, was seine Mutter mit Mißbilligung verfolgt. Als die Großväter auf das rote Ballkleid zusteuern und Zillis Mutter gestattet, empfiehlt das Marzipanschweinchen ihrem Sohn, sich auch einmal den anderen Damen zu widmen.

Folgsam walzt er mit seiner Mutter davon, später widmet er sich reihum. Die Bäckerin und Zillis Mutter stecken die Köpfe zusammen, und ich denke darüber nach, warum auf mich immer nur die Falschen zukommen. Es war nicht alles schlecht, höre ich sie flüstern, der Nationalsozialismus hatte auch seine guten Seiten. Schließlich wurden die Autobahnen gebaut, die Arbeitslosen von der Straße gebracht, denken Sie nur, wie sicher alles war, nein, das muß man ihnen lassen, von Ordnung verstanden die was, nur sagen darf man das nicht mehr. Die beiden nicken verschwörerisch wie die Eselchen vom Drachenfels, das Kinderspielzeug aus vergangenen Tagen.

Damenwahl, auffordernd klatscht der Tanzlehrer in die Hände, und sofort rücken Stühle, klappern eilige Absätze über das Parkett, keine will sich den mühevoll Ausersehenen von einer anderen wegschnappen lassen.

Zilli geht in die Knie, versinkt vor dem Bäckerssohn im Hofknicks, die Bäckerin plustert sich auf wie eine Henne. Alle Achtung, Prinzessin, das war aber gekonnt, brüllt ihr Mann mit seiner abgeschrieenen Feldwebelstimme, und jetzt zeig mal, was du kannst, mein Sohn! Die Donauwellen rauschen in den Saal, und mit einem allgemeinen Ahh beginnt das Walzerdrehen. Das halt ich nicht aus, ich muß hier raus, brauche Luft, sollen sie denken, was sie wollen. Als ich mit einem Ruck den Stuhl zurückschiebe, meint die Bäckerin lächelnd: Jetz is et zu spät, dat hättste dir früher überlejen müssen.

An der Türe hält mich eine Hand auf. Das sieht ganz nach einer Flucht aus, sagt der dazugehörige Mann und behält dieses amüsierte Lächeln auf dem Gesicht, mit dem er gerade noch die Tanzenden beobachtete. Was treibt Sie denn so eilig fort? Mit dem könnte ich es der Bäckerin zeigen, denke ich, da kommt er meiner blitzartigen Idee zuvor und sagt, immer noch mit diesem unverschämten

Grinsen im Gesicht: Nein, blauen Walzer tanze ich nicht, kommen Sie, ich weiß was Besseres, und obwohl ich es eigentlich gar nicht will und jetzt schon weiß, wie die da drinnen sich die Mäuler zerreißen werden, folge ich dem arroganten Ekel an die Theke.

Wat soll et denn sein, Hans, fragt der Wirt mit hellwachen Mausaugen. Der Angesprochene zeigt auf mich, hält den gespreizten Daumen und Zeigefinger hoch und bestellt für sich ein Bier. Aber nit, dat et einer sieht, warnt der Wirt, ich paß schon auf, beruhigt ihn Hans.

Plötzlich fallen mir Mutters Warnungen ein. Sie schütten dir etwas in dein Getränk, was dich gefügig macht, wenn dir schlecht wird, schleppen sie dich nach draußen, und schon ist es passiert. In Mutters Welt wimmelt es von Mädchenhändlern und finsteren Schurken, die alle nur auf eins aus sind und ausgefeilte Techniken einsetzen, um dieses Ziel zu erreichen. Was sich hinter der Ziellinie abspielt, läßt Mutter im dunkeln, verliert darüber kein Wort, kommt sofort zum entscheidenden Satz all ihrer einschlägigen Warnungen. Im Handumdrehen bekommst du ein Kind. Schon der drohende Unterton, mit dem sie diesen Satz ausspricht, hat etwas absolut Endgültiges, schließt jede weitere Frage aus, so daß sich meine Vorstellung von männlicher Annäherung unweigerlich mit einem schreienden Baby verbindet. Doch steter Tropfen höhlt den Stein und mindert in seiner ewigen Wiederholung den Schrekken. Hinzu kommt Mutters Hang, einer abgeschlossenen Sache immer noch eins obendrauf zu setzen. So folgt ihrem konstanten Drohsatz unweigerlich die Feststellung: Deine Mutter kennt die Männer und das Leben, das kannst du mir glauben. Da sich die Bahnen ihres Lebens aber hauptsächlich an der Seite meines Vaters oder unter den Augen meiner Großeltern bewegt haben, mehren sich allmählich meine Zweifel an ihrem Erfahrungsgut. Um den rechten

Weg einzuschlagen, müßte man die ganze Wahrheit wissen, das, worüber sie alle schweigen, auch das Gesundheitsbuch aus Vaters Bücherschrank.

Inzwischen hat der Wirt ein spitzkelchiges Glas auf die Theke gestellt, in dem eine gelbliche Flüssigkeit perlt. Auf den ersten Ball, sagt Hans und hebt sein Bierglas. Was ist das, frage ich mißtrauisch und deute auf mein Glas. Eine höchst explosive Mischung, mit der ich mir widerspenstige Mädchen gefügig mache, grinst Hans. Was bildet sich dieser Fatzke überhaupt ein, denke ich, nicke ihm hoheitsvoll zu und hebe lässig wie eine Kinoheldin mein Glas. Ein Abschlußball ohne Sekt, was für eine traurige Veranstaltung, sagt er mit weinerlicher Stimme. Das ist es also, was auf meiner Zunge prickelt, schmeckt ein bißchen bitter, aber nicht schlecht. Wenn ich das erzähle, kein Mensch wird es mir glauben. Und wie der aussieht, die schwarzen Haare, der perfekte graue Anzug. Wer besitzt so was überhaupt noch, außer dem Geschniegelten, na ja, der war Schneider. Vielleicht ist er auch ein Schneider. Oder ein Schieber, überlege ich und erkundige mich mißtrauisch, ob dieser Sekt nicht unbezahlbar sei. Was ist heute schon bezahlbar, antwortet er. Und Sie können sich das leisten, was tun Sie denn? Soll das ein Verhör sein, meine Dame, sein Grinsen bringt mich zur Weißglut. Machen Sie sich eigentlich über alles und jeden lustig, frage ich wütend. Er kneift die Augen zusammen, es ist die beste Möglichkeit für dieses Dasein, anders wäre es sehr schwierig zu ertragen, jetzt lächelt er nicht mehr, trommelt unbeteiligt auf der Theke herum, bestellt noch ein Bier und sieht mich an. Was geht Sie das überhaupt an, aber wenn Sie es unbedingt wissen wollen, ich beschäftige mich mit nichts. Ein unbeteiligter Zuschauer, der hier und da ein bißchen organisiert, ein ehemaliger Skalpsammler, der außer Töten nichts gelernt hat. Für jeden Abschuß einen Beutestrich auf der Tragfläche und zur Belohnung ein Kreuz um den Hals, das Totenkreuz für Kriegshelden, das war es dann schon.

Jetzt leben wir in einer anderen Zeit, so etwas wird es nie mehr geben, wage ich einzuwerfen, das ist ein für allemal vorbei. Für mich nicht, sagt er und wirft ein Bündel Geldscheine auf die Theke. Und jetzt auf zum Zitterfox. Den kann ich noch nicht, sage ich. Das macht nichts, vergessen Sie Ihre Beine, achten Sie auf die Musik. Schon schlenkern unsere Gummibeine in einem Rhythmus, in einer Bewegung durch den Saal. Der Kapellmeister nickt uns von oben lächelnd zu, schlackert selbst mit Händen und Knien im Zittertakt, während uns unten kritische Mütteraugen bereits aufgespießt haben. Im Vorübertanzen spitzt die Hauchdünne hinter dem Rücken ihres Ehemanns die Lippen wie zum Kuß, will sich festhaken an den Augen meines Tänzers, diese Schlange. Er schließt seinen Arm fester um meine Taille. Wenn Sie mich treffen wollen, der Wirt weiß immer, wo ich zu finden bin, sagt er. Ich schaue in seine Augen, im dunklen Braun schwimmen helle Punkte, und dahinter hockt rabenschwarz die Traurigkeit. Die Kapelle schweigt, er führt mich zu meinem Platz, und bevor ich noch etwas sagen kann, hat er schon seine Verbeugung gemacht und geht quer über die Tanzfläche davon.

Wer war dat denn, der jehört aber nicht zu unserer Jesellschaft. Hat der sich hier etwa reinjeschmuggelt, mißbilligend zieht die Bäckerin ihre Augenbrauen hoch. Er hat mich zu einem Glas Sekt eingeladen, verkünde ich stolz. Wat, dat macht aber kein anständiger Mann, en Mädchen zum Trinken an die Theke holen, un dann noch Sekt, wo mir nix zu beißen haben, dat jehört sich einfach nit. Überhaupt, wat für ne Unverschämtheit, wir sind doch 'ne jeschlossene Jesellschaft. Un der Wirt verkauft Sekt, wo mir nur dat Schlabberbier zu trinken kriejen, den sollte man anzeigen. Sie hätten dat bestimmt niemals anjenommen, wendet sie sich an Zilli. Schwankend zwischen Verrat und Solidarität zuckt Zilli die Achseln. So wat macht en anständiges Mädchen einfach nit, stellt die Bäckerin fest und sortiert mich kurzerhand zu den Unanständigen.

Während die Kapelle ihre Instrumente einpackt, drängeln und stoßen an der Garderobe die Väter und Mütter, eine Blonde quetscht mich fest gegen die Wand. Hans steht nicht mehr an der Theke. Wo ist denn dein Pelz, fragt Hetty auf dem Heimweg. Ich fasse an mein Kleid, wo nur noch die Sicherheitsnadeln baumeln, und zittere vor Angst, was Mutter sagen wird. Aber sie sagt nur, das hätte ich mir denken können.

7

Im dritten Nachkriegswinter überfällt uns eine sibirische Kälte, die niemand nachvollziehen kann, der einfaches Schlottern bereits Frieren nennt. Sie frißt sich in unsere ausgehungerten Körper und stiehlt jeden anderen Gedanken. Wer nur noch an den warmen Ofen oder die nächste Mahlzeit denkt, besitzt wenig restliche Energien, um sich mit irgend etwas anderem zu beschäftigen. Wir gehen mit Zipfelmütze, Schal und gestrickten Socken ins Bett, legen die Füße auf einen heißen Ziegelstein und können doch nicht verhindern, daß unser Atem an der Bettdecke gefriert.

Auf dem Rhein schwimmen dicke Eisschollen, und aus Brennstoffmangel werden die Weihnachtsferien verlängert. Es klingt wie Hohn, wenn in der Zeitung vor langen Aufenthalten im Freien ohne ausreichende Bekleidung gewarnt wird, denn die Bezugscheine für warme Kleidung und Schuhe sind nicht mehr wert, als das Papier, auf dem sie gedruckt sind, in den Geschäften fehlt die Ware. Die Lebensmittelrationen werden erneut gekürzt, und wer Pech hat, dem bleibt nur seine Brotration. In den langen Schlangen vor den Geschäften halten dickvermummte Menschen ihre Füße trampelnd in Bewegung, beim Warten wachsen die höllisch juckenden, eitrigen Frostbeulen und überziehen die Beine mit kleinen rotblauen Inseln. Rachitis und Tuberkulose grassieren, und die ersten Opfer sind Kinder und Alte.

Seit Tagen schüttelt auch mich der Stickhusten, Mutter

sieht bereits Schwindsuchtsrosen auf meinen Wangen blühen und zählt alle an dieser Krankheit verstorbenen Verwandten auf. Doch der Arzt entdeckt nur Bronchitis, verschreibt Hustensaft und Milch gegen die Unterernährung. Täglich ein Viertelliter, das reicht zum Grießbrei für alle.

Agnes hat eine graue, steife, kratzige Pferdedecke besorgt, aus der sie mir eine Jacke nähen will. Vom Hammes, dem Nachbarssohn aus der Bachstraße neben der Eisdiele, der kleine Dicke mit dem schwarzen Kraushaar, dessen Eltern unter den Trümmern geblieben sind. Also der klingelte bei mir, als ich gerade zurück war aus Polen. Jesus Maria, der Hammes, habe ich geschrieen, perunje, wo kommst du her? Die will ich nicht, unterbreche ich ihre ausufernde Rede, die ist so häßlich, damit werde ich wie ein Orang-Utan aussehen. Genügt es nicht, daß ich mir selbst unbedeutend und unscheinbar vorkomme, müssen sie mir jetzt auch noch diese graue Scheußlichkeit antun? Du sollst nicht schön sein, du sollst es warm haben. Agnes linst streng über den Rand ihrer neuen Brille. Deshalb muß ich aber nicht mit dieser stinkigen Roßdecke herumlaufen, protestiere ich erneut gegen diese Zumutung, die meinem derzeitigen Verlangen nach Glanz und Schönheit nicht gerecht wird.

Was willst du anziehen in der Kälte da draußen, ein Ballkleid wie Zilli? Aber wenn du nicht willst, nehm ich die Decke wieder mit. Glaubst du, der Hammes macht das umsonst, umsonst ist nur der Tod, und kostet auch das Leben. So eine Decke ist Gold wert, dankbar solltest du sein, sagt Agnes mit finsterer Miene und beschäftigt sich weiter mit dem Schnittmusterbogen. Um das Schlimmste zu verhindern, kramt Mutter aus der hintersten Schrankecke unsere eiserne Reserve, die letzte Flasche vom französischen Cognac hervor. Alles Traumtänzereien, sagt sie, ich weiß überhaupt nicht, was neuerdings in ihrem widerspenstigen Kopf herumspukt, seit diesem Tanzstundenball will sie auf einmal schön sein. Ich habe doch gewußt, daß sie dafür zu jung ist. Läßt sich von einem Mann zum Sekt einladen, wenn das ihr Vater wüßte, der würde ihr den Kopf schon zurechtstutzen. Zum Sekt, Agnes horcht auf, und was wollte er? Wo denken Sie hin, Ida ist doch noch ein Kind, antwortet Mutter ärgerlich. Das war aber ein Kavalier, den würd ich mir warmhalten. Agnes grinst und tauscht mit Mutter einen vielsagenden Blick, dann schicken sie mich hinaus, die Läden schließen.

Draußen knistert die Kälte, glitzern die Sterne am Himmel wie Eiskristalle. Niemand ist unterwegs, nichts als das Geklapper meiner Zähne ist zu hören. Ich verschränke meine Hände, bis die Knöchel weiß werden. Alles müssen sie zerreden, über alles herumkriechen wie die Schleimschnecken. Schleimschnecken, sage ich mehrmals laut vor mich hin. Als ich den letzten Laden aus seinem vereisten Scharnier gelöst habe und durchgefroren zurück ins Haus gehe, flüstert mir die Vernunft alle Vorteile einer warmen Jacke zu. Wußt ich doch, daß du vernünftig sein wirst, stellt Agnes zufrieden fest und sichert mir große Taschen und eine Tellermütze zu, größer als alle anderen sie haben, und in der Mitte einen Kniff.

Gleich für den nächsten Tag hat Agnes eine Betteltour für uns geplant. Glauben Sie mir, ich kenne mich da aus, mit Geld oder altem Kram kann den Bauern keiner mehr kommen. Die haben von allem genug. Nein, das Mitleid muß sprechen, das Herz und die Augen müssen weinen, dann geben sie. Jeder ein bißchen, und schon ist die Tasche voll. Und ihr müßt danken. Nicht von oben herab, mal eben so, sondern wie arme Leute mit Gottes Segen und mit Bücken. Wer aufrecht geht, bekommt nichts. Wer abgibt, will nach unten schauen, will es auskosten, das Geben, als Menschenfreund und Christ. Und er will sehen, wie du es empfängst, sein Almosen, sein großmütiges. Hand aufhalten ist keine Kunst, sie richtig aufzuhalten, das ist die Kunst.

Um die Herzen zu erweichen, richtet uns Agnes her, winkt meinen Hinweis auf die Schule mit einer Handbewegung ab, Schule kann warten, Essen ist wichtiger. Schließlich besteigen drei zerlumpte Jammergestalten mit tief ins Gesicht gezogenen Kopftüchern am nächsten Morgen den Bus. Wohin die Reise genau gehen soll, weiß Agnes noch nicht genau, sie spüre das im Urin, wenn es soweit sei. Wir sitzen eng aneinandergedrückt und warten auf das von Agnes gespürte Zeichen. Sie hockt am Fenster, haucht das vereiste Guckloch frei, und endlich, als bereits die meisten Fahrgäste den Bus verlassen haben und nur noch ein alter Mann vorn mit dem Fahrer spricht, gibt sie das Zeichen zum Aussteigen.

Sofort springt uns ein eisiger Wind an. Hinter tiefhängenden Schneewolken reist eilig eine käsige Sonne und streut aus Wolkenlöchern fahles Licht auf die grauen Felder. Aus dem verdorrten Heckenbraun am Wegrand piepst wintermüde ein Vogel. Wir gehen auf den Weiler zu, dessen Häuser sich in einer tiefen Mulde ducken. Im ersten Haus bellt ein Hund, eine Stimme kreischt: Bätes, schließ et Tor ab, et kummen wieder welche, und deutlich ist zu hören, wie sich ein Schlüssel im Schloß dreht. Dieses Geräusch hat etwas so abwehrend Endgültiges, daß wir es erst gar nicht mit Klopfen versuchen. Vor dem nächsten Hof steht ein zähnefletschender Höllenhund, zerrt wütend an einer langen Kette. Lumpenjesindel, Zijeunerpack, schert euch weg, schreit drinnen eine Frau, schwingt den Reisigbesen hoch über dem Kopf, worauf der Hund in einen Veitstanz verfällt, bis ihm der Schaum von den Lefzen tropft.

Beim nächsten, etwas abseits gelegenen Gehöft ist das Hoftor nicht verschlossen, empfängt uns niemand mit Geschrei. Die Bäuerin kommt gerade mit einem Korb Futterrüben aus der Scheune, hält ihn mit beiden Händen und hört aufmerksam zu, als Agnes ihr Münchhausensprüchlein aufsagt. Ausgebombt, nur noch, was wir auf dem Leib tragen, der Mann in Rußland und diese Not, hier setzt Agnes ihren ersten Schluchzer ein, für die Kinder nichts zu essen, und dann kommt der Mann zurück, aber wie, Jesus Maria, aufgedunsen, voller Wasser, Hungerödem, solche Beine. Ich schaue weg, beobachte angespannt den Hahn, wie er mit schillernden Schwanzfedern eine Henne über den Hof jagt, will nicht hören, wie Agnes das Elend der Heimkehrer stiehlt, es zu ihrem eigenen macht und wohl selbst schon daran glaubt, weshalb ihr jetzt die Augen überlaufen. Vielleicht denkt sie auch an ihren Steffel in der Gefangenschaft. Wer kennt schon den wahren Grund von Tränen. Viele haben sie sich überhaupt abgewöhnt. Mutter weint Kältetränen, die ihr der eisige Wind aus den Augen treibt. Mir vertreibt die Scham über diese an fremder Not gemästete Schmierenkomödie die Tränen.

Die Bäuerin stellt den Rübenkorb beiseite und faltet die Hände wie zum Beten über dem Bauch. Da drüben habt ihr sicher nix bekommen, sie macht eine Kopfbewegung zum Nachbarn hin, dat sin hartherzije Menschen, die jeben nur, wenn einer wat bringt. Einen Hungrigen von der Tür weisen, nä, dat könnt ich nit. Sie nimmt aus dem Drahtkorb neben der Hoftür eine Handvoll Kartoffeln und zählt jedem zwei in die Hand. Ihr braucht euch nit zu bedanken, dat is doch Christenpflicht. Wir bücken uns tief, ich beiße knirschend die Zähne aufeinander.

Der nächste Hof ist der größte von allen. Über das Fachwerk streckt ein mächtiger Baum seine kahlen Äste, daneben ist ein mit Astholz beladener Leiterwagen abgestellt.

Die Bäuerin scheint schon auf uns gewartet zu haben, beschimpft uns als Saubettelpack, Drecksstädter, Diebe allesamt, sollt ruhig verhungern, ihr verdammtes Jesocks. Ihr Gezeter schreckt die Krähen von den Telefondrähten, kreischend steigen sie hoch und drehen über unseren Köpfen lärmende Kreise. Hinter dem Leiterwagen kommt ein Mann, wohl der Bauer, hervor, zieht einen Ast aus der Ladung und wiegt ihn prüfend in der Hand. Wir ergreifen die Flucht. Als die beiden uns auf dem Rückzug sehen, geht die Bäuerin ins Haus und der Mann in die Scheune. Nur Agnes gibt nicht so schnell auf, schleicht sich von hinten ans Waschhaus und entdeckt auf der äußeren Fensterbank eine vergessene Wurzelbürste. Ein kostbares Gut für die Bäuerinnen, die auf dem Waschbrett mit Bürste und schwarzer Seife den Schmutz aus dem blauen Arbeitsdrillich der Männer scheuern. Was sie uns nicht geben, müssen wir uns nehmen, Agnes fährt prüfend mit der Hand über die Borsten, sogar eine gute, die werd ich jetzt dem Nachbarn andrehen. Nicht mit mir, keinen Schritt gehe ich dahin, keinen einzigen Schritt. In Mutters leichenblassem Gesicht sind sogar die Kältetränen versiegt, und wenn ich verhungern müßte. Jetzt gleicht sie wirklich einer alten zerlumpten Bettlerin, wie sie da an einen Weidepfosten gelehnt ins Leere starrt. Agnes gibt keine Antwort, läßt uns alleine und strebt wie ein Jagdhund seiner Fährte dem nächsten Hof zu.

Inzwischen hat sich der Wind gelegt. Das Land liegt still unter einer geschlossenen grauen Wolkendecke, und die ersten zaghaften Schneeflocken drücken kleine feuchte Tupfer auf unsere frierende Verzweiflung.

Das ist für das Bettelpack und das für das Gesocks und das für die Diebe, Agnes packt triumphierend ihre Schätze aus und sortiert sie nebeneinander. Wie gerufen kam ich ihr mit meiner Bürste, richtig dankbar war die Bäuerin, und hoffentlich wird sie der anderen von ihrem Glückstausch erzählen, perunje, ich seh schon, wie sie sich in die Haare kriegen werden, freut sie sich. Ich nehme nichts von dem da, keinen Bissen, kein Stück, Sie können alles haben, sagt Mutter mit blecherner Stimme und abwehrend erhobenen Händen. Zornfunkelnd schnellt Agnes herum. Sie kauen wohl lieber an Ihrer Hochnäsigkeit als an einem kleinen Stückchen Speck von der dummen Perunje-Agnes, die ihr Leben lang an der Maschine gesessen und für die feinen Herrschaften genäht hat. Seit Agnes in Polen war, beruft sie nicht mehr die Kommunisten als Sendboten ausgleichender Gerechtigkeit, sondern gesteht diese Aufgabe wieder ihrem ursprünglichen Eigner zu und beendet deshalb ihre Ausbrüche mit einem gleichbleibenden »Aber der Herrgott wird es euch allen noch zeigen«, wobei sie die Tatsache außer acht läßt, daß er das schon lange tut. Sie brauchen nichts von einer Diebin zu nehmen, Agnes zwingt niemandem etwas auf, aber das Kind wird nicht hungern müssen und bekommt seinen Teil. Agnes schiebt mir ein Päckchen zu, flüstert: Es war auch noch Kernseife auf Fensterbank, ist mit da drin, und stapft los in ihren Soldatenstiefeln. Daß du es mir nicht annimmst, zischt Mutter. Ich presse das verbotene Päckchen an mich und trotte hinter Agnes her. Der Schnee fällt jetzt in dichten Flocken.

An diesem Abend erstarrt Mutter zum ersten Mal. Mir ist so komisch, sagt sie, faßt sich an die Stirn und liegt plötzlich steif und bleich wie eine Wachspuppe auf dem Fußboden. Jesus Maria, kreischt Agnes, ist sie tot? Wir rütteln an Mutters Schultern, tätscheln ihr Gesicht, rufen ihren Namen, doch sie widersetzt sich hartnäckig unseren Bemühungen und bleibt regungslos liegen. Dabei haben wir gerade noch gestritten, flüstert Agnes und bekreuzigt sich. Weil das so klingt, als habe Mutter sich bereits von dieser

Welt verabschiedet und hinterlasse mir nun das traurige Los einer Waise, beginne ich laut zu schluchzen und sehe mich bereits ausgeliefert an eine Welt voll von habgierigen und betrügerischen Vormündern. Graue Steinhäuser tauchen vor mir auf, in denen es nach Bohnerwachs und Spendensuppe riecht, vornehmlich dieser dickflüssigen, grünen Erbswurstbrühe, und hinter Türspalten hartherzige Erzieherinnen mit straff gescheitelten Haaren und weißen Latzschürzen lauern. Das kann sie mir doch nicht antun, denke ich, sie kann doch nicht einfach so verschwinden.

Vorsicht, nicht so hoch halten, jetzt etwas drehen. Auch die Anweisungen, mit denen meine Mutter ins Wohnzimmer transportiert wird, klingen nach Umzug in eine andere Welt. Agnes hält die Beine mit den bis zur Wade hochgezogenen Strümpfen, und Hetty hat die Schultern im Griff. Langsam pendelt Mutters Kopf hin und her. Wenn sie jetzt stirbt, vielleicht ist sie sogar schon tot, wird mir diese Erinnerung bleiben und die Last meiner verletzenden Worte, der gedachten und der ausgesprochenen, meine Widersetzlichkeiten, wie Mutter das nennt. Mit tausend Schwüren gräbt sich der Stachel der Reue in meine Seele, wo sich das Selbstmitleid bereits häuslich eingerichtet hat. Hör doch auf zu heulen, fährt mich Hetty an, sag lieber Mariechen Bescheid, daß sie den Doktor anruft.

Steif und starr, fragt Mariechen. Ja, aber vielleicht ist sie scheintot, gebe ich zu bedenken. In Mutters Familie sind solche vermeintlich Toten und ihre Auferstehung nichts Ungewöhnliches. Dort wimmelt es geradezu von Scheintoten, die sich unvermittelt wieder zu den um das Erbe streitenden Lebenden gesellen. Noch im Leichenhemd hatte sich eine Urgroßmutter zu den um den Mittagstisch versammelten Familienmitgliedern gesetzt und gleich kräftig zugelangt. Diese Unsitte führte schließlich dazu, daß jede Todesnachricht zuerst einmal kritisch aufgenommen wurde, was, schon wieder tot, na, hoffentlich diesmal richtig.

Hört sie, ruft Mariechen mir vom Telefon zu, ich schüttele den Kopf. Steif, stumm und taub, schreit sie mit einer Lautstärke in den Hörer, als teile der Arzt Mutters Leiden. Er kommt sofort, sagt sie und zieht die Schürze aus, um drüben bei uns Mutters Scheintod zu begutachten.

Keine Aufregung und viel Bohnenkaffee trinken, empfiehlt der Doktor. Zur Not auf dem Schwarzmarkt besorgen, unbedingt, wegen mangelnder Durchblutung und der Menopause. Er setzt Mutter eine Spritze, verschwindet eilig und läßt den versammelten Frauen dieses Wort zurück, mit dem sie nichts anzufangen wissen. Wat für ne Pause, von der Krankheit hab ich noch nie wat jehört, stellt Mariechen fest. Schlechte Ernährung, sagt Agnes, alles verstopft, muß sie mit Kaffee durchspülen. Nä, da tät et doch auch Wasser oder Pfefferminztee.

Endlich findet die Französin eine allen geläufige Erklärung, er meint die Wechseljahre. Sofort ist von Hitzewallungen, dicken Beinen, Herzklopfen und Angstträumen die Rede. Unsere Mutter is davon blind jeworden, läßt Mariechen die schwereren Geschütze mit den unheilbaren Leiden auffahren, bis vom Sofa eine schwache Stimme fragt: Wo bekommen wir denn Bohnenkaffee her? Gott sei Dank, sie lebt noch, Sie haben uns einen schönen Schrekken eingejagt, ist ja auch zuviel für die Frau, manche nehmen zu, die Frau Breidenbach wiegt seitdem zwei Zentner, auch wenn se janix ißt. Und meiner Schwägerin wuchs eine kindskopfgroße Geschwulst, rausoperiert haben sie das Ding, sah scheußlich aus, hatte Haare und Zähne, wie das Monster von der Geisterbahn. Wenn ich es doch sage, ein vollständiges Gebiß.

Alles dreht sich nur um ihre Bäuche, denke ich, Essen,

Lieben, Kinder, jetzt auch noch die Wechseljahre. Als hätten sie keinen Kopf, nur diesen alles beherrschenden Leib. Eines Tages werden sie diesen Mittelpunkt ihres Lebens, behängt mit Ketten und Flitter wie orientalische Bauchtänzerinnen, nackt vorführen. Niemals werde ich so leben wollen wie diese Bauchfrauen, niemals werde ich meine Träume hinter einem Nabel begraben. Für mich wird das Leben etwas Großartiges, Einmaliges bereithalten, da bin ich mir absolut sicher. Ich muß nur abwarten, bis es soweit ist, und darf es nicht entwischen lassen, dieses Außergewöhnliche, das da auf mich zukommen wird und von dem ich nur noch nicht so genau weiß, was es eigentlich ist.

Den Kaffee jibt et in der Elisenstraße, da, wo früher die Gestapo war, höre ich Mariechen sagen. Wat et kostet, vor kurzem waren et noch neunhundert Mark. Dat muß man sich mal vorstellen, für ein einziges Pfund Kaffee. Wer soll sich so wat schon leisten können, doch kein Arbeitsmann. Vielleicht jespart zur Kommunion oder Beerdigung, aber doch nit nur für so. Nä, dat is kein Medizin für arme Leute, da kannste höchstens arm von werden. Un aufpassen muß dat Hetty, dat et nit in ne Razzia kommt, sonst sin am End Jeld un Kaffee weg.

Das neue Jahr beginnt kaum besser, als das alte endete. In Indochina kriselt es, am Delta des Roten Flusses beginnt der Partisanenkrieg, und in Nürnberg sind die Urteile gesprochen. Die Entfesselung eines Angriffskrieges ist das größte internationale Verbrechen, heißt es in einem Absatz der Urteilsverkündung. Uns berührt das Geschehen in der Welt kaum. Die jahrelange Isolation und die eigene Not hat uns der Welt entfremdet, und im eigenen Land ist eine Teilung bereits vorauszusehen, seit in der Sowjetzone die SPD und KPD in einer sozialistischen Einheitspartei SED zwangsvereinigt wurden. Churchill verwendet in einer

Grundsatzrede zum ersten Mal den Begriff des »Eisernen Vorhangs«, der sich von Stettin bis Triest über den Osten des europäischen Kontinents gesenkt habe.

Der Erzbischof von Köln, Kardinal Frings, hält ebenfalls eine Rede. In seiner Silvesterpredigt rehabilitiert er Agnes im nachhinein, indem er den Raub der Wurzelbürste sozusagen für rechtens erklärt: »Wir leben in Zeiten, da in der Not auch der einzelne das wird nehmen dürfen, was er zur Erhaltung seines Lebens und seiner Gesundheit notwendig hat, wenn er es auf andere Weise, durch seine Arbeit und durch Bitten, nicht erlangen kann.« Es entsteht der Ausdruck »fringsen« für das, was man im allgemeinen klauen nennt. Von nun an fragt niemand mehr nach der Herkunft der Dinge.

Das Einfahrtssignal vor dem Güterbahnhof steht schon eine Weile auf Rot. Wahrscheinlich haben die Bewacher unserer Kohle, die täglich in langen Güterzügen über die Grenze geschafft wird, noch nicht mitbekommen, daß oben auf den Waggons die Klüttenklauer sitzen und wie im Akkord das schwarze Gold hinunterwerfen, wo es sofort in den bereitgestellten Taschen und Säcken verschwindet. Ich liege mit Hetty unten am Rand der Böschung auf der Lauer, neben einem Familienverband, der von seinen Zulieferern gezielt bedacht wird. Wir begnügen uns mit dem Abfall, den geborstenen Brikettstücken, die im Augenblick der Fülle keine Beachtung finden. Leise Rufe wie »Hierhin, Heinz« oder »Denk auch an et Lena« erinnern an die Karnevalsumzüge vor dem Krieg. Nur, daß anstelle der Kamelle und Strüßchen Briketts fliegen, kein Prinz von seinem Prunkwagen winkt und hinter den wartenden Güterwagen jeden Augenblick die Bahnpolizei auftauchen kann. Mit einem lauten Klack wechselt das Signal, die Helfer springen von den Wagen, dann tauchen sie plötzlich auf, die Bahnpolizisten. Scharf zeichnen sich oben auf den Gleisen ihre Schatten gegen den dunklen Nachthimmel ab, Mann für Mann, und jeder hält einen Schäferhund an der Leine. Dat Sauvolk hat jewartet, bis die Jungs vom Wagen waren, sagt der Mann neben mir. Die Hunde, sie machen die Hunde los, gellt eine Stimme. Ein schriller Trillerpfiff, dann bricht die Hölle aus. Scharfe Kommandos, Pfiffe, Schreie, das Klappern der herunterpolternden Briketts und über allem die wild bellende, den flüchtenden Menschen hinterherhetzende Hundemeute. Ab und zu gleitet ein Handscheinwerfer über den Tumult und erfaßt das angstverzerrte, rußige Gesicht eines Gejagten oder die hechelnde Zunge des Jägers, während die da oben auf dem Bahnsteig immer noch ihre Befehle erteilen.

Wir schleifen unsere prall gefüllten Taschen, hasten mit den anderen davon. In den Tunnel, schnell, ruft Hetty. Entgegen dem allgemeinen Strom, der über Böschungen und Gleise entkommen ist, tauchen wir in der menschenleeren Röhre unter, deren gekachelte Wände unsere Schritte vervielfältigen und mit schallendem Echo zurückwerfen. Der Klang verrät unseren Fluchtweg, und plötzlich ist dieses Hecheln und Bellen direkt hinter uns. Lauf, schreit Hetty und ist bereits auf der Treppe.

Aber ich kann nicht laufen, meine Beine gehorchen mir nicht, ich stehe wie gelähmt, während hinter mir die Hunde immer näher kommen und vor mir dieses Bild eines abgeriegelten Bahnhofs auftaucht, auf dem SS-Männer mit Schäferhunden patrouillieren. Schwarz die Uniform, schwarz die langen glänzenden Stiefel. Nur ein Zug steht verlassen auf seinem Bahnsteig, andere Züge haben wohl keine Einfahrt mehr bekommen. SS-Männer zwängen sich durch die Gänge, kontrollieren jedes Abteil, rütteln an den wie befohlen fest verschlossenen Fenstern. Schließlich klappen hinter ihnen die Zugtüren zu, und während sich die Schritte der SS-Stiefel entfernen, fährt ein langer Güterzug in den Bahnhof ein. Viehwaggon folgt auf Viehwaggon. Aber es werden keine Rinder transportiert, Menschenaugen schauen aus den Luftschlitzen der einzelnen Wagen, und als der Zug stockt, hält eins dieser Augenpaare meinen Blick fest, liefert mich hilflos seiner Angst aus und bohrt sich für alle Zeit in meine Erinnerung. Endlich, Ewigkeiten scheinen inzwischen vergangen, setzt sich der Zug wieder in Bewegung. Als der letzte Wagen des Geisterzuges aus dem Bahnhof verschwindet, räumt auch die SS lachend und lärmend das Feld. Zum Schluß klappern die Stiefel der Hundestaffel die Treppe herunter.

Um Himmels willen, lauf doch, höre ich aus weiter Ferne die Stimme meiner Schwester. Das gierige Japsen ist mir jetzt dicht auf den Fersen, schon glaube ich den Atem des Tieres zu spüren, da setzen sich meine Beine endlich wieder in Bewegung. Mit einem Sprung schaffe ich die erste Treppenstufe, reiße keuchend die schweren Taschen mit und komme schließlich mit letzter Kraft nach oben, wo sich mir eine rettende Hand entgegenstreckt. Pfeifen Sie Ihren Hund zurück, das Mädchen befindet sich nicht mehr auf Bahngelände, ruft mein Retter nach unten, eine murrende Antwort, ein Pfiff, und der Schäferhund, schon auf der obersten Treppenstufe, macht endlich kehrt.

Da könnt ihr aber froh sein, dat der Schutzmann Christ jrad vorbeijekommen is, der Polizist lädt meine Taschen auf sein Fahrrad, die da oben können nämlich fies unjemütlich werden. Wat guckste denn so, Kind, ich bin nit et Christkind, ich heiß nur so. Et is ja vorbei, sagt er begütigend und reicht mir sein Taschentuch.

Der Tweedmensch klopft genau in dem Augenblick, als Frau Sievers die langatmige Geschichte von ihrem Arbeitgeber erzählt, einem belgischen Offizier, der seine gebrauchten Wäschestücke vornehmlich auf dem Fußboden verstreut. Abgesehen von den Zigaretten und Lebensmitteln anstelle des Lohns habe sie diese Arbeit eigentlich nicht nötig, betont sie dabei immer wieder. Aber das sagen alle, die einmal bessere Zeiten gesehen haben. Wenigstens jammert sie diesen Zeiten nicht nach, träumt sich nicht zurück in ihr Ausflugslokal mit den sommers vollbesetzten Tischen, den flitzenden Kellnern und der abendlichen Tanzkapelle. Manchmal spricht sie noch von den Hunden, den Wolfskreuzungen mit den gelben Augen, die sie aus Futtermangel töten ließ und deren Platz jetzt Wüppe einnimmt. Aber das wahrscheinlich auch nur, weil die Zeiten so unsicher sind und sie alleine lebt, drüben im Wald.

Sonst berührt sie die Vergangenheit mit keinem Wort. Ihre Geschichten spielen alle in der Gegenwart, mit den belgischen Besatzern in der Hauptrolle, die meist den Part des dummen August einnehmen, und alles scheint auch jetzt darauf hinauszulaufen. Mon Capitaine, habe ich gesagt, Sie können meinetwegen Ihre schmutzige Wäsche überall hinwerfen, aber verlangen Sie nicht, daß ich hinter jeder einzelnen Socke herrutsche. Auch wenn Sie es nicht gerne hören wollen, es muß einmal gesagt werden, daß … – weiter kommt sie nicht, und es bleibt uns verborgen, was dieser schlampige Kapitän nicht hören wollte, denn über unseren Köpfen beginnt ein ohrenbetäubendes Geschrei und Gepolter. Wir starren noch zur Decke, da steht schon dieser Mensch mit seiner qualmenden Pfeife in unserem Wohnzimmer und bittet händeringend um eine neue Bleibe, weil die Blonde es mit dem Stiefvater treibt und kein Mensch sich gerne als unerwünschter Dritter fühlt. Zumal, wenn er täglich mit ansehen muß, wie die übergelaufene Braut sich dem eigenen Ersatzvater girrend an den Hals wirft. Eine wahre Schande sei das, besonders wenn man bedenkt, daß die Mutter gerade erst gestorben ist.

Zugegeben, so etwas ist schwer zu ertragen. Aber daß Mutter diesen aufdringlichen Menschen mit seinen ungeklärten Familienangelegenheiten gleich in Vaters Zimmer einquartiert und mich damit um den einzigen Zufluchtsort in diesem Hause bringt, das werde ich ihr so schnell nicht vergessen und beschließe den unerwünschten Eindringling vollkommen zu ignorieren. Trotzdem läßt sich nicht übersehen, daß er wenige Tage später eine unförmige Kiste in dieses Zimmer schleppt. Dabei schreit er, schiebend und zerrend, merkwürdigerweise ohne sein sonstiges Stottern: In den Kleidern meiner Mutter wird diese Hure nicht spazierengehen. Die kannste dir sonstwohin stecken, keift die so Benannte und beginnt sich umgehend ihrer Kleider zu entledigen, wirft ihm Stück für Stück vor die Füße, bis sie nur noch ihre spitzenbesetzten rosa Dessous auf dem Leibe trägt, worauf der Geschniegelte, wohl Schlimmeres befürchtend und auch zum Zeichen, daß die Verhältnisse nun endgültig geklärt seien, sie schützend in den Arm nimmt und schnell die Türe zuzieht.

Was in aller Welt will er nur mit diesem Monstrum von Kiste? Die Kleider meiner Mutter, antwortet er bereitwillig, als ich meine Neugier nicht mehr zügeln kann. Damit bekommt dieser Mensch ein völlig neues Gewicht für mich, denn den Besitzer einer schrankgroßen Kleiderkiste kann man nicht wie Luft behandeln und mit spitz erhobener Nase wortlos an ihm vorübergehen.

Alles Flitter und Glimmer, nichts Solides, meint Mutter bei Begutachtung des Kisteninhalts. Agnes, das Meterband noch um den Hals, kann auch nicht viel Verwertbares ausmachen. Welche Bäuerin will schon im straßbesetzten Nachthemd zu Bett gehen, solche Fürze gehören sich nicht fürs Land, auch wenn die sich das jetzt leisten können.

Aber ich habe etwas entdeckt und ziehe aus dem Wust von Tüll und Paillettenplunder ein in Zeitungspapier gewickeltes Päckchen. Beim Auseinanderfalten fallen sie mir aus der Hand, die knallroten, lackglänzenden, ledergefütterten Karnevalsstiefel. Kein Pappmaché, im ersten Regen schon aufgeweicht, sondern grundehrliche, handverarbeitete Stiefelchen, auf die ein Tanzmariechen unbesorgt nicht nur für eine Saison bauen könnte.

Agnes hat sie sich schon geschnappt, hält den Schaft prüfend zwischen Daumen und Zeigefinger. Lack, sagt sie und rümpft die Nase, wird sich nicht färben lassen, bricht bei Nässe. Und mit einem schrägen Katzenblick zum Besitzer dieser Kostbarkeit fügt sie noch hinzu: Mecht vielleicht Ida passen, fürs Haus. Sie meinen, die bringen nichts, fragt er zerstreut, vielleicht in Gedanken noch mit dem Betrug beschäftigt, den die beiden an ihm begangen hatten. Agnes schüttelt den Kopf. Den Bauern kann ich mit dem Firlefanz nicht kommen, dafür haben sie nichts übrig. Ist wie mit der Grille und der Ameise im Lesebuch von Ida. Die Ameise karrt den Mist, die Grille singt, das wischt auch der Krieg nicht weg. Zieh mal an, Agnes hält mir die roten Stiefel hin. Nu, was sag ich, passen doch. Also ich nehm das hier, sie zeigt auf ein verknotetes Bündel, und Ida bekommt die Stiefel. Damit ist die Sache für sie erledigt.

Nicht so für Mutter. Das kommt überhaupt nicht in Frage, daß Ida in diesen roten Dingern aus dem Haus geht. Mit Fingern werden die Leute auf uns zeigen, sie für verrückt erklären oder weit Schlimmeres denken. Ich kann mir zwar nicht vorstellen, was schlimmer sein könnte, als ohne Verstand in der Welt herumzulaufen, aber Mutter läßt es uns wissen. Unsere Not und diese roten Stiefel, wie eine von der Straße. Die tragen keine roten Stiefel, sie haben richtige Schuhe, Nylons und geschlitzte Röcke, und kein Mensch regt sich darüber auf, versetze ich wutschnaubend. Kauf mir doch Schuhe, wenn dich das Gerede der Leute stört, du kaufst doch auch Kaffee.

In der Küche ist jetzt nur noch das Surren des Wasserkessels zu hören. Agnes kratzt mit dem Fingernagel an dem roten Schuhlack, murmelt: Vielleicht läßt es sich doch färben, wenn man etwas schmirgelt, und Mutters Strichmund antwortet nicht mehr.

So redet man nicht über seine Mutter, antwortet Mariechen auf meine Klagen und streckt mahnend einen schmutzigen Zeigefinger in die Luft, sie ist immerhin deine Mutter, denk dran. Der Finger beschäftigt sich wieder mit den Bucheckern auf dem Tisch, knibbelt sorgfältig die Schale ab und legt Kern für Kern in eine Schüssel, deren Boden noch kaum bedeckt ist. Ich zeichne mürrisch Muster mit den Schalen, ich will keine Immerhin-Mutter, entweder richtig oder gar nicht. Ich wär froh, de Mutter säß noch da auf ihrem Stuhl, un merk dir dat, Mütter haben immer recht. Zornig schiebe ich das Schalenhäufchen hin und her, was ist das für eine Macht, die den Müttern alle Gewalt über Recht und Unrecht einräumt. Meine Mutter ist keine Heilige, widerspreche ich. Wenn es ein Recht für Mütter gibt, muß es auch ein Recht für Töchter geben. Wat is dat denn widder für ne Quatschverzäll, Mariechens Stirn schlägt Falten, sie schaut hoch, und ich bin froh, daß gerade in diesem Augenblick Robert mit einer Frischluftbrise Winter in die Küche kommt und unser unerfreuliches Gespräch abbricht.

Verdammt kalt draußen, er reibt sich die froststarren Hände und wirft mir durch den Rasierspiegel über dem Spülbecken einen prüfenden Blick zu. Wat hat euch denn die Petersilie verhagelt? Niemand antwortet. Ich kratze das Schalenhäufchen zusammen und stehe auf. Wat hamer denn da, ne jestiefelte Kater, wiehert er und wedelt mit einem graugewürfelten Handtuch vor meinen Beinen herum. Jault mit fisteliger Stimme Miau, miau, wo is denn dat Mäuschen, bis Mariechen fragt: Sag, hast du nen Sprung in der Schüssel? Doch Robert hat sich bereits eingespielt, wirft seine in schweren Gummistiefeln steckenden Beine in die Luft und schwingt das Handtuch wie eine Fahne in der Luft herum. Ida, Ida, wo is denn dinge Jung, kreischt er in Abänderung des alten Funkenliedes, aber da bin ich schon zur Tür hinaus und höre hinter mir nur noch ihr Lachen.

8

Der Rebell ist dem Himmel näher, heißt es. Ich entferne mich gerade im Sturzflug aus meinem Wolkenbett und lande unsanft bei einem zerknitterten Stück Papier, das seit Wochen in meiner Schultasche schlummert. Bis zuletzt habe ich vermieden, daran zu denken, jetzt läßt es sich nicht mehr aufschieben. Der Französische hat mir einen Elternbrief mitgegeben, und in der lächerlichen Hoffnung auf Gnade habe ich endlich Mutters Grüße ausgerichtet. Er ist wirklich dieser bebrillte Musterknabe, dem mein Onkel Nachhilfeunterricht gegeben hat. Davon will er wohl nichts mehr wissen, mustert mich und meine roten Stiefel mit einem langen, engen Blick und quetscht schließlich mit heiserer Stimme ein »Danke für die Grüße« zwischen den Zähnen hervor. Weil ich aber immer noch neben dem Pult stehe und nichts anzufangen weiß mit meiner Hilflosigkeit, spuckt er noch ein »Du kannst dich wieder setzen!« hinterher. Mit diesem Botendienst habe ich mir wohl keinen Gefallen getan, denke ich und trotte, die Arme fest an den Körper gepreßt, zurück an meinen Platz.

Mutter sitzt am Fenster und stopft Strümpfe, zieht über dem Stopfei die Nadel durch das Fadengitter, als ich Elternbrief und Zeugnis in die Küche trage. Leg das auf den Schrank, ich les es nachher. Was sagst du, einen Brief von der Schule, was steht da drin, fährt sie auf einmal hoch. Es ist wegen dem Zeugnis, stottere ich und ziehe ein Stück graues Kriegspapier aus der Schulmappe. Habt ihr denn

Zeugnisse bekommen, warum weiß ich nichts davon, ich denke, die gibt es erst im Frühjahr. Ich habe mich vertan, druckse ich herum. Das soll also heißen, du trägst dieses Zeugnis bereits seit Wochen mit dir herum, belügst deine Mutter und wartest, bis sich die Katastrophe über dir zusammenballt. Was hast du dazu zu sagen? Nichts, antworte ich und versuche vergeblich den Daumenschrauben ihrer Augen auszuweichen. Mit einer Fünf in Mathe und Französisch hat man nichts mehr zu sagen, da sprechen die Tatsachen für sich. Versetzung gefährdet, diese Schande, wenn das dein Vater wüßte. Er würde sich im Grab herumdrehen, ergänze ich den wohlbekannten Satz und zucke zusammen, als sie mehrmals mit der flachen Hand auf das Schandzeugnis schlägt. Ich verbitte mir deine Unverschämtheiten, auch noch frech werden, faul und frech, das paßt zusammen. Aber kein Wunder, wer mit solchen Stiefeln in die Schule geht, hat nichts anderes zu erwarten. Diese Stiefel schneiden dir die Ehre ab, und du hast es dir selber zuzuschreiben, wenn sie dich da nicht haben wollen. Dann setzt sie ihren Namen so handfest auf das Blatt, daß die Feder kleine Tintenpunkte versprüht.

Warum sie mich bloß mit diesem Wortungetüm bedroht, was haben denn diese Stiefel mit Ehre zu tun? Und wer hat hierzulande überhaupt noch eine Ehre? Ausgedient hat sie für die Kippensammler und Schwarzhändler, die Fringser und Klüttenklauer, die Kirchheuchler und die deutschen Fräuleins, die sich für Zigaretten und Kaffee an die Besatzer verkaufen, und ganz besonders für die Nazis, die dieses Wort lange genug geschunden und mißbraucht haben, bis es jeder für seine Zwecke mißbrauchen konnte. Eine leere Worthülse, sonst nichts. Ist auch besser so, mit Phrasen und hohlen Worten wird mich niemand mehr fangen.

Am Nachmittag nehme ich mir die Stiefel vor, kratze

Stück für Stück den roten Lack ab, bearbeite sie unermüdlich mit Bürste und Stiefelwichse, bis kein Fleckchen von der alten Farbe mehr durchscheint und sie nur noch schwarzpoliert glänzen.

Im Wartehäuschen an der Straßenbahnhaltestelle sind die grüngestrichenen Holzwände bis unter die Decke vollgekritzelt mit Schweinereien. Wer auf der von unzähligen Sitzflächen spiegelblank polierten Rundbank Platz nimmt, muß sich unweigerlich damit beschäftigen. Es sei denn, er sitzt genau vor dem Eingang und kann seinen Blick ungehindert über die Wiesen bis hin zu der stillgelegten Gipsmühle schweifen lassen. Aber dieser Platz ist meistens besetzt. Im Augenblick haben sich zwei Frauen mit Kopftüchern dort niedergelassen, ihr unablässig dahinströmender Redefluss wechselt übergangslos von einem Thema zum anderen. Man kann wirklich nit mehr hier reinjehen, bei dem Dreck da an der Wand, beschwert sich die jüngere von beiden. Sie trägt ihr geblümtes Kopftuch im Nacken geknotet, wie früher die Ukrainermädchen. Wenn dat nu Kinder zu sehen kriejen, so ne Sauerei müßte die Bahn doch wegmachen. Ich les so wat überhaupt nit, da guck ich janit hin, antwortet die ältere. Aber dem Leni, dem hätt ich dat niemals zujetraut. Mit all dä Käls, nä, so en Biesterei, bah. Ihre weitere Unterhaltung setzen sie flüsternd hinter vorgehaltener Hand fort.

Schon allein der Leute wegen ist es mir verboten, die obszöne Wand auch nur eines Blickes zu würdigen. Am besten sollte ich draußen warten. Aber da pfeift der Wind über die Wiesen und wirbelt den Staub aus dem Schotter zwischen den Schienen. Bisher habe ich mich an das Verbot gehalten, aber jetzt interessiert mich das Tun dieser Leni, vor dem es die Frauen so schaudert. Außerdem steht drüben auf der anderen Gleisseite die dicke Else, der ich auf keinen Fall begegnen möchte. So gebe ich, kaum daß die beiden Frauen in der Bahn verschwunden sind, meinem Lesezwang nach und beschäftige mich mit der Schrift an der Wand, folge ihr Wort für Wort, weil ich, einmal begonnen, alles lesen muß, Buchstabe für Buchstabe, egal was die Zusammensetzung am Ende besagt. Viel Neues wird mir nicht geboten. Immer wieder taucht dieses eine Wort auf, das, unsagbar und spitz, die Mädchen aufspießt, und vor allem Leni, gleich etliche Male. Dabei wollte sie nur fliegen, goldbestäubt gegen das Licht taumeln, bis dieses bösartige Wort kam und sie zurückverwandelte in eine Raupe.

Mittags weiß Mutter bereits, daß ich im Wartehäuschen die schweinischen Wandkritzeleien gelesen habe, wo ein anständiges Mädchen niemals hinschauen würde. Nur ich müßte meine Nase immer in den größten Unrat stecken, wobei vorauszusehen sei, wohin das noch führen werde. Daß sie sich so etwas genüßlich von anderen Leuten erzählen lassen muß, empört Mutter am meisten, und wie stets bei solchen Gelegenheiten läßt sie Vater wieder im Grab rotieren.

All das habe ich mit Sicherheit der dicken Else zu verdanken, und um ihr die Suppe ordentlich zu versalzen, schreibe ich umgehend mit wasserfestem Tintenstift »Else ist eine dumme Sau« an die Holzwand. Dabei schießt mir plötzlich dieser Gedanke durch den Kopf, den ich sofort in die Tat umsetzen muß. Und weil für Bedenken keine Zeit mehr bleibt, setze ich kurz entschlossen, mit hochrotem Kopf und zitternder Hand, Buchstabe für Buchstabe, dieses schreckliche Wort an die Wand. Aber mit wem, mit wem? Mir fällt kein passender Partner ein, scheußlich genug für Else, und draußen knirscht bereits der Kies unter hastigen Schritten, ich muß handeln, und so schreibe ich den einzigen Namen, den mir mein rachsüchtiges Herz in der Eile eingibt. Auch wenn ich meine Tat umgehend bereue, es ist geschehen und nicht mehr rückgängig zu machen, was da in seiner Ungeheuerlichkeit, schwarz auf weiß, dick und für jedermann lesbar, an der Wand steht: »Else ist eine dumme Sau und fickt Robert«.

Meine Botschaft reist auf schnellen Beinen und wird wie jeder aus zweifelhafter Quelle stammende Bodensatz bereitwillig aufgenommen. Mittags gibt Mutter die Nachricht an mich zurück. Im Wartehäuschen hat einer furchtbare Dinge über die Else geschrieben, sie soll sich mit dem Robert rumtreiben, die ganze Straße spricht schon darüber, ein Glück, daß du mit diesem verdorbenen Mädchen nichts mehr zu tun hast. Du siehst, wie schnell die Leute reden, laß dir das eine Lehre sein. Und halt dich von diesem Robert fern, der ist auch nicht besser.

Da soll was ganz Gemeines über die Else stehen, erzählt mir wenig später Zilli. Ihre Mutter ist sogar zur Polizei gegangen, Zilli kichert, nehmen Sie Wasser und Seife, haben die ihr geraten. Und dem Robert hat sie im Gewächshaus vor den Gärtnern einen Affentanz gemacht, bis der fuchsteufelswild geworden ist. Wenn ich den dreckeligen Schmierfink erwische, dem dreh ich eigenhändig den Hals rum, hat er gebrüllt, un so schön is Ihr Tochter nu auch widder nit, Frau Huppertz, dat ich mich darum reißen würd, Sie können Ihre schwere Artillerie getrost wieder einfahren, ich han mit dem Mädchen nix am Hut. Und dann ist er wie der Blitz zur Türe raus und hätte beinahe meine Mutter umgerannt in seiner Wut.

Der so zu Unrecht Beschuldigte lauert mir wenig später an der Ausfahrt im hintersten Teil der Gärtnerei auf, packt meinen Arm in den Schraubstock seiner Hand und fragt: Warst du dat? Laß erst mal meinen Arm los, antworte ich mit schleppender Stimme. Aber er denkt nicht daran, greift nur noch fester zu. Ich will wissen, ob die

Schmiererei im Wartehäuschen von dir ist. Bild dir nur nix ein, so interessant bist du nu auch wieder nicht, versuche ich ihn mit seinen eigenen Worten zu schlagen und dabei meinen Arm aus seiner Hand zu winden, wieso kommst du ausgerechnet auf mich? Sein Klammergriff lockert sich ein wenig, wahrscheinlich wachsen seiner Wut die ersten Risse. Du hängst doch jeden Tag da an der Bahn rum, un außerdem haste Zoff mit dem Else. Und deshalb kritzele ich wie die versoffenen Penner die Wände voll, du spinnst doch, du hast doch nicht mehr alle in der Reihe. Meine gespielte Entrüstung funktioniert, fast glaube ich jetzt selbst an meine Worte und sehe mit Genugtuung, wie Robert erschrocken meinen Arm fahren läßt. War doch nit so jemeint, ich hab nur jedacht. Wenn du anfängst zu denken, kommt nur Mist raus, erbärmlicher Bockmist, schreie ich und steuere im Eiltempo auf unseren Gemüsegarten zu. Robert bleibt mir auf den Fersen und holt mich beim Sägemehl ein, das, zum Berg aufgeschichtet und sorgfältig mit Dachpappe abgedeckt, gleich neben dem Wirtschaftsweg liegt. Erst jetzt fällt mir sein grüner Pullover mit dem roten Norwegermuster auf, den er statt des grauen Gärtnerkittels trägt. Auch seine Schuhe sind auf Hochglanz poliert, und ich hätte zu gerne gewußt, weshalb er sich mitten in der Woche so herausputzt, aber fragen käme einem Friedensangebot gleich, was ich auf jeden Fall vermeiden möchte. Biste mir bös, erkundigt er sich mit schrägem Hundeblick. Ach, laß mich doch in Ruh. Das Sägemehl riecht muffig süß, gleich hinter der Wegbiegung wird unser windschiefer Gartenzaun auftauchen, warum läuft er bloß dauernd neben mir her. Komm, jib mir en Küßchen, sagt er plötzlich. Kaum ist es ausgesprochen, drückt er mir schon seine Nase mitten ins Gesicht. Dort wirkt sie störend. Für solche Situationen scheint die menschliche Nase nicht geschaffen, und vielleicht wäre es besser, unsere Gunstbeweisungen wie die Eskimos durch Aneinanderreiben unserer Riechorgane kundzutun. Aber davon ist Robert weit entfernt. Er hält meinen Hals umklammert und preßt seine feuchten, nach Tabak müffelnden Lippen so fest auf meinen Mund, daß ich luftschnappend den Kopf zur Seite drehe, wobei seine Nase jetzt in meinem Ohr verschwindet.

Was im Film so einfach aussieht, wenn, trotz aller Verwicklungen der Handlung, am Ende die Vereinigung der Lippen steht, in die sich merkwürdigerweise ganz ohne Akrobatik die Nase nahtlos einpaßt, scheint bei unserer Aufführung restlos mißlungen. Und weil Robert seinen Griff festigt und mir wieder bedenklich nahekommt, biege ich schnell meinen Kopf zurück: Laß das, du bist schlecht rasiert. Sofort fährt Roberts Hand zum Kinn, wobei er mich fassungslos, geradezu ungläubig anstarrt. Es stimmt, bekräftige ich meine Feststellung, um irgend etwas zu sagen, was mich vor einer peinlichen Wiederholung bewahrt. Doch Robert hat bereits auf dem Absatz kehrtgemacht und geht pfeifend zum Schuppen. Un bild dir nur nit ein, dat mir jetz verlobt sind, schreie ich hinter ihm her. Du bist verrückt, mein Kind, pfeift Robert unbeirrt und setzt das Laufwerk der Rolltür in Bewegung, die mit einem blechernen Knall hinter ihm ins Schloß fällt.

Gut, daß er nicht sieht, wie ich hinter dem Sägemehl hocke, schniefend und wütend, weil er mich um das Erlebnis des ersten Kusses betrogen hat, den ich mir so ganz anders vorgestellt hatte. Ausgestattet mit den Wonnen der Liebe, wie sie uns die Dichter versprechen, alle, ohne Ausnahme, und dieser Goethe am meisten. Von Nasen schreiben sie nichts.

Ausgerechnet du willst dich beklagen, wo du dem armen Robert so übel mitgespielt hast. Aus Wut über Mutters Stimme, die ungerufen in meinen Gedanken kreist, auf Robert, den ich daraus vertreiben möchte, und auf mich selbst und alle Widrigkeiten dieser Welt schlage ich heulend die Faust ins Sägemehl. Das flattrige Gefühl im Magen werde ich davon nicht los. Nur die hochgewirbelten Sägespäne kleben an meinem Gesicht.

In unserem Garten gackert ein braunes Huhn. Es stammt aus dem Revier der Apollonia und steht liebessüchtig am Maschendraht, hinter dem unsere Hühner unbeteiligt scharren und picken und nur der Hahn flügelschlagend gelaufen kommt.

Das Huhn ist wieder da, sage ich, und dann sehe ich Mutter weinend vor irgendwelchen Lumpen am Küchentisch sitzen. Sieh dir an, was sie uns geschickt haben, lauter Plunder, Fetzen, vor Jahrzehnten ausgemusterter Trödel, wer hebt so was überhaupt auf. Sie wirbelt mit beiden Händen das graue, modrig riechende Gelump durcheinander, glauben die, wir wären Bettelpack? Aber das sind wir doch, antworte ich in Anspielung auf Mutters Schreibwut, die sich neuerdings in langen Briefen mit der Darstellung unserer Not niederschlägt. Die Adressen dieser in alle Welt verschickten Jammerbriefe sucht sie mit Tante Malchen unter der Rubrik »Deutsche Schulen im Ausland« aus dem Lexikon heraus. Aber das da auf dem Tisch kommt mit Sicherheit nicht aus einem brasilianischen oder argentinischen Schulhaus. Diese mottenzerfressenen, mit Biesen bespickten, blankgewetzten Altkleider, diese schwarzen Knöpfchenstiefel mit den geschwungenen Absätzen und der plattgedrückte Beerdigungshut mit dem durchgeschwitzten Band stammen eher aus der Truhe einer längst verstorbenen Urgroßmutter. Woher hast du das Zeug, frage ich. Aus der Schweiz, eine Adresse aus Vaters Notizbuch, irgendeine Pension oder ein Hotel.

Sofort stelle ich mir ein Haus mit grünen Schlagläden vor, ein Rundumbalkon, ein tiefhängendes Dach und im

Hintergrund das Panorama der Schweizer Berge. Ich spüre die Wärme des Kachelofens in der holzgetäfelten Gaststube, höre hinter einer angelehnten Tür das Stimmengemurmel der auf ihr Essen wartenden Gäste und das Klappern der Gerätschaften aus der angrenzenden Küche, die neben ihren Kochgeräuschen einen wohligen Bratengeruch verströmt. Eine Frau in bauschiger Volkstracht erteilt dem Hausmädchen im Vorübergehen Anweisungen. Da ist noch dieser Brief aus Deutschland, du kannst ihnen das Zeug von der Götti schicken, es muß oben auf der Bühne liegen, pack es nachher zusammen, und gib es auf die Post. Das Hausmädchen knickst folgsam. Mit wachsamem Blick zupft die Wirtin ihr die Schürze zurecht, sie hält auf Ordnung in ihrer geregelten Welt. Einmal Geschnetzeltes für die Frau Präsidentin, ruft sie in die Küche, grüezi, Herr Professor, einen kleinen Spaziergang gemacht?

Das ist Hohn, sie verspotten uns, halten sich womöglich den Bauch vor Lachen bei der Vorstellung, wie wir dieses Paket auspacken, aber wahrscheinlich sind wir ihnen völlig egal, was mir noch schlimmer vorkommt. Warum schreibst du bloß diese gottverdammten Briefe, du siehst doch, was dabei herauskommt, schreie ich Mutter mit wutbebender Stimme an. Sie hört mich gar nicht, sitzt da auf ihrem Stuhl und flüstert in einem fort: Mein Gott, was sind das nur für Menschen, was habe ich ihnen denn getan, für was halten sie uns denn? Für Abschaum, alles Nazis, alles SS, alles Hitlers Banditen. Mutter rafft die Lumpen zusammen, öffnet die Ofentür und wirft Stück für Stück in die Glut.

Und dieses Huhn vergnügt sich auch nicht weiter ungestraft in meinem Garten, sagt sie mit wiedererwachter Entschlußkraft. Es scheint geradezu auf uns gewartet zu haben und duckt sich folgsam, als wir ihm den Kartoffelsack überstülpen. Im Keller kann es aber nicht bleiben, es muß aus dem Haus, entscheidet Mutter, unseren weißen Hühnern kann sie den braunen Gefangenen nicht unterschieben, aber bei Tante Malchen, da gackern die Hühner verschiedenfarbig.

Hoch erfreut über den unerwarteten Zuwachs tauscht die es gern gegen eine magere weiße Leghenne. Das braune ist gluckig, stellt sie mit kundigem Griff fest, ich leg ihm Eier unter und setz es in den Keller. Sofort verschwindet das Huhn dorthin, wo es gerade hergekommen ist.

Trahere, traho, traxi, tractum, müde schleppt sich die Nacht durchs Haus, ächzt im Holz der Treppenstufen und zeichnet krakelige Schatten an die Wand. In der Küche ist es kalt. Das in feuchtes Zeitungspapier gewickelte Dauerbrikett im Ofen gibt kaum Wärme ab und bewahrt nur mühsam die Glut für den nächsten Morgen. Meine Füße haben sich im Backofen eingenistet, immer wieder rutscht mir das Buch vom Schoß, stolpern die unregelmäßigen lateinischen Verben wie wild gewordene Poltergeister durch den Kopf. Mit einem Ruck fahre ich hoch, bis morgen müssen sie sitzen. Eure letzte Chance, hat der Nesch unserem verlorenen Häuflein, den von allen guten Lateingeistern Verlassenen, gedroht. Die Verben entscheiden über die Note, alles andere sei ihm egal. Graugekleidet und graugescheitelt läßt er seine Augen über uns hinweggleiten, gleicht eher einem verkleideten Kaplan als einem ausgedienten Frontsoldaten, der seine Tage zwischen Schule und Studium aufteilt. Was immer er auch war, wir sind ihm eine Last, die er so griesgrämig auf uns abwälzt, daß wir verstummen oder zu leiernden Wiederkäuern werden. Ständig bleibt sein Blick an mir hängen, kein anderer Name wird so oft aufgerufen und kein gestreckter Zeigefinger so geflissentlich übersehen.

Heute wird ihm das nicht gelingen, ich bin gewappnet,

und nichts kann mich daran hindern, ihm den Erfolg einer durchwachten Nacht vorzuführen. Stare, sto, steti, statum, lautlos bewegen sich meine Lippen, murmeln Verb für Verb vor sich hin, bis das Hämmern meines Herzens nachläßt und ich beruhigt durchatme. Ida, fahre fort, befiehlt seine Stimme. Ich springe auf, schnappe nach Luft wie ein Fisch auf dem Trockenen und horche verzweifelt auf das wilde Rotieren in meinem Kopf, bis nach und nach eine dicke, schwarze Watte mein Denken auslöscht. Silere, schweigen, klaube ich noch mühsam aus dem watteweichen Nichts, und sepelire, begraben. Die Formen möchte ich hören, die Formen, fordert die Stimme. Perdere, zugrunde richten, flüstere ich hilflos. Nichts weiß ich mehr, nicht einmal mehr meinen Namen, obwohl er mich mehrmals von weit her zu erreichen scheint. Geh hin und begrabe alle Hoffnungen, Ida, denn durch dein Schweigen hast du dich selbst zugrunde gerichtet, wie du mit wenigen Worten ganz richtig erkannt hast, deklamiert der Graugescheitelte. Die Klasse lacht, der nächste steht auf, will sein Auswendiggelerntes herunterleiern, als ich in meiner Verzweiflung dazwischenfahre. Ich habe gelernt, ich kann es jetzt, und zum Beweis meines wiedergefundenen Denkvermögens rassele ich im Eiltempo die gewünschten Formen herunter. Ida, stör hier nicht, du bist nicht aufgerufen, näselt die Stimme des Lateinlehrers, du hast die Gelegenheit, uns dein Wissen vorzuführen, ungenutzt verstreichen lassen, also setz dich bitte. Ich befolge seine Aufforderung nicht, schleudere ihm mit tränenerstickter Stimme Seite für Seite meines mühsam erworbenen Verbenschatzes entgegen, bis mir ein schrilles »Schluß jetzt« ein abruptes Ende bereitet. Er hat dich ins Klassenbuch eingetragen, flüstert mir Klärchen zu, aber das ist mir jetzt auch egal.

Im Fallen hat der mächtige Stamm der Pappel einen Teil der Hecke und den Gartenzaun mitgerissen und eine tiefe Schleifspur in die Wiese gegraben. Ich bin froh, daß ich sein letztes Stöhnen nicht hören mußte, auch nicht das Abschiedslied der zur Erde rauschenden Äste. Aber ich glaube, sein Zittern zu spüren, als ich mein Gesicht gegen die Trockenheit der borkigen Rinde drücke. In der rissigen Altershaut hat sich Moos festgesetzt, nistet kleines Getier, atmet immer noch die Wärme des Tages. Meine Finger bohren sich hinein, bis die Rindenbrösel unter den Nägeln und die Schründe an den Händen schmerzen.

Pappelsamen schmeckt klebrig-bitter, auch die roten Fäden der Kätzchen kleben. Als Kinder nannten wir sie Würmchen, steckten sie uns gegenseitig in den Kragen. In manchen Jahren feierte der Baum das Frühjahr überschwenglich, warf seine Samenrispen weit über den Umkreis der mächtigen Krone hinaus, hüllte uns völlig ein in seinen säuerlichen Geruch. Richtig ekelhaft, sagte Mutter, sie mochte den Baum nicht.

Im Winter, wenn sein herzförmiges Laub auf dem Kompost faulte, fischte er mit seinen schwarzen Ästen nach den Sternen, warf sie gegen mein Fenster, bis sie durch meine Träume schwammen. Jetzt ist er tot, der Hüter meiner Kindheit, und nie mehr werde ich das Singen seiner rieselnden Blätter hören.

Auch die anderen Bäume sind der Axt zum Opfer gefallen, liegen, in mannslange Stücke zersägt, hinter dem Haus. Unser Garten gleicht einem Schlachtfeld. Hast du das Holz hinter dem Haus gesehen, jetzt braucht ihr nicht mehr in den Wald zu gehen. Mutter sieht mich nicht an, macht sich am Herd zu schaffen, will mich mit ihren Worten ködern, noch bevor ich etwas sagen kann. Die Pappel hat der Förster einfach liegenlassen, er sagt, das feuchte Holz tauge nichts. Dreißig Mark will er mir geben. Dieser

Riesenbaum für dreißig Mark, ganze sechs Zigaretten, da hätte ich ihn auch stehenlassen können. Ich solle froh sein, wenn er die Abfuhr kostenlos übernimmt. Hereingelegt hat mich der Halunke, und ich kann nichts machen, der Stamm muß weg. Steh nicht so herum, deck den Tisch, wir wollen essen. Und guck mich nicht so an, es mußte sein, auf die Wiese kommen Kartoffeln. Und dafür wirst du mir noch einmal dankbar sein, wenn du endlich begreifst, wie ich mich aufopfere, damit ihr nicht verhungert, schreit sie und wirft den Topflappen in die Ecke, aber dann wird es zu spät sein. Nimm dir selbst deine Suppe, ich habe heute genug getan. Obwohl mein Magen wie zugeschnürt ist, gehe ich zum Gasherd und fülle meinen Teller mit Kohlsuppe. Und zieh nicht so ein Gesicht, mit dieser verstockten Miene bekommst du nie einen Mann.

Eigentlich weiß ich schon lange, daß Mutter Hetty mehr liebt als mich. Das war immer schon so. Hetty hatte Mutter, und ich hatte Vater. Seit Vaters Tod hat sich dieses Gleichgewicht verschoben. Den Platz in Mutters Herzen und auf Vaters Stuhl beansprucht jetzt Hetty. Wenn ich Hetty nicht hätte, verkündet Mutter immerzu und rollt den langen roten Teppich ihrer Vorzüge aus. Ich dagegen bin der Windstoß, der den Leuten die Hüte vom Kopf fegt, nur Ungelegenheiten bereitet und sich nicht fügen kann. Nach und nach nimmt das Familienbild, das Mutter fortwährend mit ihrem dicken Mitleidspinsel ergänzt, feste Gestalt an. Die Frau hat es nicht leicht mit dem Panz, heißt es, und einmal geglaubt, ist immer geglaubt, es wird schon was Wahres dran sein, Mütter lügen nicht.

Wahrscheinlich ist Lieben genauso schwierig wie Zuhören. Aufmerksamkeit verteilt sich nicht gleichmäßig. Während wir dem einen jedes Wort vom Munde ablesen, nicken wir dem nächsten nur zerstreut zu und fragen uns, wer das wohl war, der da gerade vorüberging in dem langen karierten Mantel, ich kenn den doch von irgendwoher. Vielleicht macht auch die Not die Herzen so eng, und ich muß nur warten, bis alles vorüber ist und wieder Glanz in Mutters Augen kommt, wenn sie mich anschaut.

9

Otto hat seine Drohung wahr gemacht, kommt auf dicken Kreppsohlen, kaugummikauend und mit fremdgefärbten Haaren zu Besuch. Er ist auch sonst verändert, sieht aus wie jemand, der sich täglich rasiert und in alle übrigen männlichen Gewohnheiten einarbeitet. Vorsichtshalber plaziere ich ihn auf einem unserer steiflehnigen Stühle, die Langzeithocker schnell vertreiben. Otto scheint die Härte nicht zu stören. Lässig schraubt er sich in die ungemütliche Sitzfläche, streckt die braunen Wildlederschuhe weit ins Zimmer und schnippt mit dem Zeigefinger zwei Zigaretten aus einem roten Pall-Mall-Päckchen. Willst du auch eine? Ich nicke und schaue zu, wie er beide gleichzeitig anzündet. Stangenweise besorgt er die Dinger aus Hamburg, erzählt er mir, jetzt, wo er an den ganz großen Sachen dran ist und sich nicht armselig hinter dem Bahnhof wegen ein paar Stäbchen abplagen muß, mit der Gefahr einer plötzlichen Razzia im Nacken.

Nein, die Geschäfte mit der dicken Marie werden woanders gemacht. In Hafenstädten wie Hamburg wird nicht stückweise gehandelt, da geht es um ganze Schiffsladungen, und die Schieberbosse, eiskalte und beinharte Männer, fahren in großen amerikanischen Schlitten vor. Und er, Otto, immer mittendrin bei den Abenteuern und Gefahren, wie der Kinoheld im Film. Außerdem jede Menge Weiber, willig und halbnackt, in dieser Bar, deren Name ich sofort vergesse, weil mir bereits der Kopf schwirrt von all dem, was ich glauben soll und was doch so unwahrscheinlich klingt, wenn auch Schuhe und Lederjacke ihre eigene Sprache sprechen. Eins ist klar, dieser Otto ist ein äußerst gefährlicher Gast, und ich sollte ihn sofort vor die Tür setzen. Wo er bloß diese Wahnsinnsschuhe herhat?

Ich bin zufällig hier vorbeigekommen, wechselt Otto das Thema. Wollte nur mal sehen, was du so treibst, schließlich warst du die einzige vernünftige Frau auf dieser Scheißpenne. Meine Gedanken lösen sich von den Schuhen. Doppelt geadelt, als Frau und vernunftbetontes Wesen, erscheint Otto mir jetzt in einem besseren Licht und vertrauenswürdig genug, um die Wut meines Tages zu teilen. Würdest du dir das Leben nehmen, wenn du keinen Ausweg mehr siehst, frage ich unvermittelt. Quatsch, sagt Otto, es gibt immer einen Ausweg, wie kommst du überhaupt auf so was, willst du Harakiri machen? Nein, aber ich glaube, daß sehr viel Mut dazugehört, einfach alles aufzugeben, hineinzugehen in diese schwarze Nacht, ohne zu wissen, ob da überhaupt noch etwas ist. Ich versteh kein Wort, sagt Otto und hört endlich auf, mit seinem Feuerzeug zu spielen. Wir mußten einen Aufsatz über Selbstmord schreiben. Weil jetzt so viele Menschen nicht mehr weiter wissen und sich das Leben nehmen, wollte Herkenrath von uns erfahren, was wir darüber denken und ob Hunger und Existenznot den Selbstmord rechtfertigen. Da habe ich geschrieben, was ich darüber denke, über den Mut und die Ungewißheit danach. Schön blöd, sagt Otto und zerdrückt seinen Zigarettenstummel im Aschenbecher, du darfst nicht schreiben, was du denkst, du mußt schreiben, was sie hören wollen. Der war doch bestimmt sauer. Und wie, ich hätte der Feigheit das Wort geredet, den Selbstmord verherrlicht, wer sein Leben wegwirft, mißachtet Gott, unser Leben gehöre dem Allmächtigen. Komisch, grinst Otto, früher gehörte es dem Führer, und für den rassisch Einwandfreien war Selbstmord Sünde, weil nur der Führer über sein Leben bestimmen konnte, und der brauchte das für andere Zwecke. Der Herkenrath hat auch was von Sünde gefaselt. Zum Selbstmord gehört kein Mut, schrie er, so etwas ist erbärmlich. Mir fehle der Glaube, und mein Denken sei verbrecherisch. Meine Schrift verrate das, und dabei hielt er mein aufgeschlagenes Heft hoch in die Luft. Das Schriftbild sei der Spiegel des Charakters, und wer solch große Buchstaben auf das Papier setze wie ich, neige zu ungesetzlichen Handlungen, zumindest aber zu Leichtsinn und allem, was damit verbunden sei. Zum Schluß hat er mir die Fünf auf das Pult geknallt, Thema verfehlt.

An der offenen Balkontür bewegen sich die Vorhänge im Luftzug, schieben sich die Metallringe der Gardinenstange leise klirrend gegeneinander. Jetzt nur nicht heulen, um nichts in der Welt möchte ich vor Otto heulen. Es ist nicht wegen der Note, versuche ich zu erklären, es ist diese verdammte Heuchelei, mit der sie immer nur eine einzige vorgeschriebene Meinung gelten lassen. Wozu fragen sie überhaupt, wenn doch nur das gilt, was ihnen genehm ist.

Mach dir nichts draus, alles Spießer. Zuerst haben sie uns angeschissen, jetzt wollen sie uns fertigmachen. Um ihr eigenes Versagen zu vertuschen, basteln sich diese unbescholtenen Biedermänner ein schönes, neues Weltbild zurecht, drehen die Uhr einfach zurück und pappen Großvaters Pantoffeln auf das leere Zifferblatt, wollen einfach nicht sehen, was wirklich in der Welt los ist. Halt die Ohren steif, sobald ich aus Hamburg zurück bin, komm ich wieder vorbei.

Einen Augenblick sieht es ganz so aus, als wolle er mich in den Arm nehmen. Aber dieser Otto mit seiner Raubtierwelt ist mir nicht geheuer. Tolle Schuhe hast du an, sage ich und trete schnell einen Schritt zurück. Kann ich dir besorgen, aber dann will ich was dafür haben. Er läßt offen, was das sein soll, schwingt sich aufs Rad und fährt davon.

Direkt unterhalb der Domtürme fahren mit schrillem Sirenengeheul die Lastwagen vor, plötzlich schließen schrill pfeifende Polizisten einen Ring um Händler, Käufer und zufällige Passanten und treiben alle hinauf auf die Wagen. Lauf, ruft mir Hetty zu, bereits im festen Griff einer Polizistenhand. Blitzschnell entwische ich zwischen zwei Stiefeln, die mich zu meinem Erstaunen ungehindert passieren lassen. Schon ist der Spuk vorüber, die Lastwagen fahren ab, die Zuschauer des Spektakels zerstreuen sich in alle Himmelsrichtungen. Nur Hettys rosengeblümtes Sommerkleid, ein ehemaliger Bettbezug aus einer U-Boot-Koje, leuchtet noch für einen Augenblick durch die Gitterstäbe, bevor der Laster quietschend in der Marzellenstraße verschwindet. Der Razzia entkommen, umrunde ich erleichtert den Dom und überlege, warum sich wohl die U-Boot-Leute zwischen blumenbedruckter Wäsche ausruhten, eine Landhausidylle tief unter dem Meeresspiegel. Theo, der manchmal als Besuchskind aus dem Waisenhaus zu den Großeltern kam, hatte seinen Seesack bis zum Rand mit dem geblümten Bettzeug gefüllt, als er nach dem Krieg unvermutet bei seiner Kurzzeitfamilie auftauchte.

An der Anlegestelle unten am Rhein verfliegt meine Hochstimmung. Der Kaffee ist weg, vom gleichen Lastwagen zerquetscht, der Hetty entführte. Mißmutig starre ich in das schmutzigbraune Wasser, wünsche mir plötzlich wieder Kind an Großvaters Hand zu sein, weit weg von der Erwachsenenwelt mit ihren verschlissenen Träumen. Möchte die Gegenwart am liebsten auslöschen wie einen lästigen Tintenfleck, zurückfallen auf einen Sandberg und spüren, wie die gelben Körner über die Schuhränder dringen und sich zwischen die Zehen setzen. Aber es gibt kein Zurück. Mit der Erinnerung sind die Zumutungen der Wirklichkeit nicht zu vertreiben. Nur der Narr bleibt ewig auf dem Spielberg sitzen. Auf dem Rhein nähert sich tukkernd das Boot. Ich wische mir die trüben Gedanken von der Stirn und drängle mit den anderen zum Anlegesteg, wo jeder der erste sein will.

Wir sind in eine Razzia gekommen, sie haben Hetty mitgenommen, falle ich gleich mit der Türe ins Haus. Zu meiner Verwunderung sagt Mutter nur: Mein Gott, wenn ihr nur nichts passiert. Sie hat den Kaffee weggeworfen. Das ist gut, dann können sie ihr nichts anhaben. Jetzt sehe ich das Paket da mitten auf dem Tisch, vor dem Mutter andächtig sitzt. Ein Care-Paket, flüstert sie, als würde jedes laut gesprochene Wort diesen braunen Karton mit der Metallbandverschnürung zum Verschwinden bringen. Aus Bogotà, wispert sie wieder, hol mal die Zange. Ich habe keine Ahnung, wo dieses Bogotà liegt. Es ist mir auch egal, wichtig sind nur dieses Paket und sein Inhalt, von dem ich mir keine Vorstellung machen kann, denn ich kenne niemanden, der je ein solches Paket bekommen hat, und wenn, würde er es nicht erzählen und so dumm sein, Mitesser herbeizulocken.

Die Metallbänder widerstreben der Zange, und erst die Feile schafft Luft. Hinter Schichten von Ölpapier stoßen wir auf silberglänzende Schmalzkanister, dickflüssige Büchsenmilch, Erdnußbutter, Zucker, Mehl und erbsengelbe Kaffeebohnen. Ganz unten liegen kleinere Büchsen mit einem Rinderkopf auf der Banderole, »Corned Beef« buchstabiert Mutter. Stumm betrachten wir den Reichtum auf unserem Küchentisch. Wenn ich nicht die Briefe geschrieben hätte, triumphiert Mutter, aber was mach ich bloß mit diesem Kaffee, so ist er doch unbrauchbar. Die wissen anscheinend überhaupt nicht, wie wir hier leben, daß es hier keine Kaffeeröstereien gibt. Ratlos betrachten wir die fahlgelben, geruchlosen Bohnen auf dem Küchentisch. Vielleicht trinken sie ihn ungeröstet, überlege ich. Unsinn, wir werden Mariechen fragen, sie weiß Bescheid, Anton hat das Paket abgeholt.

Auf meinem Stammplatz unter der Kuckucksuhr sitzt Roberts neue Flamme, die dünne Lange mit den vorstehenden Zähnen. Einerseits bin ich froh, seinen Nasenküssen entronnen zu sein, aber andererseits … Auf jeden Fall wird sie es ihm schon zeigen mit diesen Zähnen. Mariechen blättert in einem Modejournal aus Vorkriegstagen. Du kannst ruhig loswerden, wat de auf dem Herzen hast, sagt Mariechen, dat Christa jehört innet Haus. Ich werfe dem neuen Familienmitglied einen mißtrauischen Blick zu und schütte meine bleichsüchtigen Kaffeebohnen auf den Tisch. Och, da können wir aber gleich lecker Kaffee trinken, bleckt die Dünne ihre Zähne. Is dat aus dem Care-Paket, fragt Mariechen. Ich nicke, der Kaffee ist für dich, Mutter weiß nicht, was sie damit machen soll. Na, in der Pfanne rösten, wie die Eicheln, Mariechen schüttelt den Kopf. Manchmal stellt ihr euch an wie die ersten Menschen. Sie schüttet die Bohnen in eine Bratpfanne, stellt sie auf den Herd und beginnt zu rühren. Wat riecht et hier so jut, sin dat echte Bohnen, fragt Anton und beschäftigt sich sofort wieder mit dem Spitz, der diesmal nicht an ihm hochspringt, sondern nur müde mit dem Schwanz wedelt. Der Hund hat wat, de Nas is janz heiß. Sag mal, wat war dat neulich für ne Flabes, der mit dir am Jartentor stand? Dat war aber nix, so ne Halfjare, lacht Anton. Schon wieder einer, der sich einmischt, von Anton hätte ich das nicht erwartet.

An unserer Garderobe hängt ein langer Ledermantel, und sofort signalisiert mir ein Kribbeln auf der Haut Abneigung gegen den Träger dieses Kleidungsstücks. Er sitzt im Wohnzimmer auf Ottos Stuhl und mustert mich mit kalten Augen. Mutter mag noch so flöten und die Kaffeetasse mit gespreiztem Finger zum Mund führen, diesen Menschen werde ich nie mögen. Wer ist der Kerl da drüben, frage ich Hetty in der Küche. Eine Briefbekanntschaft, sie schreibt auf Inserate, Tante Malchen hat ihr den Floh ins Ohr gesetzt. Es braucht einen Augenblick, bis ich diese Ungeheuerlichkeit verdaut habe und mir klar wird, was Mutter in der letzten Zeit so oft zu Tante Malchen treibt. Heißt das, sie antwortet auf Heiratsanzeigen und läßt die Kandidaten zur Begutachtung hier antanzen? Hetty nickt. Einen Anwärter habe ich schon an die Luft gesetzt. Er kam mit Sack und Pack hier an, wollte sich gleich häuslich niederlassen. Ein Zementfabrikant, den die Engländer nicht mehr in seine Firma lassen, zum Glück war Mutter nicht da, weiß der Himmel, was der zementiert hat. Wie findest du diesen hier, frage ich und deute gegen die Wand. Glatt, aalglatt, sagt Hetty und poliert weiter an den Zierleisten des Ofens, die sie mit Unmengen von rosafarbenem Wiener Kalk versieht. Sie hat recht, denke ich, seinem abschätzenden Blick ist nicht zu trauen.

Dagegen hat sich in Mutters Augen der Glanz vervielfältigt, und in ihrer Stimme vibriert die Unterwerfung. Später setzt sie sich ans Klavier und spielt Chopin. Eigentlich sollte es mich freuen, sie hat so lange nicht mehr gespielt, doch ich höre nicht hin, weil sie für den Ledermantel spielt. In Zukunft werde ich meine Angelegenheiten alleine regeln müssen, auf Mutter ist nicht mehr zu hoffen.

Es ist heiß geworden, ein Jahrhundertsommer. Die Bäche versiegen, das Gras trocknet bereits auf dem Halm zu Heu.

Und sobald man nur den Fuß vor die Tür setzt, spuckt einem die Hitze Feueratem ins Gesicht.

Im Klassenzimmer versucht die Hausmann uns in eintönigem Singsang die Geheimnisse Afrikas zu erschließen. Ich mag diese neue Schule, in der niemand schreit und droht und meine versetzungsgefährdenden Noten einen wundersamen Aufstieg erfahren haben. Ich mag sogar die Hausmann mit ihrem gezwirbelten Nackenknoten und den kurzsichtigen Augen hinter dicken Brillengläsern. Es stört mich nicht einmal, daß sie uns Kinder nennt und ab und zu mit klopfendem Bleistift »Attention« fordert, weil sie neben Erdkunde auch Französisch unterrichtet. Aber was interessiert mich dieser ferne Kontinent, an dem sie sich jetzt festgebissen hat, ich habe andere Sorgen, bündele unter der Bank kleine Päckchen mit Süßstoff, messe Gummiband für Schlüpfer und Unterhosen ab. Lola, meine Banknachbarin, reicht die Ware weiter, sie braucht nicht zu maggeln, sie hat einen reichen Freund. Eigentlich heißt sie gutbürgerlich Inge und hat sich erst, nachdem diese abgetakelte Alberskopie bei ihr aufgetaucht ist, ein Mann, der seiner Ehefrau die Fleischbüchsen aus dem Keller und die Unterwäsche aus dem Schrank klaut, diese Namensattrappe zugelegt, auf der sie nun wie eine Femme fatale aus einem Kitschfilm herumreitet.

Wieder hält eine Hand in Zeitungspapier gewickeltes Geld hin. Auf den Rand ist eine neue Bestellung notiert, Gummiband braucht jeder, mein Handel floriert. Bald werde ich mir die ersehnten Schuhe kaufen können. Zwar keine ledernen Luxustreter, wie sie Otto trägt, dafür ist der Erlös aus meinem Kramladen zu gering, aber ein Paar Sandalen mit lederüberzogenem Keilabsatz, wie sie der Schuster in Mülheim für einige hundert Mark aus alten Taschen und Aktentaschen anfertigt, werden wohl dabei herausschauen. Das Bankgeschäft verdanke ich Hans, dem Skalpsammler vom Tanzstundenball, der wieder im richtigen Augenblick in der Waldmühle auftauchte. Diesem Lokal, wo für Geld alles zu haben ist, was es sonst nirgendwo gibt, und wo in einem kleinen separaten Zimmer gleich neben der Theke die Schwarzhändler ihre Liefertermine aushandeln. Drinnen im Saal gibt es Dünnbier, und wer kann, bringt seinen Knolli-Brandy mit, einen selbstgebrannten Schnaps aus Rüben oder Kartoffeln, für den fünf Mark Korkengeld zu entrichten sind. Die Kapelle spielt unermüdlich, für Freibier und ein Abendessen, das in der Pause im kleinen Nebenzimmer serviert wird.

Aber in letzter Zeit zog mich nicht nur die Tanzmusik in diese Räuberhöhle. Mir hatte es ein großer Dunkelhaariger mit Schnurrbart angetan, und ich weiß nicht, ob mich dieses Bärtchen so faszinierte oder die Tatsache, daß er der erklärte Favorit aller Damen im Lokal war, wenn auch nicht alles, was da herumsaß, diesen Namen verdiente. Er tanzte meist mit einer großen Schlanken, die immer etwas Rotes trug, mich hatte er noch nie aufgefordert, geschweige denn eines Blickes gewürdigt. An diesem Sonntag aber war die Rote nicht da, und auf dem Stammplatz ihres Tänzers, am Achtertisch auf der Fensterseite, saß jetzt eine kleine Blondine mit einer Stoffblume am Revers. Er stutzte, schaute für einen Moment unschlüssig suchend in die Runde, um dann quer über die Tanzfläche auf den freien Platz mir gegenüber zuzusteuern. Du mußt den Männern gerade in die Augen schauen, hatte mir Hettys Freundin Anni, die mit allen Wassern gewaschen ist und sich in solchen Dingen auskennt, empfohlen. Wenn du immer nur Löcher in die Luft bohrst, werden sie dich für eine dumme Gans halten. Das aber wollte ich auf gar keinen Fall, und so starrte ich wie der Dompteur im Zirkus meinem Gegenüber direkt in die Augen, ließ so lange kein Auge von ihm, bis er mich schließlich fragte: Fehlt Ihnen etwas,

was ich mit blutübergossenem Gesicht verneinte. Worauf er mich nicht mehr weiter beachtete und sich statt dessen aus einer grünen Flasche, die er in einer Wachstuchtasche unter dem Tisch verwahrte, bediente. Wollen Sie auch einen, fragte er, vielleicht geht es Ihnen danach besser. Ich nickte, weil mir jetzt wirklich elend war, er schob mir das Schnapsglas zu und verstaute die Flasche wieder im Wachstuch. Schöne Tasche haben Sie, sagte er und zeigte auf meine von zwei Lederriemen gehaltene Umhängetasche aus grobem Leinen, dieses mühsam ergatterte Glanzstück aus einem Geschäft in Bensberg, wo üblicherweise nur schäbiges Wachstuch und Netze aus Papierkordel zu haben sind. Dafür habe ich auch lange angestanden, schon um fünf Uhr morgens, sie hatten nur zehn Stück davon, die meisten sind umsonst gekommen. Die Mühe hat sich aber gelohnt, meinte er und forderte beim nächsten Tanz Anni auf, dann Hetty und schließlich auch mich. Endlich am Ziel meiner Wünsche, schwebte ich selig mit ihm davon. So nah war er mir, daß mich sein Atem streifte und scharfer Pomadengeruch um meine Nase wehte. Wie aufdringlich, hörte ich innerlich Mutter sagen, aber was wußte sie schon von der Liebe. Viel zu früh endete dieser Tanz, andere Tänzer kamen, später sah ich ihn wieder bei der Blonden mit der Stoffblume sitzen, was mir einen schmerzhaften Stich ins Herz versetzte. Dann spielte die Kapelle den Rausschmeißer, Bella, bella, Marie, sang der Saal, bis die Musiker ihre Instrumente weglegten und Hetty mit unseren Jacken von der Garderobe kam. Ich faßte rückwärts an die Stuhllehne nach meiner Tasche, aber da war nichts mehr. Meine Tasche, schrie ich. Was ist damit, fragte Anni. Sie ist weg. Ach was, sieh mal genau nach, vielleicht liegt sie unter dem Tisch. So wat darf man auch nit aus den Aujen lassen, sagte jemand, heutzutag klauen sie wie die Raben, dat geht alles nur noch zap-zerap.

Wer klauen will, lauert auf den richtigen Augenblick, bestätigte auch mein Schwarm, der die Blonde inzwischen verlassen hatte. Das tut mir aber leid, habe ich nicht gleich gesagt, die sticht ins Auge, darauf müssen Sie aufpassen. Du hast selber schuld, warum gibst du nicht acht auf deine Sachen, schnaubte Hetty und öffnete mit diesem Satz augenblicklich meine Tränenschleusen. Weinend stand ich neben der Tanzfläche, und meine sorgfältig gepinselten Wimpern verteilten nach und nach ein Gitter aus schwarzen Streifen über meinem Gesicht. In diesem Moment erschien wie aus dem Nichts dieser Hans auf der Bildfläche, faßte meinen Arm und fragte, als hätten wir uns gestern zuletzt gesehen: Was ist denn nun schon wieder los? Genau wie beim letzten Mal schob er mich an die Theke, bestellte mit dem bekannten Fingerschnalzen irgendein Getränk, das sich später als ganz ordinärer Korn entpuppte, und begann kurzerhand mit seinem Taschentuch die Jammerspuren aus meinem Gesicht zu wischen. Das da signalisiert mir Jähzorn, sagte er und tippte auf meine Nasenwurzel, auf der sich meine Brauen in einem kaum sichtbaren Wirbel schließen. Dieser Mensch hat wirklich ein seltenes Talent, im Handumdrehen alles wieder einzureißen, was er gerade aufgebaut hat. Ich bin jähzornig, fauchte ich ihn an, und wenn Sie nicht sofort die Finger aus meinem Gesicht nehmen, werden Sie das auch merken. Völlig unbeeindruckt steckte er sein Taschentuch ein. Ich mache Ihnen jetzt einen Vorschlag, und dann unterbreitete er mir, nüchtern und korrekt wie ein hanseatischer Kaufmann, sein Handelsangebot. Wie stellen Sie sich das denn vor, ich kann doch in der Schule keinen Schwarzhandel aufziehen. Was er da von mir wollte, war völlig undenkbar. Nein, das kann ich nicht machen, wehrte ich ab. Man kann alles, wenn man nicht untergehen will, antwortete er. Die werden Ihnen das Zeug aus der Hand reißen, sogar die Lehrer. Na, was ist, schlagen Sie ein, er hielt mir seine Hand entgegen, die ich schließlich zögernd ergriff. Auf unsere Geschäftspartnerschaft, sagte er und prostete mir zu. Wie es sich für Geschäftsleute gehört, kippte auch ich den Fusel in einem Zug hinunter und fühlte für einen Augenblick eine schwerelose Leere im Hirn, bis hinter seinem Rücken Hetty und Anni auftauchten. Wir suchen dich überall, und du stehst hier rum. Die beiden hatten es ungeheuer eilig, waren schon hinter den Bäumen verschwunden, noch ehe ich unsere Geschäftsbedingungen völlig geklärt hatte.

Als die ersten Häuser in Sicht kamen, blieb Anni stehen. Jetzt trinken wir erst mal einen Schluck, sagte sie und zog die Wachstuchtasche unter ihrem Mantel hervor. Anni, rief ich, wie konntest du nur, du hast den netten Mann bestohlen. Das wollen wir erst mal sehen, sagte Anni unbeeindruckt, zog die grüne Flasche aus der Tasche und pulte langsam mit den Zähnen den Korken heraus. Außerdem stehle ich nicht, ich besorge. Hetty kicherte und nahm einen Schluck aus der Pulle. Auch einen, fragte Anni, ich schüttelte den Kopf. Mal sehen, was er sonst noch zu bieten hat, Anni wühlte in der Aktentasche. Sieh an, was der nette Mann mit sich herumträgt, sagte sie und ließ ein zusammengerolltes Leinenbündel an zwei langen Lederriemen lässig über ihren Zeigefinger baumeln. Wie du mir, so ich dir, trällerte sie vergnügt, während ich fassungslos immer nur »Meine Tasche« stottern konnte. So ein Mistkerl, sagte Hetty, so ein verdammter Mistkerl. Die Tasche hat Mutter später gegen irgendwas eingetauscht, ich konnte das Ding nicht mehr sehen.

Der Spitz ist tot, Anton läuft mit rotumränderten Augen umher und verbirgt seinen Kummer hinter rauhbeinigem Gehabe. Dat sich ne ausjewachsene Käl wejen nem Dier so aufrejen kann, konstatiert der Lange kopfschüttelnd, an der Front, da hätt er Grund zum Krieschen jehabt. Der Anton hat hier auch sein Teil getragen und nicht zu knapp, antwortet Mariechen. Mit diesem aus der Kriegsgefangenschaft zurückgekehrten Bruder hat die Gärtnerei einen zusätzlichen Befehlshaber bekommen, aber zwei Herren dienen ist nicht einfach, doppelte Musik erzeugt Mißtöne, behindert die allgemeine Harmonie. Läßt der eine die Mistbeete abdecken, werden sie auf Anordnung des anderen wieder geöffnet. Wollen die Gartenarbeiter die Teiche reinigen, steht Anton mit krebsrotem Gesicht da und schreit: Wer hat jesagt, dat ihr dat tun sollt? Immer ist es der lange Bruder, der dies und das ändert und überall mit seinen Weisungen zur Stelle ist, wenn Antons Kittelzipfel gerade davonflattert.

Mit dem Besserwisser kann man doch nit arbeiten, beschwert sich Anton. Vorsintflutliche Methoden, Großväterwirtschaft, stellt der Lange Antons Handeln in Frage und breitet dann vor den staunenden Gärtnergehilfen sein in der Gefangenschaft erworbenes Wissen über englische Gartenkunst aus, wirft ihnen nie Gehörtes wie Landschaftsgestaltung, Formung begrenzter Freiräume durch Pflanzen, Wege und Aufschüttungen, um die Ohren, spricht von Freiluftanlagen und natürlich gewachsenen Busch- und Baumgruppen, bis allen Hören und Sehen vergeht.

Wat soll dä Quatsch, dat hat doch der Vatter schon so jemacht, wat uns dä Schwadlappen als jroße Neuigkeit verkaufen will. Mir können froh sein, wenn mer dä Laden über die Runden kriejen, da brauchen mer keinen Neunmalklugen, der alles umkrempeln will. Wenn et bei den Tommys so schön war, warum is er denn nit dajeblieben? Aber wo dat Indien jetz weg is, han die auch nix mehr zu fressen, bei denen is alles rationiert, jenau wie bei uns.

Wejen dem Indien, fragt Mariechen und versucht das Wollknäuel ihres Strickzeugs aus den Krallen der Katze zu befreien. Ach, dat is zu kompliziert, dat verstehste nit, winkt Anton ab, aber die Tommys wird dat noch teuer zu stehen kommen, dat se die Inder in die Unabhängigkeit entlassen haben. So en riesiges Land, wat dat für ne Verlust is. Na ja, se ham et noch schnell jeteilt, Pakistan den Muselmännern un dat übrige Indien den Wiederjeborenen. Jetz werden se bei uns noch mehr Fabriken demontieren, um sich schadlos zu halten un de Konkurrenz auszuschalten.

Wiederjeborene, wat soll der Blödsinn, hast du kein andere Sorjen, Mariechen schüttelt den Kopf, paß lieber mal auf, wat dä Lang da draußen auf den Wajen läd. Wat, Anton stürzt zum Fenster und wie ein Blitz zur Tür hinaus. Denk an meinen Salat, ruft ihm Mariechen noch hinterher, da hören wir sein Gebrüll schon über den Hof schallen.

Wie Schimmel legt sich der ewige Streit zwischen dem Langen und Anton über das Haus. Robert hat bereits das Weite gesucht, sich im Blumengeschäft seiner Brauteltern niedergelassen. Wo dat noch hinführen soll, seufzt Mariechen sorgenvoll, so wat hält kein Betrieb aus, de Frau Hambach hat schon jefragt, ob bei uns der Zweite Weltkrieg widder ausjebrochen wär. Die hat et jrad nötig, entgegnet Käthi, soll sich lieber um ihren Alten kümmern, der kann nämlich de Finger nit bei sich behalten.

Käthi muß es wissen. Seit ihr Mann Präsident im neugegründeten Karnevalsverein »Die Fledermaus« ist, stellt auch er den Weibern nach, und Käthi trägt sich mit Scheidungsgedanken. Dä soll nur nit jlauben, dat ich dat dritte Rad am Wajen mach, mit dicke Füß im Jeschäft steh, während er karessieren jeht. Jeden Abend auf Jöck, un morjens is de Kass leer, nä, so haben wir nicht gerechnet, nit mit mir, sagt sie und stemmt streitlustig die Arme auf die Hüften, ich hab sowieso nix übrig für dat Fastelovendstralala. Da mußte mal dat Kostüm von dem Klein hier sehn, da staunste aber, sagt Mariechen. Wat, is dat auch schon soweit, da paß du aber auf, dat du keinem Räuber in de Finger fällst. Die Frauen lachen, dann muß ich es ihnen in allen Einzelheiten beschreiben, mein neues Karnevalskostüm.

Das ist zu kurz, entscheidet der Besitzer des Ledermantels, der bei uns ein und aus geht. Langsam wandern seine Augen an meinen nackten Beinen hoch, bleiben am Rocksaum hängen und verhaken sich bei dem vergeblichen Versuch, unter die mit Metallpailletten besetzte Samtborte zu kriechen. Schließlich verharren sie auf meinen schwarzen Lederstiefeln, die in ihrem ursprünglichen Zustand besser zum roten Fahnentuch des Rockes gepaßt hätten. Im Gegensatz zu allem anderen scheint roter Stoff in unserem Lande nie auszugehen, auch wenn er seinen Hoheitsanspruch eingebüßt hat und nun als Karnevalsartikel neben roten Papierrosen und Bergen goldflimmernder Metallplättchen angeboten wird. Viele Stunden mühseligen Stichelns hat es gebraucht, bis diese Plättchen auf dem ehemaligen Fahnentuch plaziert waren, bis Agnes mit Phantasie und Schneegestöber, wie sie das nennt, ein Kostüm hervorzauberte, das diesen Namen wirklich verdient und nicht zu vergleichen ist mit den üblichen, notdürftig zusammengestoppelten Stoffetzen. Für das Schneegestöber benötigt sie neuerdings geistige Nahrung, ein selbstaufgesetztes Gebräu aus hochprozentigem Alkohol, den ihr ein Apotheker besorgt, mit dem sie es gut kann, wie sie uns augenzwinkernd wissen läßt, und schwarzen Johannisbeeren, die sie aus unserem Garten bezieht. Ohne den Seelentröster könne sie nicht arbeiten, behauptet sie, und deshalb steht jetzt immer diese grüne Flasche neben der Nähmaschine. Eine Medizin für das Herz, die zudem noch die Gedanken beflügelt. Und weil es Medizin ist, trinkt auch Mutter ab und zu ein Gläschen mit, wobei ihr die Idee mit dem Torerohut kam, den wir umgehend aus Pappe zusammenklebten und mit schwarzem Ofenlack bemalten, was meinem Kostüm die letzte verwegene Note gibt, der kein Mann widerstehen wird. Wirst die Schönste sein, stellte Agnes aus stecknadelumsäumten Lippen zufrieden fest, wirst viele Tanzkavaliere bekommen. Dann trällerte Mutter diesen Uraltschlager vom Wilddieb mit Rehlein, ich drehte und wendete mich, ließ das Röckchen klimpern, hob die schwarzen Fledermausärmel aus Großmutters altem Voilerock, ein Überbleibsel von irgendeiner Beerdigung, und schob den Lackhut ins Genick, an dem eine rote Papierrose prangte. Mutter zupfte an mir herum, wenn man noch mal so jung sein könnte, dann verloren sich die beiden Frauen in Erinnerungen an vergangene Gürzenichbälle, Rote Funken, Blaue Funken, du kannst nicht treu sein, es wurde Rheinländer getanzt, und die Herren trugen weiße Chrysanthemen auf dem Smokingrevers.

Da soll einer den Tanz verstehen, den Mutter jetzt aufführt, als dieser unangenehme Mensch mit übergeschlagenen Beinen in unserem Wohnzimmer sitzt, mich mit seinen Fischaugen feindselig mustert und mir Vorschriften machen will. So kann sie nicht gehen, da werden die Kerle hinter ihr hersein. Unschlüssig betrachtet Mutter das Handbreit nackte Bein über meinem Knie, eigentlich will sie mir nicht verbieten, wovon sie immer noch träumt. Dazu ist der Karneval schließlich da, sagt sie, Sack und Asche gibt es erst am Aschermittwoch, ein Mauerblümchen wird nicht aufgefordert, da muß man schon ein bißchen nachhelfen. Dieser Spießer zieht mißbilligend die Augenbrauen hoch: Du mußt wissen, was du da tust, Männer haben andere Vorstellungen, für sie ist dieser Rock eine

Aufforderung, geradezu ein Locksignal. Jetzt verwandelt sich Mutters ratlose Miene in blankes Entsetzen: Da hörst du es, so gehst du mir auf keinen Fall aus dem Haus.

Das ist der Gipfel, was mischen Sie sich ein und hetzen meine Mutter auf, fauche ich den Miesmacher an, alle gehen so, und überhaupt haben Sie mir gar nichts zu sagen, das wäre ja noch schöner, kommen einfach hier hereingeschneit und wollen bestimmen. Ida, schreit Mutter, so spitz und schrill wie nie zuvor, du ziehst sofort diesen Rock aus. Nein, sage ich und stampfe mit dem Fuß auf, nein und nochmals nein. Mutters Augen weiten sich unheilverkündend, aber zum Glück kommt Hetty herein und fragt ahnungslos: Was hast du plötzlich gegen diesen Rock? Es gehört sich nicht für ein anständiges Mädchen, so halbnackt herumzulaufen, sie fordert die Männer damit heraus. Das hättest du dir vorher überlegen sollen, jetzt ist es zu spät, wir müssen gehen, entscheidet Hetty kurz und bündig wie immer. Mutter sagt nichts mehr, preßt nur mit diesem unausstehlichen Märtyrergesicht die Lippen aufeinander und hat nicht einmal ein kurzes Nicken für uns übrig.

Beim Hinausgehen werfe ich diesem unerträglichen Störenfried, der sich bei uns breitmacht und Mutter allen guten Willen raubt, noch schnell einen triumphierenden Siegerblick zu, bin mir aber nicht sicher, ob er das überhaupt registriert, weil er so widerwärtig spöttisch über mich hinwegsieht.

Einmal am Rhein, weht die Kapelle ihre Musikfetzen bis an unseren Tisch in der hintersten Ecke des Vorraums, wo schunkelnd gegen das Stimmengewirr und Gläserklirren angesungen wird. Der junge Mann mir gegenüber mit den aufgemalten Herzchen im Gesicht singt nicht mit. Er hält seine Arme unter dem Tisch verborgen, während eine Rothaarige, mit Sommersprossen um die Nase, seinen Jackenärmel im Takt der Musik hin- und herschwingt, als beutele sie eine Stoffpuppe, die das mit anklagenden Augen widerwillig über sich ergehen läßt.

Warum kommt der überhaupt her, wenn es ihm keinen Spaß macht, flüstere ich Hetty zu. Sie antwortet nicht, reißt nur warnend die Augen auf und schüttelt abwehrend den Kopf. Dann eben nicht, warum zieht sie mir ein Gesicht, soll sie doch den Wichtigtuer, der Mutter die Flöhe ins Ohr setzt, für unsere Verspätung verantwortlich machen. Ihm haben wir die hinteren Plätze mit Blick auf die sich vor der Theke drängelnden Rücken und den mürrisch dahinter hantierenden Wirt zu verdanken. Dafür hätte ich kein Kostüm gebraucht, dafür hätte es ein Sack getan oder so eine Papierblume, wie sie Hetty im Haar trägt. Locksignal, daß ich nicht lache, wo hier alles achtlos an uns vorüberzieht.

Wieder setzt die Musik ein, die Tänzer drängen in den Saal, und es bleibt wahrhaftig einer mit Spanierhut stehen, winkt, zeigt auf mich, zeigt auf die Saaltür, nickt lachend, als ich aufstehe, und beklatscht aus der Ferne unsere wortlose Verständigung. Warum han se dich denn da in der Eck versteckt, han se Angst, dat du jeklaut wirst, frozzelt der Spanier. Wertvolle Stücke zeigt man nicht überall rum, gebe ich zurück. Er zeigt lachend auf unsere Hüte und meint, dat is aber schad, wo wir zwei doch so jut zusammenpassen, den Rest verschluckt der Lärm der Musik. Im Rahmen der Saaltür wogen die Köpfe der Tanzenden, quirlen Rauchfahnen gegen die Decke. Wir tauchen ein, werden Körper an Körper über die Tanzfläche geschoben, singen mit, versaufen unser Oma ihr klein Häuschen und befreien uns für einen kurzen Augenblick von der Trübsal, denn heut ist heut, so jung kommen wir nicht mehr zusammen, und an eine Scheinlösung sind wir gewöhnt.

Jetz jeh ich aber mit in et Eckchen, sagt nachher mein

Tänzer, ich muß nur noch den Reiseproviant holen. Er geht zu einem Tisch am Saalende und kommt mit einer Flasche in der Hand zurück, mit der wir uns vorsichtig zwischen Tischen und Stuhlbeinen bis zu Hettys Papierblume durchschlängeln. Der Spanier, inzwischen auf die Eingeborenen von Trizonesien umgestiegen, hält mich singend umfaßt und wedelt mit der Flasche. Kinder, der Nachschub ist da, komm, halt mir mal dein Glas hin, ruft er dem mit den Herzchen zu. Der Rest bleibt ihm buchstäblich im Halse stecken. Nix für ungut, Kamerad, murmelt er und hält immer noch die Flasche in der erhobenen Hand, dat konnt ich ja nit wissen. Bevor er sich aus dem Staub macht, schiebt er mir noch den Stuhl zurück, damit ich mich setzen kann, zu dem Mann mit den stählernen Zangenwerkzeugen, die anstelle der Hände aus seinem Jackett ragen, und der mir jetzt mit diesem unsäglichen Blick ohne Zukunft ins Gesicht schaut.

Meinem Bruder hat eine Mine die Hände weggerissen, höre ich die Rothaarige sagen, der Krieg war schon fast vorbei, da hat es ihn noch erwischt. Erwischen nennt sie das, wie früher der Bauer, wenn er uns Kindern beim Äppelklauen auflauerte. Aber das hier ist etwas ganz anderes, hier bewegt sich einer im Niemandsland des Lebens, hat längst aufgehört zu existieren. Komm, Jung, trink einen, dat is jut für et Verjessen, jemand schiebt ein Glas über den Tisch, um das sich klickend die Zangen schließen. Und immer öfter wandert jetzt das Glas über den Tisch. Bitte nicht, wehrt die Schwester ab, das ist nicht gut für ihn.

Aber niemand hört auf sie, jeder will Trost spenden, wo kein Trost mehr greift und das Erbarmen vor der Realität flieht. Langsam verfärbt sich sein Augenweiß ins Rötliche. Trink noch einen, sagt die Frau mit dem Matrosenhut vom Nebentisch, schenkt nun ihrerseits ein und achtet nicht auf das schwesterliche »Bitte, laß es doch, Kurt«. Is dat nit furchtbar, sagt die Frau, so jung und so en Schicksal. Wat hat der verdammte Krieg nur aus uns jemacht. Sie sagt es laut, daß jeder es hören kann, und die beiden Hakenhände fahren mit einem bestätigenden »Hier, hier« in die Luft. Ja, et is ja jut, Jung, mer wissen et ja, du ärmen Käl.

Im Saal wollen sie den alten Kaiser Wilhelm wiederhaben, aber nur mit Bart. So lange verlangt die Musik danach, bis alle nach ihm schreien, auf die Tische klopfen, mit den Füßen trampeln, und es fragt sich, welchem Bart diese Begeisterung in Wahrheit eigentlich gilt, ob nicht mancher doch noch an ein gestutztes Bärtchen auf der Oberlippe denkt, was er hier lauthals zurückfordert. Endlich machen die Musiker mit einem erneuten Hohenfriedberger dem Spektakel ein Ende und drängen pausenhungrig ins Nebenzimmer.

Wenn es wenigstens nicht beide Hände wären, denke ich mit diesem Mitleidskloß im Magen, der mich zugleich ärgert und bedrückt. Ein Bein, ein Fuß, ein Zeh, alles zuviel für eine sinnlose Sache, für einen sinnlosen Krieg und die Handlanger dieses Wahnsinns. Dann wird mir dieses Wort in seiner vollen Tragweite bewußt, wie es dem Grauen einen Narrenhut aufsetzt, weil es hier nichts mehr zum Handlangen und Anlangen gibt.

Er möchte so gern mal tanzen, sagt die Schwester, aber glauben Sie, ein Mädchen würde mit ihm tanzen? Keine, fügt sie bitter hinzu. Würden Sie mal mit ihm in den Saal gehen, nur ein einziges Mal, wendet sie sich an Hetty, Sie tun ein gutes Werk. Hetty schiebt ihren Stuhl noch weiter zur Seite, weg von dem Menschen mit den Zangenhänden. Ich bin hierhergekommen, um mich zu amüsieren, nicht um gute Werke zu verrichten, antwortet sie und schaut starr geradeaus, bis die Rothaarige selbst mit ihrem Bruder im Saal verschwindet und am Tisch das Für und Wider hin- und hergeschoben wird, ob es richtig war, den Hilflosen gerade hierherzubringen, wo intakte Gliedmaßen dringender erforderlich sind als irgendwo anders. Warum soll denn so en Mensch nit auch noch en bißchen Freud haben, meint die Frau mit dem Matrosenhut, gerade als drüben ein Tumult ausbricht und vielstimmiges Geschrei sogar die Musik übertönt, die schließlich abbricht, und nur noch diese eine Stimme mit ihrem grellen »Hier, hier« zu hören ist, bis der Wirt hinter der Theke hervorkommt und den Schreienden an seinen Zangen aus dem Saal schiebt.

Ne Frau hat sich erschreckt un angefangen zu schreien, als sie sich rumgedreht hat, vielleicht is er ihr auch zu nahgekommen mit de Dinger, ich weiß et nit, berichtet ein vom Tanzboden Zurückgekehrter. Komm, wir gehen, sagt Hetty, ich hab genug von dieser Pleite. Drinnen spielen sie den treuen Husar, und draußen setzt Hetty ein falsches Wort an das andere, bis der Hakenmann unter dem Wortberg verschwunden ist.

10

Mutter liegt wieder starr und steif im Bett, kaum daß sie den Kopf hebt, wenn ich durch den Türspalt spähe. Das geht schon seit Tagen so, und diesmal helfen weder Bohnenkaffee noch Spritzen. Für dieses Leiden gibt es keine Medizin, sagt der Doktor, es sei denn, ich könnte ihr einen Mann verschreiben. So einen wie dich, denke ich wütend, als die Haustür knallend hinter ihm zugefallen ist, darauf kann sie verzichten.

Nachts zittert Mutters Weinen durch die Stille, beklagt ihre unglückliche Liebe und ihren verletzten Stolz, und am Tag scheuchen mich die Frauen fort, die mit feuchten Tüchern und guten Ratschlägen einen Acker bearbeiten, der seit Menschengedenken zu ihrem ureigensten Boden gehört.

Agnes hatte das Unglück angezettelt, als ihr der Ledermantel mit einer dicken Blonden am Arm über den Weg gelaufen war, so einer, der die Fanfare ihrer schrillen Lache immer zehn Schritte vorauseilt. Sofort hatte sie alles ausgespäht, das Wie und Wo, mitsamt der Witwe und ihrer Metzgerei in der Ehrenstraße, und dann nichts wie rein in den gähnend leeren Laden, wo die Blonde hinter der Theke stand und über ihr am eisernen Gestell die leeren Wursthaken schaukelten. Aber man weiß schließlich, wie das ist, die dicken Würste hängen immer im Nebenzimmer. Und dann bohrte Agnes, ohne dazu ermächtigt zu sein, so lange mit schönen Worten und nichtssagenden Schnörkeln herum, bis die Dicke den Köder geschluckt hatte und stolz von ihrem Hermann berichtete, dem Untermieter mit Familienanschluß, der ihr verpflichtet sei und den sie nie hergeben würde.

Der Kerl taugt nix, sagte Agnes zu Mutter. Sie habe das übrigens immer schon gewußt, allein dieser Mantel sei doch mit Sicherheit nicht auf einem Offizier gewachsen, sie sagt wirklich gewachsen, als habe sich das verdächtige Leder nach und nach auf seinem Träger ausgebreitet, nein, dieser Mantel gehöre wohl eher zu einem Untergetauchten, der einiges auf dem Kerbholz habe und seine Spuren bei den Einsamen mit den traurigen Herzen verwische. Dieser Liebesschwindler suche am Ende nur ein warmes Plätzchen, wo es sich ungefährlich ausharren läßt. Um so einen sei es nicht schade, und der sei das Wasser nicht wert, das um ihn geweint werde. Mutter brauche nur ein Wort zu sagen, erklärte sie mit unternehmungslustig funkelnden Augen, dann werde sie umgehend weitere Erkundigungen einziehen. Dieser Vorschlag erübrigte sich aber, weil Mutter augenblicklich erstarrte und wir unsere liebe Not hatten, sie vor Agnes und ihrem unkontrollierten Redefluß in Sicherheit zu bringen, der unaufhörlich weiterplätscherte, bis er schließlich in Gleiwitz zum Stillstand kam, wo es, perunje, einer mit sechsundzwanzig Bräuten getrieben hatte.

Gott sei Dank bekam Mutter das nicht mehr mit, weil sie bereits bleich und wie leblos in den Kissen lag. Wenn ich es aber richtig bedenke, sollte Mutter der Agnes dankbar sein, weil sie das Ding mit diesem Hermann und seiner schrillen Metzgersfrau aufgedeckt hat und meine Mutter mit ihren grauen Meeraugen und ihren Klavierhänden nie und nimmer zu diesem Ledermantel gepaßt hätte, um wen auch immer es sich dabei handeln mochte.

Anton hat eine Freundin, schön wie ein Bild und sanft wie ein Wintervogel. Was will sie nur mit Anton, der sich im Kleinkrieg mit dem Langen aufreibt, nur Augen für Hund und Katze hat und aus Angst vor dem Zahnarzt Zahnlükken mit sich herumträgt. Er muß verborgene Vorzüge haben, weil immer solche Frauen auf ihn fliegen, wie unsere Grete damals, von der Mutter sagte, wenn sie auch ein Biest ist, aber bildhübsch, das muß ihr der Neid lassen.

Zu gerne würde ich wissen, wer diese Frau ist und wo sie herkommt in ihrer schweigenden Sanftmut, aber Mariechen sagt nur, sie hat viel mitjemacht, und et is en jroßes Jlück für unsen Tünn, weil der jetz auch ruhiger jeworden is un nit jleich hochjeht, wenn der Lang ihn am Schikanieren is.

Vielleicht hat der Frühling mit seiner kribbeligen Unruhe dieses ungleiche Paar zusammengebracht. Mich hat sie auch erwischt, diese Frühlingslaune, ich weiß nicht mehr, was ich will, tue dies und tue das, sage ja und gleich drauf nein und möchte mich wie eine faule Katze immerzu in der Sonne räkeln.

Du hast Hornissen im Hintern, sagt Agnes, genau wie der da, sie zeigt auf Steffel, der diesen Krieg ohne irgendeinen Kratzer heil überstanden hat und nun mit dem Agnes ohne Trauschein verbundenen Baum in der Küche herumlungert, Offiziersskat spielt, wobei der Part des abwesenden Dritten dem Zufall überlassen bleibt, und damit dem lieben Gott und Agnes die Zeit stiehlt, die an ihrer Nähmaschine am Fenster sitzt und aus drei alten verschlissenen Kleiderresten ein Neues macht. Wo bleibt der dritte Mann, locken die beiden, aber ich stelle mich taub, denn sonst holt der Baum die Schnapsflasche, der Qualm in der Küche wird noch dichter und das Revanchegeschrei immer lauter. Nachher glaubt Mutter nie und nimmer, daß ich den Nachmittag friedlich bei Agnes verbracht habe, und sie wird hundert Fragen stellen mit hundert falschen Verdächtigungen, weil sie mir alles mögliche zutraut, nur nichts Gutes.

Außerdem sieht Agnes es nicht gerne, wenn im Verlauf des Spiels die Augen von Steffel immer öfter und länger auf mir ruhen. Was sitzt du hier rum in Mutters Küche, schau, daß du Arbeit bekommst, hier sucht dich niemand, sagt sie, und folgsam steht Steffel auf, weil er in seinem Leben noch nicht viel mehr gelernt hat, als zu gehorchen. Der Baum darf bleiben. Er hat sich schief und krumm gewirtschaftet in der Fabrik und schaut nicht mehr hin, wenn eine im Unterrock dasteht. Wahrscheinlich werden sie ihn nicht mehr nehmen mit seinem Rheuma, wenn sie wieder anfangen, sagt Agnes, auch gut, dann werd ich ihn anstellen, wirst schon zu tun kriegen, lacht sie. Der Baum grinst, zieht die Strickjacke über seinem runden Bauch zurecht und steht auf. Dann will ich auch mal ums Eck gehen, sagt er, und ich bin sicher, die beiden fahnden in der nächsten Kneipe nach dem dritten Mann.

Ich starre derweil aus dem Fenster, beobachte das Gewusel der Menschen drüben auf dem Bahnhof, wie sie winzig klein ihre Rucksäcke schleppen, ein aufgeregter Schwarm, dessen Treiben alles oder nichts bedeuten kann. Du sagst gar nichts, was ist, bist du verliebt, fragt Agnes plötzlich mit einem prüfenden Blicke, dem schlecht standzuhalten ist. Dabei weiß ich selbst nicht, ob ich in Hans verliebt bin, mit dem mich neuerdings nicht nur kaufmännisches Interesse verbindet. Ich weiß nur, daß er besser küßt als Robert und keine Nasen im Weg sind bei diesem Gefühl zu fliegen, irgendwo weit oben zwischen den Wolken. Aber das kann ich Agnes nicht erzählen und auch nichts von unserem Heimweg an diesem gewitterschweren Sonntagabend.

Wir hatten die Nachmittagsstunden ziellos verbummelt, hatten zweimal in einem Ausflugslokal nach Chemie schmeckende Limonade und kein besseres Bier getrunken, sind dann Hand in Hand weitergeschlendert, den Augenblick der Trennung immer wieder hinauszögernd, weil es uns undenkbar vorkam, diesen Tag, der auf irgend etwas zu warten schien, mit einer winkenden Abschiedshand an einer Haltestelle zu beenden. So entfernten wir uns langsam vom Sonntagsgeschrei der Ausflügler, bis nur noch das Surren einer fernen Straßenbahn zu hören war.

Ich wollte, daß es an diesem Tag geschah, auch wenn mir die pochende Angst im Herzen saß und ich mich auf eine hilflose Art ausgeliefert fühlte an diesen Mann, von dem ich viel zu wenig wußte. Ich wollte endlich erfahren, was es auf sich hatte mit diesem geheimnisumwobenen Etwas, das so viele Gesichter zeigt, so unterschiedliche Sprachen spricht, mit drohenden Wenn-dann-Sätzen daherkommt oder mit den Schmierereien von der Wartehäuschenwand sein zwanghaftes Eigenleben führt. Und gleichzeitig all die Schwüre, Seufzer und Küsse aus den Büchern, oh Mädchen, mein Mädchen, wie lieb ich dich, ich wollte endlich Gewißheit haben und meiner unerfahrenen Einfalt ein Ende machen.

Hans breitete seinen Trench auf dem Waldboden aus, und für eine Weile saßen wir schweigend nebeneinander in der bleischweren Schwüle des frühen Abends, in der selbst die Maivögel nichts mehr zu sagen hatten und in der Ferne der erste Donner grummelte. Als wir uns küßten, wollte ich wieder fliegen, aber da waren schon seine besitzergreifenden Hände auf meiner Haut und der drängende fremde Körper, dessen Nähe ich plötzlich mit einem stechenden Schmerz in mir spürte. Das ist also das ganze Geheimnis, dachte ich, als der Druck der Schenkel nachließ, wir uns voneinander lösten und jeder wieder in seine eigene Haut kroch. Von einem Kriegshelden hatte ich eigentlich mehr erwartet. Etwas Berauschendes, Taumelndes, eine fortwährende Seligkeit sollte mir geschehen, und nicht nur dieser Schmerz und sein kurzes Stöhnen im Moos. Viel mehr als vorher wußte ich nun auch nicht, wagte kaum hinzuschauen bei all dieser Hast. Nur die Wut der Frauen und ihre überall aufgepflanzten Warntafeln, mit denen sie den Männern, wohl den einzigen Nutznießern dieser ganzen Geschichte, den Spaß verderben wollen, wurde mir verständlicher. Trotzdem, diesen Popanz der Mütter, mit all seinen Geheimnissen und Unwägbarkeiten, war ich endlich los.

Am Himmel waren Gewitterwolken aufgezogen, in der Ferne grummelte es schon, und Hans fragte besorgt: Habe ich dir weh getan? Ich schüttelte den Kopf, versteckte meine Enttäuschung und Unerfahrenheit in einem Lächeln, und sowieso war das alles nicht so wichtig. In Siegerpose warf er den Trench über die Schulter, griff nach meiner Hand und sagte diesen unmöglichen Satz: Ihren ersten Mann vergißt eine Frau nie, was sich genauso anhörte, als habe er mir gerade ein Brandzeichen verpaßt.

Das alles kann ich natürlich Agnes nicht erzählen. Auch nicht, in welcher Aufregung ich nach Hause ging, war ich doch der festen Überzeugung, das Geschehen habe mir einen Stempel aufgedrückt und sei nun für jedermann sichtbar meinem Gesicht abzulesen. Aber Mutter war so vertieft in das Falten und Zusammenlegen ihrer Bügelwäsche, daß sie mit einem nur so dahingemurmelten »Wenigstens einmal bist du pünktlich« kaum aufschaute und mir auftrug, sofort die Terrassentür zu schließen. Es braut sich was zusammen, und sieh auch nach, ob die Fenster geschlossen sind. Ein Windstoß riß mir die Tür aus der Hand, eine Regenfahne peitschte ins Zimmer, und mit einem lauten Donnerschlag entlud sich endlich das Gewitter.

Agnes fixiert mich über ihren Brillenrand hinweg. Paß nur auf, sagt sie, beim ersten Mal ist es am gefährlichsten, da passiert es sofort, wenn er nicht achtgibt. Sie fingert auf dem Tisch nach ihrem grauen Wehrmachtsfeuerzeug. Worauf soll er achtgeben, frage ich. Jesus Maria, was fragst du so dumm, daß du kein Kind kriegst, so wie ich, und dann stehst du da mit dem Wurm, das keiner haben will. Endlich hat sie das Feuerzeug gefunden und mit einer Stichflamme entzündet. Perunje, flucht sie, und dreht die Flamme niedriger. Nachher mußt du immer gleich pinkeln gehen, murmelt sie wie beiläufig und setzt sich wieder an die Maschine.

Großmutter wundert sich nicht, daß ich es so eilig habe. Sie tätschelt mir mit ihrer runzligen Hand die Wange: Geh nur mein Kind, alte Leute sind keine Gesellschaft für junge Menschen, und läßt meine Umarmung lächelnd über sich ergehen. Weil mein Herz so randvoll ist von übersprudelnden Gefühlen, sage ich ihr zum wiederholten Mal, wie sehr ich sie liebe. Ich weiß, antwortet sie, lauf nur, er wartet sicher schon. Sie entläßt mich mit einem Klaps, und ihre verständnisvolle Güte begleitet mich auf meinem Weg zu der verbotenen Einladung.

An das Gesicht der ausgebrannten Ruinen zu beiden Seiten der Neusser Straße bin ich gewöhnt und an die kümmerlichen Papp-Attrappen in den Auslagen der wenigen noch existierenden Geschäfte auch. In der Weißenburgstraße erwartet mich Hans vor einem vom Krieg verschont gebliebenen Mietshaus aus den Gründerjahren. Wir dachten schon, du hättest den Weg nicht gefunden, sagt er und gibt mir einen flüchtigen Kuß auf die Wange, komm, Mutter wartet auf uns.

Ich hab geglaubt, es wäre Ihnen etwas dazwischengekommen, sagt seine Mutter, und aus dem Unterton ihrer Stimme schließe ich, daß ihr das nur recht gewesen wäre. Sie trägt eine Schürze über dem buntgemusterten Sommerkleid und einen dunklen Flaum über der Oberlippe, einen Damenbart. Du wirst mir nie gefallen, signalisieren ihre Augen, als sie mir mit einem gezwungenen Lächeln die Hand reicht und mich mit einem schnellen ablehnenden Blick mustert.

Kommen Sie mit in die Küche, das Wohnzimmer gehört dem Großen, er braucht sein eigenes Reich, sagt sie und knufft Hans in die Seite. Ich stehe linkisch daneben und bereue, überhaupt hergekommen zu sein, in diese spiegelblanke Linoleumwelt mit ihren blitzenden Töpfen, Kannen und Porzellangefäßen auf Schränken und Borden, den gestickten Kissen auf den Stühlen rund um den Kaffeetisch und dem Überhandtuch mit Kreuzstichblumen und Leinenspitze, hinter dem sich die Tücher für die Hände und den Abwasch verbergen.

Hans' Mutter streicht sich eine Haarsträhne aus dem Gesicht und bindet die Schürze ab, bevor wir uns an den Kaffeetisch setzen. In ihrem spitzen Ausschnitt hinter der goldgefaßten Korallenbrosche blitzt schwarze Wäschespitze, ein eingenähtes Betrügerchen. Hans verstreicht den falschen Sahnepilz über die Erdbeeren und widmet sich seinem Tortenstück. Wo Großmutter wohnt, will seine Mutter wissen, wie sie heißt und was mein Großvater zu seinen Lebzeiten gemacht hat. Über dem Rand der Kaffeetasse hält mich ihr Blick gefangen, steif gespreizt steht ihr kleiner Finger in der Luft. Nach Agnes erkundigt sie sich auch, denn eigentlich habe ihr Sohn es nicht nötig, seine Briefe über fremde Adressen weiterzuleiten, und ob mein Rock nicht zu kurz sei, so gerade mal übers Knie, da habe wohl der Stoff nicht mehr gelangt. Es war ein altes

Bettuch, die dünnen Teile haben wir herausgeschnitten, gebe ich ihr Bescheid. Hat das auch diese Agnes genäht? Ich nicke. Dann klingelt es, sie spitzt die Lippen, tupft sich sorgfältig mit der Serviette den Mund ab: Mach mal auf, Hans, das wird Tante Otti sein. Was will denn die hier, endlich schaut mein Hans von seinem Kuchenstück hoch und runzelt unwillig die Stirn.

Tante Otti ist klein und spitznasig. Hinter den Brillengläsern fahren flinke Augen blitzschnell durch alle Ecken, bevor sie auf mir haftenbleiben. Is dat deine neue Freundin, Hans, wie heißt denn dat Mädchen? Ida, komme ich ihm zuvor. Angenehm, sagt die Tante. Wat is dat heiß heute, wie im Sommer, dabei haben wer erst Mai. Haste Kuchen jebacken, Gerti, ja, en Täßchen Kaffee nehm ich. Un Sie haben Ärjer mit Ihrer Mutter wejen dem Hans, wieso dat denn, dat is doch ne staatse Jung, da müssen Se aufpassen, dem laufen die Mädchen nach, janz raderdoll sin se. Sag, Hans, wat is eijentlich aus der Blonden jeworden, mit der du et letzt hier warst, dat lustije Kind aus Ehrenfeld? Die war aber en bißchen älter als dat Fräulein hier, so mehr in deinem Alter. Un Sie jehn noch zur Schule? Als ich noch im Flügelkleid zur Bürgerschule ging, da war ich schon mit dreizehn Jahrn en janz verliebtes Ding, kichert Tante Otti. Ich bin siebzehn, funkele ich die Tante an. Ich hab dat nit so jemeint, sagt sie, ich dacht nur, dat Sie noch en bißchen jung sin, aber wat macht dat schon, älter wird man von janz allein. Der Karl kommt, sagt Frau Gerti, als sich ein Schlüssel in der Korridortür dreht. Sie steckt ihr Lächeln weg, steht auf und holt eine zusätzliche Kaffeetasse aus dem Schrank.

Da haste dir aber en lecker Mädchen angelacht, Hans, der Vater streckt mir eine schwielige Hand entgegen, murmelt kein Angenehm, nickt nur und schaut mich kurz mit den Augen seines Sohnes an. Dann geh ich wohl jetzt, sagt

Tante Otti und steht auf, als niemand sie zum Bleiben auffordert.

Rauchen Sie, der Vater zieht ein Päckchen Zigaretten aus der Jackentasche, keine Reval-Sargnägel, echte englische. Du kannst bei der Bahn anfangen, Hans, ich hab mit dem Lehrmanns Pitter gesprochen, vorerst am Ofen, später will er weitersehen. Wat is, ich hör nix. Das muß ich mir erst überlegen, antwortet Hans, sehr begeistert sieht er nicht aus. Wie du meinst, das Angebot steht, oder willste in die Hofkolonne beim 4711, da biste unter deinesgleichen, alles ehemalige Befehlshaber, ein erlesener Klub, jeder mit der eigenen Schaufel und dem eigenen Besen.

Kohlen schaufeln, als Heizer, das ist doch nichts für Hans, was hast du dir eigentlich dabei gedacht? Es wird nicht ewig so bleiben wie jetzt, und wenn sich die Zeiten einmal ändern, möchte ich nicht, daß mein Sohn ohne eine müde Mark in der Tasche dasteht und sich nicht einmal mehr ein Bier leisten kann, geschweige denn einen von seinen piekfeinen Anzügen, einfach weil er sich für rechtschaffene Arbeit zu schade war. So schnell ändern sich die Zeiten nicht, murmelt die Mutter und fängt an, das Geschirr abzuräumen. Mit einem schwarzen Gesicht und rußigen Händen kann ich mir Hans auch nicht vorstellen, aber es wird ihm wohl nichts anderes übrigbleiben.

Der Vater gähnt und drückt seine Zigarette aus. Der Ami will Europa mit mehr als fünf Milliarden Dollar wieder auf die Beine helfen, und für uns soll auch was abfallen aus dem großen Topf des Marshall-Plans. Von fünfhundert Millionen für Westdeutschland ist die Rede. Davon versteh ich nix, sagt die Frau, das ist Männersache. Ich leg mich ein bißchen hin, der Vater steht auf und nickt mir beim Hinausgehen zu, bis zum nächsten Mal, un Hans, paß gut auf dat Kind auf. Später kommt die Mutter mit den Familienalben, und wir schauen uns die Fotos an.

Hans auf dem Eisbärenfell, Hans mit der Schultüte, Hans als Hitlerjunge, als Arbeitsmann und in Fliegermontur mit Schal und Lederkappe unter der riesigen, auf die Stirn gezogenen Schutzbrille, eine echt großdeutsche Karriere. Auf dem letzten Foto hängt ihm sogar das Kreuz am Hals, von diesem Foto besitzt er einen größeren Vorrat, hat sich wohl einmal mehr davon versprochen, jetzt sind die Verwendungsmöglichkeiten begrenzt. Ich habe nichts zu bieten außer meiner Bewunderung, und die ist auch brüchig geworden. Auf die Rückseite eines Vorratsfotos schreibt Hans eine Widmung: Meiner lieben Ida zur Erinnerung, dein Hans. Das liest sich fast so wie die Schrift auf einer Grabschleife.

Nachdem ich alle Fotos gesehen habe und alle Bildhintergründe kenne, das Buffet, Eiche massiv, die Heidelandschaft, ein echtes Ölgemälde und rechts neben der Tür die Standuhr, ein Vermächtnis von Onkel Gustav, alles weg, alles verbrannt, wird es Zeit für mich zu gehen. Die Mutter läßt mich ohne Einwand ziehen, vom Wiederkommen sagt sie nichts.

Deine Mutter kann mich nicht leiden, beschwere ich mich, kaum daß wir draußen sind. Was du dir einbildest, sie ist herzensgut, sei nicht so empfindlich, wehrt Hans ab. Eigentlich sollte ich ihn jetzt nach dieser Blonden aus Ehrenfeld fragen, aber ich lasse es, weil von der Agneskirche die Glocken zur Maiandacht läuten, die Kastanienbäume ihre Kerzen stolz in die Luft recken und aus einem Garten vor einem ausgebrannten Haus doldenschwer der Flieder duftet. Hans bricht einen Blütenzweig ab, hält ihn mir in übertriebener Minnepose entgegen. Kopfschüttelnd bleibt ein Mann stehen, fragt sich sicher, was das soll, dieser Kniefall vor dem persilweißen Mädchen und dieser Gesang, irgendwas von einer holden Dame. Fastelovend is vorbei, sagt er und geht lachend weiter. Nein, das ist wirklich nicht der Zeitpunkt, über abgelegte Blondinen zu reden und ihre unsichtbare Gegenwart mitzunehmen in diesen blütenschweren Maiabend, der nach Zukunft und Hoffnung duftet. Ich verschiebe die Abrechnung auf einen grauen, für Schuldkonten besser geeigneten Regentag. Beim Weitergehen greift Hans nach meiner Hand, am nächsten Sonntag wollen wir nach Weidenpesch zum Pferderennen gehen.

Einen nächsten Sonntag wird es nicht geben, zumindest nicht für Hans und mich. Er hat mir einen himmelblauen Brief geschrieben, der befrachtet ist mit vielen schönen Worten von hohlem Klang. Sie sprechen von langer und reiflicher Überlegung, von einem Leben, das Kampf und Verzicht bedeutet, von Freundschaft statt Liebe, halten sich nicht immer an die Regeln des Duden, und alles klingt so, als habe meine Mutter diesen Brief geschrieben. Ich will keine Freundschaft, schluchze ich und zerknülle das himmelblaue Papier, obwohl es nicht verantwortlich ist für die Tinte seiner falschen Worte. Was heulst du um diesen Westentaschen-Casanova, sagt Agnes und holt den in solchen Fällen unentbehrlichen Aufgesetzten aus dem Schrank. Der ist nicht eine Träne wert, die du um ihn flennst. Außerdem paßt ihr nicht zusammen. Du gehst noch zur Schule, und er schreibt nicht einmal richtiges Deutsch. Was willst du mit diesem Kohlentrimmer, perunje, bist du noch gescheit. Er meint das nicht so, seine Mutter steckt dahinter, sie kann mich nicht leiden. Wenn Liebe groß ist, hat Mutter nichts mehr zu sagen, Agnes kippt den Aufgesetzten hinunter und verzieht das Gesicht. Ich weiß nicht, ob meine Liebe groß genug ist, aber er hätte um mich kämpfen müssen, wenigstens ein bißchen. Wie der heilige Georg mit dem Drachen, was für ein Blödsinn. Männer kämpfen nicht, wenn es um Frauen geht, sie machen sich klammheimlich aus dem Staub. Wirst schon noch lernen, wie sie sind. Aber er hat gesagt, daß er mich liebt, schluchze ich. Das sagen alle. Trink, fordert sie mich auf, das ist Medizin gegen Kummer. Er schreibt vielleicht in zwei bis drei Jahren. Da denkst du lange nicht mehr an ihn, sagt Agnes, und das kommt mir in diesem Augenblick völlig unvorstellbar vor.

Ein Amerikaner hat herausgefunden, daß mehr als vierzig Prozent der amerikanischen Männer gelegentlich in fremden Betten schlafen, und das mit einer Frau, die nicht die eigene ist. Jetzt ist ganz Amerika entsetzt über die Studie dieses Mister Kinsey, und weil nicht sein kann, was nicht sein darf, zweifelt man ihren wissenschaftlichen Wahrheitsgehalt an. Aber wenn er seinen Report bei den G.I.s in Europa gemacht hätte, wären sicher noch ganz andere Zahlen herausgekommen.

Da auf die Männer kein Verlaß ist, suche ich fortan Trost bei der Literatur. Sie liefert genügend Vorlagen, die wie Balsam auf meine Seele träufeln und die Bitternis meines Kummers lindern. Ein Satz aus der Ilias hat es mir besonders angetan und sich so in meine Gedanken eingegraben, daß ich ihn fortlaufend wiederhole: »Weichling, an Schönheit ein Held, weibsüchtiger, schlauer Verführer! Wärest du nie doch geboren, das wünscht ich dir, oder gestorben, eh du um Weiber gebuhlt!« Es ist besonders das Wort weibsüchtig, weshalb ich umgehend den Verführungen der literarischen Sprache und ihren tragischen Helden erliege.

11

Kurz darauf verblassen alle Erinnerungen an das Intermezzo meiner verunglückten Liebe. Am 21. Juni 1948 tritt die Währungsreform in Kraft. Schon am Wochenende vor dem entscheidenden Tag machen alle deutschen Sender auf eine wichtige Bekanntmachung der Militärregierung aufmerksam, wiederholen ihre Durchsage ständig wie eine Sondermeldung in Kriegszeiten, bis am Abend der Sprecher der Alliierten die Geburtsstunde der Deutschen Mark bekanntgibt. In langen Schlangen drängen sich am Montagmorgen die Menschen vor den provisorisch eingerichteten Ausgabestellen, um die alte wertlose Reichsmark gegen vierzig bunte Geldscheine einzutauschen, einen grünen, einen blauen, einen grauen sowie ein paar rote und grünliche Scheinchen.

Noch ahnen wir nicht, daß wir mit diesem Geld den Grundstein zu einem beispiellosen wirtschaftlichen Aufschwung in Händen halten. Wir wissen auch nicht, wie ungleich die Lose dabei verteilt sind und wie viele Ältere mit ihrer Spargroschenversorgung und ihren Lebensversicherungen durch den Rost der Abwertung fallen. Zum ersten Mal besitzen wir wieder Geld mit entsprechender Kaufkraft. Wie durch Zauberei haben sich über Nacht die Schaufenster und Läden mit Waren gefüllt und bieten dem staunenden Publikum schamlos ihren seit langem gehorteten Reichtum dar. Frau Heiterscheids Schuhgarage fällt mir ein und wie gut mancher vorgesorgt hat für einen günstigen Start in diese neue ungewisse Zukunft.

Durch die einsetzende Kaufwut kommt es zu gewaltigen Preissteigerungen. Verteuerungen bis zu dreihundert Prozent, berichtet die Schlagzeile einer Zeitung, und mancher ist sein Kopfgeld schnell los, auch wenn für den nächsten Monat noch einmal zwanzig D-Mark Startgeld zugesagt sind. Dabei werden keine Besonderheiten, sondern nur gebräuchliche Alltagsartikel angeboten, Waren, die nun nicht mehr nur in unseren Gedanken existieren, sondern ganz real und greifbar in den ehemals leeren Auslagen vor uns ausgebreitet sind, gleich einer Fata Morgana, die jeden Augenblick wieder verschwinden kann.

Mutter zählt gewissenhaft die Scheine, als der Briefträger ihre Pension zum ersten Mal in dem neuen Geld ins Haus bringt, und schiebt ihm ein großzügiges Trinkgeld zu. Jetzt hat die Bettelei ein Ende, hofft sie, aber es ändert sich nicht alles schlagartig. Noch liegen die Städte in Trümmern, hausen zwölf Millionen Flüchtlinge in Elendsquartieren, leben 1,6 Millionen Soldaten in Kriegsgefangenschaft. Auch das Hungern hört nicht von einem Tag auf den anderen auf. Lebensmittel sind immer noch rationiert, nach wie vor muß besorgt, gemaggelt und gehamstert werden, aber das Geld ist wieder etwas wert, und die Bauern lassen sich jetzt eher bezahlen, als daß sie Tauschware annehmen.

Der unheilige Josef ist mit seinem Fahrrad auf einen unbeleuchteten Armeelaster aufgefahren. Er war sofort tot, schreibt Tante Finchen in ihrem schwarzumränderten Brief. Du mußt in die Eifel fahren, mir geht es nicht gut, sagt Mutter und greift sich stöhnend an den Kopf. Ich habe auch keine Lust auf Beerdigung, und den unheiligen Josef habe ich kaum gekannt. Erinnere mich nur an einen strubbeligen, grauhaarigen Kopf, eine Schnurrbartborste und an das schmatzende Geräusch, mit dem er seine Pfeife in Gang hielt. Bei der Arbeit trug er eine Lederschürze. Wenn unten im Ort die Mittagsglocken läuteten, hängte er sie sorgsam gefaltet über die Stuhllehne und ging in die Küche: Wat häste jekocht? Und dann war da noch sein kräftiger, in einer braunen Schutzhülle steckender Daumen, mit dem er die Krummnadel durch das Seitenleder einer Satteltasche treibt, der mit ihm durchs Haus wandernde säuerliche Ledergeruch und die an der Werkstattwand hochgestapelten blonden Sattelteile. Einmal ist er mit dem Ledermesser auf Vater losgegangen, zornbebend mit hochrotem Kopf, wollte das Wort Erbschleicher nicht auf sich sitzen lassen. Danach haben sie lange nicht miteinander gesprochen.

Aus Rupperath war er, sprach Eifler Platt, hielt nichts von den studierten Herren, war wohl auch ein heimlicher Sozi, obwohl in der Garage ein blankpoliertes schwarzes Auto stand, das im Krieg eingezogen wurde. Der Josef bekommt jetzt Wehrmachtsaufträge, berichtete die Tante stolz, rechnete sicher mit anerkennenden Worten, weil ihr so viel lag am Urteil meines Vaters, aber der schwieg.

Einer von uns muß hin, schließlich ist es Vaters Schwester, stöhnt Mutter. Warum geht Hetty nicht, frage ich mürrisch. Weil die Tante dich sehen will, ihr liegt viel an dir. Aber ich kenne sie doch kaum. Schluß jetzt, keine langen Diskussionen, du fährst und damit basta, sagt Mutter, diesmal ohne zu stöhnen.

Mit dem Kranz hat sich Anton besondere Mühe gegeben, gelbe Rosen zwischen weiße Margeriten gesteckt. Häng ihn einfach über de Schulter, wenn de da schon allein hinmußt, seiner Stimme ist die Mißbilligung über die mangelnde Trauerbereitschaft meiner Familie deutlich anzuhören.

Schaust du einem Kranz durchs Loch, kriegst du heute Freude noch, kichert eine Frau, als ich mit dem wie ein Gewehr geschulterten Unding in die Bahn steige. Ich verberge meinen Wunsch, das Grünzeug genüßlich über ihren Kopf zu stülpen, hinter einem höflichen Lächeln. An der Haltestelle in Mehlem befreit mich mein Vetter Willi von dem Ballast. Als ich ihn zuletzt sah, war er vierzehn und wollte die Haltbarkeit eines Seemannsknotens am lebenden Objekt erproben. Ich war fünf, glaubte bedenkenlos alles, was er sagte, und hielt still. Gerade noch rechtzeitig konnte Vater mir die Schlinge vom Hals ziehen. Seitdem hielt man mich von Willi und seinen Experimenten fern. Später erübrigte sich das, weil er sein Experimentierfeld erweiterte und in den Krieg zog. Jetzt ist er erwachsen und sieht aus wie mein Vater.

Mein hastiges Beileidsgemurmel, Kummerfloskeln sind mir peinlich, nimmt er mit einem Nicken entgegen, sie hat es arg getroffen. Wahrscheinlich meint er meine Tante. Im Laufe des Tages komme ich dahinter, daß er nur in der dritten Person von ihr redet und anscheinend Schwierigkeiten mit dem Wort Mutter hat.

Wie lange haben wir uns nicht gesehen, fragt er. Jahre, sage ich, das letzte Mal hattest du einen Strick in der Hand. Kinderkram, lacht er, denkst du immer noch daran? Einer will meinem Vetter die Trauerhand drücken und die Vorzüge vom unheiligen Josef, diesem Prachtkerl, aufzählen. Es dauert eine Weile, bis wir ihn wieder los sind und Willi mir erzählen kann, daß er bei den Amis arbeitet, was sich gut rentiert, weil die alles haben, wovon er ab und zu was mitgehen läßt. Sobald er kann, will er rüber nach Amerika und ordentlich Dollars machen, mit Europa ist es vorbei, hier ist doch nix mehr.

Warum ich ihm jetzt anvertraue, daß ich auf eine Schauspielschule will, weiß ich nicht. Vielleicht, weil sich mein Dasein neben seinen hochfliegenden Plänen so bescheiden ausnimmt. Er lacht: Die Schauspielerei is doch auch nix, da verdienste doch kein Jeld, oder du mußt en Star sein, wie die Knef, sonst sin dat doch alles Hungerleider. Du solltest besser heiraten un Kinder kriejen, ich hab da nen Kollegen, der sucht so wat wie dich, ich werd euch mal bekannt machen. Und so einem Banausen, der die Welt in Hungerleider und Raffer aufteilt, habe ich meine geheimsten Zukunftsträume offenbart, fortan schweige ich mich beleidigt aus.

Ich wollte auch was anderes als Metzger werden, sagt er plötzlich. Das blutige Fleisch und die toten Tiere, davor habe ich mich entsetzlich geekelt. Zum Zirkus wollte ich, oben auf dem Trapez oder mit Bällen jonglieren, so was hätt mir Spaß gemacht. Und warum ist nichts daraus geworden, frage ich. Der Vater hatte andere Pläne, wollte aus unserem Haus ein Hotel machen. Dabei verstand er selbst nichts von der Gastronomie, der Peter sollte das Kaufmännische und ich die Küche übernehmen. Na ja, Vaters Luftschlösser, immer am Pläneschmieden. Und warum habt ihr später das Haus verkauft, frage ich. Der Kasten war doch viel zu groß für uns. Ein indischer Nabob hatte ihn gebaut, in den zwanziger Jahren, so ein reicher Kerl, der für das Rheinpanorama schwärmte. Ihm gehörte der halbe Rodderberg, und als er starb, wurde alles billig verschleudert. Er lacht: Der Vater witterte mal wieder eine Gelegenheit, un sie mußte sich abrackern damit, für nix un wieder nix, das war doch von vornherein ein totgeborenes Kind.

Es war wunderschön, euer Haus, sage ich und sehe es fremd und morgenländisch wieder vor mir, mit seinen Erkern und Türmchen, mit dem Rankenmuster der Kacheln auf der Terrasse und dem Filigran der eisernen, weißen Gartenmöbel auf zierlich geschwungenen Beinen. Mir kommt wieder Tante Finchen in den Sinn, wie sie Mirabellenkompott auf unseren Tisch stellt, bevor sie weitergeht und die fremden Leute am Nebentisch begrüßt, iß,

Kind, iß, die sind aus dem eigenen Garten. Vater unterhält sich leise mit meiner Mutter. Der Willi hat schon wieder den Lehrmeister gewechselt, ernährt sich nur von Wasser und Brot, angeblich wegen einem Gelübde, aber sie wissen nicht, was er da gelobt hat. Der Josef, lauter fixe Ideen, jetzt will er den Jungen zwingen, ich verstehe nicht, warum Fine das mitmacht. Anscheinend hängt sie doch mehr an dem Peter.

Wunderschön, was nützt das, sagt Willi wegwerfend. Der hier ist zurückgekommen, der andere ist in Rußland geblieben, denke ich, jetzt müssen beide wohl oder übel miteinander auskommen.

Die Tante nimmt mich fest in die Arme. Schön, daß du gekommen bist, sagt sie mit besonderer Betonung auf dem Du. Auf dem Friedhof geht sie aufrecht und tränenlos hinter dem Sarg. Dat is dem Baltes sein Tochter, erklärt sie den neugierig tuschelnden Eiflern und zieht mich an ihre Seite. So en jroßes Jrab, dat hat aber ne Stange Jeld gekostet, flüstert es hinter uns. Sie hat et ja, der Jupp war gut versichert, antwortet eine andere Flüsterstimme. Da kommt nit viel bei raus, die Lebensversicherungen sind doch abjewertet, wenn er zwanzigtausend abjeschlossen hat, sin dat jetz nur noch zweitausend, da kann se jrad mal dat Bejräbnis von bezahlen. Die Tante dreht sich um: Damit du et janz jenau weißt, Mattes, et waren dreißigtausend. Nachher verziehen sich die Abordnungen der Sanges- und Kegelbrüder und der Eifelwanderer, die Herren von der Sattlerinnung und des Skatklubs Kreuzbube ins nächste Wirtshaus, wir gehen mit den Verwandten nach Hause.

Die Eifler Bauern haben sich nicht lumpen lassen, in der Küche stapeln sich Butter, Wurst und Schinken. Davor sitzt Tante Kathrin von der holländischen Grenze, die wie der alte Fritz aussieht, mich aus blaublitzenden Augen aufmerksam mustert und, um die Ähnlichkeit mit dem Preußenkönig perfekt zu machen, mit einem Krückstock hantiert. Wegen ihrer unverblümten Sprache, die sagt, wat se denkt, und weil sie auf einen großen Hof eingeheiratet hat, wird sie allseits mit vorsichtigem Respekt behandelt. Ist von den Kölnern sonst keiner gekommen, erkundigt sie sich. Tante Finchen nimmt der Köchin, die sich um den riesigen Schweinebraten aus amerikanischen Beständen kümmert und mit einem erschrockenen »Aber Sie sind doch die Witwe« protestiert, das Tablett aus der Hand. Meine Schwägerin ist krank. Und das andere Mädchen, das der Baltes adoptiert hat, ist die etwa auch krank? Die Küchenversammlung macht lange Hälse. Wenn ich den Namen trage, habe ich auch zu trauern, das gehört sich so, Tante Kathrin stützt das Kinn auf den Krückstock. Mir genügt die Ida, meine Tante greift mir zärtlich in den Nakken. Fast hatte ich sie vergessen, diese verschämte Geste, mit der auch Vater Zärtlichkeit bekundete. Tante Kathrin nickt: Erstaunlich, diese Ähnlichkeit, könnte glatt deine Tochter sein. Eigentlich hätte ich nichts dagegen, denke ich.

Im Nebenzimmer haben die Männer ihre schwarzen Krawatten gelockert, ihr anfängliches Mißtrauen gegenüber dem Whiskey aufgegeben, Schnaps is Schnaps, un dat schmeckt auch nit anders als Korn, mehrmals auf die Verdienste des toten Onkels getrunken und sind jetzt mit den Zigarren bei der Teuerung angelangt. Wat hilft dir dat, Bätes, wenn et im Schaufenster liegt, un du kannst et nit bezahlen, da pfeif ich dann drauf, sagt ein Onkel aus Prüm, wir kriejen aber jetzt festes Geld für unsere Ware, vergiß dat nit, Theo, ein anderer. Hört auf mit der Jammerei, jetz wird jejessen, Willi stellt zusätzliche Stühle an den Tisch, plaziert die Tante ans Kopfende und die hereinströmenden Männer zu ihren besseren Hälften. Es wird ruhig, Eifler reden nicht beim Essen, geben höchstens ihr fachmännisches Urteil über die Qualität der Kartoffeln und die Güte des Schweinebratens ab. Doch kaum ist die Puddingschüssel leergekratzt, haben sie wieder die Politik am Wickel, die Frauen verziehen sich zum Abwasch in die Küche, und ich sammle die abgegessenen Teller ein.

Dat muß man sich mal vorstellen, alle fünf Minuten eine Dakota mit Versorgungsgütern und Waren über die Luftbrücke. Bei Tag und Nacht schleppen die Amis dat Zeug nach Berlin, Lebensmittel, Verbandsstoff, Kohle, einfach alles, so wat kann man sich janit ausmalen.

Wat bleibt denen auch anderes übrig, Mattes, wenn der Russ die Zufahrtswege dichtgemacht hat und nix mehr rein und raus kann aus dem Mauseloch. Die Zeiten der dicken Freundschaft sin vorbei, seit et in Korea stinkt und auf dem janzen Balkan die Kommunisten am Ruder sind. Denkt nur mal an die armen Menschen da in dem Berlin, nix zu beißen un alle fünf Minuten dä Krach um die Ohren. Die sagen, et jibt nischt, un det is auch noch knapp, versuche ich den neusten Berliner Witz an den Eifler Mann zu bringen, ernte aber nur ein gezwungenes Lachen, Frauen haben in der Politik nichts zu suchen, schon gar nicht mit Witzen. Wat dat für en Jeld kostet, nimmt der Prümer den Faden wieder auf. Dat macht den Amis nix, Jeld haben die genug. Aber dat sin Millionen. Na und, für die Amis ein Klacks, Willi läßt wieder die Flasche kreisen. Neulich hat einer ausgerechnet, was man für dat Luftbrückenjeld alles kaufen könnte. Ich höre nicht mehr hin, flüchte in die Küche zu den Frauen mit dem Abwasch. Die Tante hat geweint, die anderen Frauen drehen ebenfalls an ihren Taschentüchern, das gehört sich so in einem Trauerhaus.

Willst du wirklich nach Amerika, frage ich Willi, als wir uns im Garten die Beine verteten. Sicher, und wenn ich da genug Moos gemacht habe, baue ich hier im Garten ein Mietshaus, ausholend kreist sein Arm über das große Grundstück, aber eins, was sich rentiert. Dann ist die Tante ganz alleine, sage ich. Sie wird dat schon schaffen mit ihren drei Ziegen, er lacht. Hält sie immer noch Ziegen, mit Schrecken erinnere ich mich an die mir seinerzeit aufgezwungene scharf schmeckende Milch. Willi nickt: Riechste dat nit, wenn der Wind richtig steht, stinkt et wie der Deubel.

Beim Abschied drückt mir Tante Finchen eins von den Küchenpäckchen in die Hand: Dat nimmste mit für zu Hause, un dat is für dich, ein funkelnagelneuer Zehnmarkschein wechselt seinen Besitzer. Hat se dir wat jejeben, erkundigt sich Willi. Butter von den Eiflern, sage ich. Da nickt er zufrieden: Du kannst dir nit vorstellen, wie die mit dem Jeld rumschmeißt.

Es ist überall dasselbe, die Gedanken der Menschen kreisen nur ums Geld. Vielleicht ist diese Gier durch die Kriegsentbehrungen entstanden. Eines Tages wird sie ihre materielle Sucht noch auffressen, ihr Hirn vergiften, bis nichts mehr Platz darin findet als nur noch das Geld, ärgere ich mich auf der Rückfahrt still vor mich hin. Wenn sie sich dann alles kaufen können, werden sie ärmer sein als je zuvor, denn mit jedem Verlust werden sie einen Teil von sich selbst aufgeben. In Köln kaufe ich mir den Stern, eine neu herausgebrachte Illustrierte mit der Knef auf der Titelseite.

Zur Siebenhundertjahrfeier des Doms kommen Tante Liesbeth und Onkel Erwin nach Köln. Jetzt kann Mutter endlich die aufgestaute Wut loswerden, die seit Tagen als unheilschwere Wolke über meinem Haupt schwebt und von einem Brief aus der Eifel ausgelöst wurde. Neben dem üblichen Einerlei der Danksagung beginnt er zunächst ziemlich harmlos mit einer detaillierten Beschreibung aller Begräbnisfeierlichkeiten sowie einer seitenlangen Würdigung der lebenslangen Verdienste des Verstorbenen. Erst ganz zum Schluß werden meine Berufspläne mit der besorgten Frage angesprochen, ob ich dafür nicht noch zu jung sei. Allerdings läge wohl eine gewisse Begabung in der Familie, war doch eine Cousine eine gefeierte Carmen-Sängerin an der Kölner Oper, und sowieso sei aus allen Pelzers immer etwas Ordentliches geworden. Das richtet sich gegen mich, fauchte Mutter, sie will mich kleinmachen, daß ich mein Talent der Familie geopfert habe, davon spricht sie nicht. Erst allmählich schien ihr aufzugehen, daß keinesfalls von ihren Verhinderungen die Rede ist und sich die Anfrage auf mich bezieht. Du willst also ein Star werden, tat sie die Neuigkeit mit einem spöttischen Lächeln ab, und so was muß ich von fremden Menschen erfahren, hast du kein Vertrauen zu deiner eignen Mutter? Ihre Wut wuchs zusehends, und dementsprechend wuchsen auch die mir drohenden Gefahren. Unter die Räder wirst du kommen, nichts zu knabbern und zu beißen haben, die Kerle werden dir nachstellen, und frag mich nicht, was sie von dir wollen. Ein Glück, daß ein paar Tage später Tante Liesbeth auftauchte, die allen weiteren Befürchtungen ihr willfähriges Ohr lieh.

Auf die Schauspielschule will sie, nach Bochum, wo kein Stein mehr auf dem anderen steht. Und wovon willst du leben auf deiner Schauspielschule, habe ich sie gefragt. Aber daran hat unser Fräulein in ihrem Wolkenkuckucksheim noch keinen Gedanken verschwendet, wozu auch, ein zukünftiger Star ist doch für das profane Alltagsgeschäft nicht zuständig, mit solchen Kleinigkeiten dürfen sich Mütter herumschlagen. Wie stellst du dir das überhaupt vor, habe ich sie gefragt, du mußt doch essen, schlafen, wohnen. Und was, glaubst du, antwortet sie mir darauf? Ich bekomme doch Waisengeld, Waisengeld, diese paar Kröten, davon will sie existieren.

Eigentlich wollte Tante Liesbeth von der Domfeier berichten, von den Geistlichen und Kardinälen, die aus aller Welt nach Köln gekommen sind, um der Kathedrale ihre Reverenz zu erweisen, und vom Jubel der Kölner, die vor ihren vom Krieg ausgewaideten Häusern rotweiße Fähnchen schwenkten. Es war so viel Zuversicht und Hoffnung bei diesen Menschen, das hat mich sehr gerührt. Und dazu der strahlende Sonnenschein, die Pracht der leuchtenden Farben und die Kardinäle mit den fünfzehn Quasten am Hut, genau an dieser Stelle fuhr Mutter mit ihrer eigenen Litanei dazwischen.

Meine Tante, jäh aus ihren bunten Bildern gerissen, verzieht den Mundwinkel noch weiter zum Ohr. Sie hat einen schiefen Mund, wie konnte Erwin nur diesen Mund heiraten, so einen schiefen Mund, spotteten die Tanten. Großmutter zieht den Lästermäulern meist auf ihre eigene Art das Futter aus den Zähnen. Manchen sitzt der Schönheitsfehler im Herzen, sagt sie, das ist weit schlimmer. Sie würde auch niemals dulden, daß Mutter über meinen Kopf hinweg von mir wie von einer Fremden redet. Gut, sie soll es haben, ihr Waisengeld, dann wird sie sehen, wie weit es reicht.

Tante Liesbeth sieht jetzt aus wie eines dieser Osterlämmer aus Kuchenteig: Mathilde, ich bitte dich, nachher machst du dir Vorwürfe, so wie dieser Sadulski, der mit Erwin jeden Donnerstag Doppelkopf spielt. Als seine Susi von zu Hause weg ist, hat er auch laut getönt, soll sie doch gehen, reisende Leute hält man nicht auf. Herr Sadulski, bedenken Sie nur, Ihr eigen Fleisch und Blut, habe ich gesagt. Jetzt nicht mehr, Schluß, aus, Ende, schrie er. Und was war nachher, auf die schiefe Bahn ist sie geraten, erst in Düsseldorf, und jetzt soll sie wohl in Hamburg sein, wo diese Mädchen im Schaufenster ausgestellt werden wie die Schweinsköpfe. Was, mit weit aufgerissenen Augen starrt Mutter Tante Liesbeth an und vergißt für einen Augenblick alle übrigen Widrigkeiten. Wenn ich es doch sage, wispert Tante Liesbeth und dreht an ihrer Korallenkette, der Sadulski hat sie mit eigenen Augen dort sitzen sehen, stell dir nur vor, beinahe …

Onkel Erwin, der mit Großmutter und Onkel Helmut im Schlepptau hereinkommt, bewahrt uns vor noch schlimmeren Vorstellungen. Damit du es weißt, die Familie wird über dich entscheiden, und jetzt kein Wort mehr, zischt Mutter, obwohl ich keinen Laut von mir gegeben habe und jetzt schon gar nicht, wo Tante Liesbeths Wortkaskaden über Onkel Erwin auf uns einstürzen. Erwin mit seinem Idealismus, blauäugig hineingestolpert, ob das überhaupt alles wahr ist, was sie behaupten, wieder eingestellt, mit Mühe und Not, und diesen Heimlichschleicher direkt vor der Nase, soll ein Roter sein, wo diese Völker jetzt wohl alle herkommen, Beförderung, hah, gar kein Denken dran, er ist nicht so fein raus wie du, Helmut, kann als ehemaliger Pege noch Jahre darauf warten, was das heißt in seinem Alter, Schluß, aus, Ende. Dieses Finale hat sie zweifellos von besagtem Sadulski übernommen, während sie mit »Erwin, sag doch auch mal was« ihren eigenen Schlußakkord setzt.

Der stopft schweigend Apfelkuchen in sich hinein. Faltig ist er geworden, nicht mehr so prall und selbstsicher wie damals, als er uns mitten auf dem Bombenfeld verließ, um seinem Führer zu gehorchen. Mit vorgezogenen Schultern sitzt er da, und als Helmut zwischen zwei Bissen nuschelt: Laß mal gut sein, Schwägerin, von fein heraus kann nicht die Rede sein, ich mußte früher den Kopf einziehen, jetzt sind die sogenannten Idealisten dran, läßt er, ganz gekränkte Unschuld, die Unterlippe hängen. Tante Liesbeth lenkt schnell ab, spricht von ihren Söhnen, die bei den Großeltern leben, wie es sich Erwin vor der Hochzeit von ihr ausbedungen hat. Dabei war er einmal ein richtiger Kinderonkel, immer Nougat in den Taschen und den Kopf voller Späße. Aber was wissen wir schon voneinander, kennen wir doch nicht einmal die Menschen, mit denen wir zusammenleben. Jeder drückt dem anderen die eigene Schablone auf, und wer nicht paßt, fällt durch den Rost. Ich passe anscheinend auch nicht, möchte sogar wetten, Mutter trägt nur ihr eigenes Bild von mir im Kopf, und das muß eine ganz fürchterliche Schablone sein, nach dem, was sie dem staunenden Familienrat jetzt aufzeichnet. Bei Hetty hätte ich gar keine Bedenken, Ida aber ist flatterhaft, labil und unbedacht, dieser Beruf ist nichts für sie, er verlangt nach einem starken Charakter, und den hat Ida nicht, was aber nicht heißen soll, ich wolle ihr Steine in den Weg legen, die Familie soll entscheiden. Vorerst verstecken sich alle hinter ausgiebigem Schweigen. Schließlich fahndet Großmutter hüstelnd nach ihrem Taschentuch: Mathilde, ich glaube, du dramatisierst mal wieder, so was wächst sich doch aus, auch Helmut nickt zustimmend, aber da springt völlig unvermutet Onkel Erwin auf. Wollt ihr eine Komödiantin in der Familie haben, so eine Tingeltangeltrulala, mit krebsrotem Gesicht tänzelt er hüftschwenkend um den Tisch herum und fuchtelt mit hocherhobenen Armen in der Luft. Wir sind anständige Leute und wollen das auch bleiben, Possenreißer, fahrendes Volk, so was hat es bei uns nie gegeben und schon gar keine vom Theater, keine Komödiantin, die beiden letzten Worte wiederholt er mehrmals, als seien ihm alle anderen abhanden gekommen, bis er urplötzlich verstummt, aussetzt wie ein abgelaufenes Grammophon. Erwin, denk an deinen Blutdruck, jammert Tante Liesbeth in die nachfolgende Stille, aber da sitzt er bereits wieder auf seinem Stuhl, und Großmutter sagt, puste dich nicht so auf, mein Sohn, komm zurück in deine Puschen, noch ist alles Zukunftsmusik, und dabei wollen wir es auch belassen, zuerst muß sie mit der Schule fertig sein. Eine Klarstellung, Mutter, nur eine Klarstellung, ihr sollt wissen, was ich darüber denke, läßt er nicht locker. Ich frage mich, wann der das letzte Mal in einem Theater war, wo ihn doch in den vergangenen tausend Jahren nur das braune Welttheater interessiert hat. So was will nun über meine Zukunft bestimmen. Man müßte sich seine Familie aussuchen können, Wahlverwandtschaften, Agnes und Mariechen und natürlich Großmutter, die gerade meine Hand tätschelt und etwas von einer Krankheit erzählt, die man durchstehen muß.

Aber es ist nicht so einfach, seine Verwandtschaft von heute auf morgen loszuwerden, am nächsten Tag trotte ich bereits wieder mit ihnen zum Friedhof. Mutter ist zu Hause geblieben, ich kann Baltes nicht verzeihen, daß er mich hier so alleine gelassen hat, lautet ihre absonderliche Begründung. Nachdem Tante Liesbeth ein fleißiges Lieschen auf Vaters Grab gestellt hat, will sie die übrigen Gräber begutachten. Sie scheint eine Vorliebe für solche Besichtigungen zu haben, wobei es ihr die vergessenen, vom Unkraut überwucherten Grabbeete besonders angetan haben. Wie das alles verkommt, daß sich niemand kümmert, eine Schande ist das, die Menschen haben keine Achtung mehr vor dem Tod, stellt sie entrüstet fest und wischt eine Ranke von einem verwitterten efeubewachsenen Steinkreuz. Komischer Name, Emma Hundgeburt, wer heißt denn so, war sicher eine Jüdin. Wau, wau, bellt Onkel Erwin, und Tante Liesbeth, die Hand vor der schiefen Lippe, will sich schier ausschütten vor Lachen. Wir entdecken noch einen Eberhard Fürchtegott Pöppelmann und eine Isanta Silberzahn, alles andere bewegt sich im Rahmen des Herkömmlichen und bietet keinen weiteren

Anlaß für Heiterkeitsausbrüche, außerdem dämmert es, Onkel Erwin drängt es zur Tränke, und ich denke darüber nach, warum mir die Gegenwart mancher Menschen ein körperlicher Schmerz ist.

In Klevers Wirtschaft brennt Licht. Da kannst du nicht rein, warne ich, da ist alles mit Flüchtlingen belegt. Das wollen wir doch mal sehen, Onkel Erwin ist bereits hinter der Tür. Auf seinen Abendschoppen verzichtet er nicht gerne, witscht Tanta Liesbeth hinterher. Drinnen wird verhandelt. Kommen Sie doch rein, steckt der Wirt den Kopf zur Tür raus. Zögernd folge ich seiner Aufforderung. Erinnere ich mich doch noch genau an die torkelnden Gestalten meiner Kindheit, an bis auf die Straße dringendes Geschrei und Gelächter und an das Kreischen der Frauen, die nach ihren Männern Ausschau hielten, um sie auf den rechten Weg zu bringen. Mit schnellen Schritten versuchte ich an der elenden Spelunke, in die nach Mutters Worten kein anständiger Mensch einen Fuß setzen würde, vorbeizukommen. Einmal wankte auch Anton, die blauen Augen starr und glasig, auf unsicheren Beinen an mir vorbei. Ich wagte nicht, ihn anzusprechen, ging hastig auf die andere Straßenseite und sah traurig dem olivgrünen Pritschenwagen nach, wie er in Zickzackwellen davonfuhr.

Später, als der Wirt eingezogen wurde, fand das Lokal andere Verwendungen. Auf dem Durchzug von Polen nach Frankreich kamen Soldaten dort unter, auf dem Rückzug Verwundete, nachher Ausgebombte aus Köln und irgendwelche ausgelagerten Ämter, und jetzt, seit der Wirt aus der Gefangenschaft zurück ist, belegen Flüchtlinge aus dem Osten Saal und Schankraum. Die Blindscheiben an den Fenstern stammen noch aus der Lazarettzeit, nur an der Vorderfront hat der Wirt, seit er für die Wirtschaft wieder eine Schankerlaubnis bekommen hat, neues, gelbgeriffeltes

Glas einsetzen lassen. Der Raum ist dort, wo die Flüchtlinge untergebracht sind, mit Decken abgetrennt, die einen abgestandenen, muffigen Geruch aussondern, der sich über das ganze Lokal ausbreitet. Vielleicht stammt er auch von den Menschen, die hinter dieser notdürftigen Trennwand hausen, wo man sie murmeln und hantieren hört. Es bedrückt mich, daß wir ihren Lebenskreis stören, uns zu Mitwissern ihres Elends machen, und ich drehe schnell den sich sacht bewegenden Stoffbahnen den Rücken zu.

Flüchtlinge, sagt der Wirt und zuckt mit den Achseln, na ja, wir haben alle mal was gehabt. Aus den Besitzern sind jetzt Habenichtse geworden, meint Onkel Erwin. Aber die größten Besitzer haben im Osten gesessen, keiner war Knecht oder Melker, alle hatten sie viel, sagt Tante Liesbeth. Stimmt, und im nachhinein läßt sich das nicht mehr nachprüfen bei diesen Rucksackdeutschen, brummelt der Wirt und geht Bier zapfen.

Flüchtlinge genießen kein Ansehen. Zu viele wollen bei uns unterkriechen, wir haben selbst genug mitgemacht in den Bombennächten, ist die gängige Meinung. Not wird gegen Elend aufgewogen, und es beruhigt, wenn jemand da ist, dem es noch schlechter geht als einem selbst. Selbst Agnes will mit unseren neuen, aus Gleiwitz stammenden Mietern von der Mansarde nicht in einen Topf geworfen werden. Aber das sind doch ihre Landsleute, gibt Mutter zu bedenken. Agnes winkt ab und schnauft verächtlich, Gleiwitzer, halbe Polacken.

Fleißig sind sie, das muß man ihnen lassen, wollen wieder zu was kommen, flechten diesen Wunsch ihren Mädchen in die Zöpfe, stopfen ihn den Buben unter die Mütze, damit sie sich nicht mehr an die Schicksale erinnern, die sie mit sich herumtragen, sagt Herr Wiedemann, der als einziger Gast vor seinem Bier am runden Tisch sitzt. Etwas zu werden ist wichtig, wenn man schon nichts mehr ist.

In meinem Betrieb beschäftige ich fast nur Leute aus dem Osten. Was hat der denn für einen Betrieb, flüstert Tante Liesbeth mir zu. Ich habe keine Ahnung, er wohnt noch nicht lange in unserer Nachbarschaft, und was kümmert mich dieser kleine, dicke Mann mit Schnurrbart, der nun von Kinderbekleidung spricht, detailliert die Arbeitsgänge in dieser Branche beschreibt, und all das in seiner eigenen Firma, die er gerade wieder aufbaut. Ich döse vor mich hin, kann der Versuchung nicht widerstehen, auf die Geräusche hinter dem Vorhang zu horchen, schäme mich deswegen und schrecke erst auf, als mich dieser kleine Wichtigtuer mit der Frage überfällt: Haben Sie keine Lust, für mich zu arbeiten, wenn Sie so geschickt sind, wie Ihre Tante da schildert, und Ihre Kleidung selbst entwerfen? Das wär doch was, stimmt Tante Liesbeth begeistert zu, während ich noch überlege, worauf er eigentlich hinauswill. Minientwürfe für Minileute, lacht er, und natürlich gegen Bezahlung. Na, hoffentlich ist die nicht auch mini, entfährt es mir. Wir werden uns schon einig werden, sagt er.

Auf dem Heimweg gerät Tante Liesbeth ins Schwärmen: Das ist doch mal was Solides, vielleicht nimmt er dich eines Tages sogar in seine Firma, so ein honoriger Mann, nun geh aber auch hin, vielleicht ist es dein Glück. Mal sehen, maule ich, um keine weitere Begeisterung aufkommen zu lassen.

Der honorige Mann entlohnt meine Entwürfe mit zehn Mark. Da wird es noch lange dauern, bis ich mir von meinem Zeichengeld so einen langen New-Look-Rock kaufen kann, wie ihn Lola neulich auf dem Schulhof vorführte. Von Dior aus Paris, wollte sie uns weismachen, drehte und wendete sich wie ein Kreisel, während wir mit langen Hälsen und verzückten Augen den fliegenden Teller anstaunten. Als ich mir endlich so ein Flatterding erarbeitet habe, bauscht sich nicht allein bei mir der Stoff über derben Kreppsohlentretern. Zum Unterschied zu den anderen zippelt mein Rock aber nicht. Schließlich ist Agnes unermüdlich mit dem Kreidepuster um mich herumgekrochen, bis mich ihr mehrmaliges »Steh, wirst du wohl, wenn schon lang, dann wenigstens gerade« zur Salzsäule erstarren ließ. Sie hält nichts von dieser neuen Mode, zu viel Stoff, zu viel Aufwand, damit kommt man doch nicht in einen Zug und auf die Trittbretter. Wer will denn auch in diesen Röcken hamstern gehen, tanzen wollen wir, probieren es auf dem Schulhof gleich aus, heulen, zischen und pfeifen den Chattanooga Cho-Cho, bis die Friese entsetzt in die Hände klatscht. Aber was versteht die schon von der neuen Zeit, hat sie doch neulich Mutter in die Schule bestellt, um sich über meine nachgezogenen Augenbrauen zu beschweren, und Marianne riß sie an der Haltestelle die Zigarette aus der Hand. Nur Ria faßt die Friese mit Samthandschuhen an, faselt in ihrer himmlischen Einfalt was von einer Prinzessin mit verträumten Augen. Wenn die wüßte, von wem Ria träumt. Nicht von Nathan dem Weisen, eher von dem schwarzen Klaus, bei dem sie seit kurzem wohnt. Nur mit Mühe und Not konnte Marianne ihre entsetzten Eltern davon abhalten, diesen Skandal sofort dem Direktor anzutragen, um uns vor solcher Verderbnis zu bewahren, und Mutter berief sich mal wieder auf Sodom und Gomorrha. Bei gewissen Menschen sei schon immer alles drunter und drüber gegangen, womit sie auf Rias Vater anspielte, der mit dem Henkelmann in die Fabrik geht. Was das allerdings mit Rias Auszug zu tun haben soll, der aus rein praktischen Erwägungen erfolgte, ist mir schleierhaft. Zu Hause mit den vier Geschwistern sei es zu eng, und sie wollten sowieso heiraten, sagt Ria. Kinderkriegen, heiraten und nichts wie rein in die Kittelschürze, warum so was überhaupt auf die Schule geht, das kann sie doch billiger haben, konstatierte Mutter mit hochgezogenen Augenbrauen. Mit abschätzendem Blick musterte sie meinen neuen Rock. Darin siehst du aus wie eine Oma. Und so was soll modern sein, wie das um die Beine schlabbert, kannst du überhaupt richtig gehen damit? Aber Schick hast du, das muß dir der Neid lassen, fügte sie nach einer Pause hinzu, und das klang wenigstens ehrlich.

Aber der ist nicht aus Paris, mäkelt Lola und rümpft ebenfalls die Nase. Und dein Rock lag wochenlang bei Kleinmanns im Schaufenster, für dreihundert Mark, ergänze ich überflüssigerweise. Was, so viel, schreit Marianne entsetzt auf. Ich nicke, ne Jacke gabs noch dazu, kostet aber extra. Die hat Fred mir auch gekauft, trumpft Lola auf. So einen Fred könnte ich gebrauchen, seufzt Marianne, während ich überlege, von wem hier eigentlich die Rede ist. Dann fällt mir der Kerl aus dem Ruhrpott ein, Chef von irgendeiner Fabrik direkt an der Autobahn, mit einem weithin leuchtenden Firmenschild, der Lola manchmal mit seinem riesigen Vorkriegsschlitten an der Schule abholt. Fred kann dich übrigens nicht leiden, sagt sie, ganz schön arrogant wärst du, schaust nicht einmal hin, wenn er grüßt, sogar wenn du direkt an ihm vorbeiläufst. Glaubt er etwa, ich stecke meine Nase in jedes Auto, mit dem ein dicker alter Vater vor dem Schultor hält? Lola wirft mir einen wütenden Blick zu, dreht sich um und läßt uns einfach stehen. Manchmal bist du schon gemein, stellt Marianne fest, irgendwie hat dieser Fred auch recht, fügt sie noch hinzu. Dann sagt sie nichts mehr, wir gehen nebeneinander her, und ihre unausgesprochenen Worte schmerzen am meisten.

Die Bücher sind verschwunden. An den deckenhohen Einbauschränken klappern die Türen vor leeren Regalen, nur meine Inventarlisten haben die Räumung überstanden, hängen nutzlos an ihren Reißbrettstiften und registrieren nach wie vor meine gestohlenen Träume. Ich reiße die Phantome der verlorenen Vergangenheit ab. Meine Hand fährt über die unfertige, krakelige Schrift auf den Listen, glättet fast zärtlich das verblichene Papier mit den vertrauten Namen, die beiden Manns, Feuchtwanger, Schnitzlers »Leutnant Gustl«. Was hatte ich gelitten, bis es den Habetswallner endlich erwischt hatte, war fast tausend Tode gestorben und dann dieses Glück, daß er, die Knochenhand schon auf der Schulter, in letzter Minute doch noch entkam, mein fescher Leutnant, dieser unverbesserliche Dummkopf, der Tag und Nacht durch meine Träume geisterte. Aber wenigstens die Klassiker hat Mutter verschont, zu schwere Kost für eine Leihbücherei. Sie schimmern in langen Reihen durch das Mittelfenster des Bücherschranks.

Im Garten zurrt sie mit verbissenem Eifer Kartoffelstauden aus der Erde, dreht sich nicht um, läßt mich nur mit ihrem über die Hacke gebeugten schmächtigen Rükken sprechen. Was hast du mit den Büchern gemacht, frage ich. Verkauft, an eine Frau aus Dellbrück, sie will eine Leihbücherei aufmachen und hat mir für jedes Buch eine Mark gezahlt. Mutter richtet sich auf und verteilt mit einer wischenden Handbewegung einen Bart von Erdstreifen auf ihrem Kinn. Um die alten Schmöker ist es nicht schade, ich habe mich sowieso gewundert, wieviel sie dieser Frau noch wert waren. Warum verkaufst du deine Noten nicht, die sind auch nicht mehr neu? Ich will sie herausfordern, Streit vom Zaun brechen, mich nicht einrichten in meiner Enttäuschung, aber sie geht nicht darauf ein, fährt sich noch einmal über das Gesicht und nimmt seufzend die Hacke vom Boden. Laß mich das doch machen, sage ich, sie schüttelt den Kopf. Diese Arbeit ist viel zu schwer für sie, denke ich und ärgere mich umgehend über mein aufsteigendes Mitleid.

Später irre ich ziellos durch das Haus. Hinter den gemieteten Türen murmeln fremde Menschen. In der Flüchtlingswohnung versenkt ein plärrendes Radio bei Capri die rote Sonne im Meer. Warum macht sie das nur, frage ich mich, will sie Vater auslöschen? Noch nie habe ich mir Gedanken über das Zusammenleben meiner Eltern gemacht. Aber besonders zärtlich waren sie nicht miteinander, küßten sich nicht in unserer Gegenwart, nahmen sich nicht einmal in den Arm. Doch das war bei den meisten so, geküßt wurde im Film und nicht vor Zuschauern oder gar auf der Straße, wie bei den schamlosen Franzosen. Mutter dreht immer noch den Kopf zur Seite, wenn wir einem turtelnden Pärchen begegnen. Ob sie sich liebten? Und was war das für eine Liebe, eine Vogelliebe, sich paaren, Nest bauen, Kinder bekommen. Damals, als ich mit der Partitur auf dem Schoß in der Oper saß, oben auf dem billigen Rasiersitz, jeden Ton habe ich verfolgt, erzählt sie, ich war auch einmal jung, damals, als ich mit rausfuhr in der Nacht, zum Aale-Stechen auf dem Spirdingsee, und ich frage mich, was das für ein Leben ist, das sich im Damals erschöpft.

12

An der Mauer zählt ein fremdes Kind Enemenemuh, tippt mit dem blonden Wuschelkopf den Rhythmus gegen die Wand, und zwei fliegende Zöpfe über einer roten Schürze verschwinden hastig um die Ecke. »Privat (Verkauf in der Gärtnerei)« steht auf einem nagelneuen Blechschild an der Küchentür. Ich fühle mich nicht angesprochen und gehe in die private Küche, wo diese Frau aus dem Sudetenland mit blauen Kugelknopfaugen Bohnen schnibbelt. Ist Mariechen nicht da, frage ich. Sie weist mit einer Kopfbewegung, die alles bedeuten kann, nach draußen.

Hastu dat jesehen, fragt mich Mariechen mit hektisch gerötetem Gesicht. Vermutlich meint sie das Schild, ich nicke. Un wat sagst du dazu? Komisch, knurre ich. Is dat alles, komisch un sonst nix, du hast doch sonst immer de Schnüss vorneweg, un jetz nur komisch, wenn Zujelaufene hier dat Sagen haben un bestimmen, wer bei uns in die Küch darf. In unsere Küch, wo seit Jahr un Tag alles rein- und rausjejangen is. Wat hätt die Mutter denn jehabt, wie se da noch blind auf dem Stuhl hockte, wenn ihr nit ab und zu de Leut verzällt hätten, wat draußen vor sich jing. In unserer Küch war jeder willkommen, bis dat herjelaufene Fraumensch hier auftauchte. Aber vielleicht hast du recht, komisch is dat schon, dat so en Maritzebill aus der Walachei hier die Puppen tanzen läßt.

Als von Mariechen nichts mehr kommt und die Bügelwäsche mehr Wassersprengung erhält, als not tut, taste ich mich mit einer weiteren Frage vor. Und warum laßt ihr euch von der Fremden Vorschriften machen, schließlich hat sie doch hier nichts zu sagen. Dat glaubst aber nur du, hoch hinaus will se, nix an de Füß und Madam spielen, krallt sich klammheimlich den Lang, un der fällt drauf rein, dat Duseldier. Zuerst hieß et bei mir immer Maria hier und Maria da, un kaum war se mit dem Lang in der Kist, schon kommt keiner mehr in de Küch. Ich denke, die ist verheiratet? Nit mehr lang, der Verflossene wird jetzt auch abjeräumt, vermißt ist so jut wie tot, den Antrag hat se schon jestellt, un du wirst sehen, im Rubbeldiekatz läuten die Hochzeitsglocken. Und nur deshalb, Mariechen richtet sich auf und holt tief Luft, denn was sie jetzt zu sagen hat, kann sie nur in reinstem Hochdeutsch vortragen, für diese Ungeheuerlichkeit ist unsere Schlabbersprache zu schade, nur deshalb muß der Anton aus dem Haus. Was, jetzt hat es auch mir die Sprache verschlagen. Du hast vollkommen richtig gehört, er schläft schon unten in der Kammer. In dem Loch, wo der Ukrainer gewohnt hat? Mariechen nickt: Da kannste sehen, wohin mir jekommen sin, dat Pimockenweib reißt sich alles unter den Nagel, un Tünn, der Schlappmanes, läßt dat sang- un klanglos mit sich geschehen. Aber so sin die Käls, nen Brüllhals un nix dahinter. Anton ist doch hier zu Hause, werfe ich ein, er hat doch Ansprüche. Der un Ansprüche. Dafür is er doch viel zu gutmütig, auszahlen läßt er sich für en Appel un en Ei, abspeisen mit en paar Groschen und dem Jemüseacker über der Straß. Was will er denn damit? Bauen will er, mit den Gräbern weitermachen un nix mehr hören un sehen von seinem sauberen Bruder, dem falschen Fuffziger.

Du bist ja klatschnaß, schreit sie erschrocken, als der Besprochene triefend im Türrahmen erscheint, mit einem warnenden Blick zur Küchentür den feuchten Finger an die Lippen legt und nach einem Handtuch verlangt. Handtücher findest du bei privat, gibt Mariechen ihm Bescheid. Red nit so jeschwollen daher, jib mir lieber nen Lappen aus dem Korb da, wat guckste mich so an, ich bin in den Teich jefallen, so einfach is dat, an der Tür dreht er sich noch einmal um: Un außerdem hat ich Ping, so, jetz weiß du et. Mariechen grinst: Einweichen nutzt aber nix. Als ich sie verständnislos anschaue, setzt sie erklärend hinzu, Furunkel hat er, direkt auf dem Hintern. Un frag mich nur nit, woher dat alles kommt. Ich fliehe, bevor sie dieses Thema weiter ausspinnt. Hier herrscht der Küchenkrieg, und vom Krieg habe ich gerade genug.

Endlich entschließt sich der Westen zu einer deutschlandfreundlicheren Politik. Ein Parlamentarischer Rat entwirft unter dem Vorsitz von Konrad Adenauer ein Grundgesetz für den zukünftigen Staat, und aus dem eingeschlossenen Berlin bittet Ernst Reuter, der Mann mit der Baskenmütze: »Ihr Völker der Welt, schaut auf diese Stadt.« Sein Hilferuf erntet ein weltweites Echo, und von einem Tag auf den anderen wird Berlin zum Symbol der Freiheit.

Unser Augenmerk richtet sich aus persönlichen Gründen auf diese Stadt. Großmutters Bruder hat sich erschossen, und ich möchte gerne wissen, warum dieser freundliche ältere Herr, der mit dem Geschenk eines funkelnagelneuen Fünfmarkstücks in meiner Erinnerung überlebt und den ich immer noch eingehüllt in den blauen Schwaden schwerer Zigarren durch Großmutters Wohnung stapfen sehe, seinem Leben auf diese Weise ein Ende gesetzt hat. Darüber ist jedoch wenig zu erfahren. Die Russen, murmelt Mutter, er hat es nicht mehr ertragen. So einfach will ich mich nicht abspeisen lassen: Du kannst nicht alles den Russen in die Schuhe schieben, und was soll er nicht ertragen haben, was hundert andere auch ertragen, protestiere ich. Sofort fingert Mutter ihren Deus ex machina aus der

Reservatenkiste, auf unserer Familie liegt eben ein Fluch, schon der Urgroßvater hat sich erschossen, und wer weiß, was noch alles geschieht, denn mit deiner ewigen Fragerei forderst du das Unglück geradezu heraus. Laß die Toten endlich ruhen, Großmutter hat Kummer genug, reg die alte Frau nicht unnötig auf. Das kennen wir doch, sagt Hetty, sie sucht hinter allem eine Geschichte. Ich suche keine Geschichten, ich will die Wahrheit erfahren. Mutter faßt sich an den Kopf, mein Gott, womit habe ich das verdient, du wirst es nicht einfach haben im Leben mit deiner Hartnäckigkeit. Ich will kein einfaches Leben, ein Leben muß nicht einfach sein, es muß lebenswert sein, sage ich, weil ich mir nicht vorstellen kann, vielleicht selbst einmal in einer ganz simplen Alltagsexistenz unterzugehen. Na, dann streng dich an, daß du dieses hehre Ziel erreichst und sich mein Dasein auch etwas lebenswerter gestaltet. Ich bemühe mich, den Spott zu überhören. Nicht jedes Unglück kommt von oben, wie sie das darstellt, die meisten Katastrophen sind selbst eingefädelt, sozusagen hausgemacht.

Was um alles in der Welt hatte denn Großmutters Bruder mit seinem Reichtum und bei seinem Alter noch im Luftwaffenministerium zu suchen? Wenn es dem Esel zu wohl wird, geht er aufs Eis tanzen, sagt Tante Hedwig, die mit der scharfen Zunge aus Großvaters Sippe. Aber auf welchem Eis er getanzt hat, sagt sie nicht. Vielleicht gibt es eine ganz einfache Erklärung, vielleicht konnte er es nur nicht ertragen, seine mühsam erschacherte Welt ein zweites Mal im Nichts versinken zu sehen, wie damals in seiner Kindheit, als das Gut versteigert wurde und das Inventar von Fremden abgeholt wurde, auch die Pferde. Seitdem hatte es dieser Onkel mit den Gäulen, spielte wie Großvater in der Pferdelotterie, vergab zuweilen Tips auf dem Turf und hatte dank seines Pferdeverstands die Hände in vielen vierbeinigen Geschäften. Aber das soll nichts besagen, er war eben ein Pferdenarr wie viele Ostpreußen. Aber warum der Onkel am Ende seines Lebens noch zu den Nazis überlief, ist mir unbegreiflich.

Was du dir wieder zusammenspinnst, hör doch endlich mit den ollen Kamellen auf, jetzt habe ich mich wegen diesem Unsinn auch noch gestochen, wütend wirft Hetty den Stahlschwamm auf die Erde, mit dem sie in der ihr eigenen Ausdauer ununterbrochen an einem Topfboden hantiert. Sie redet wie Mutter, denke ich, es hat keinen Sinn, ihr etwas zu erklären, sie wird es nie begreifen. Ein Menschenleben hat Stockwerke genau wie ein Haus. Wenn man hier etwas wegnimmt und dort etwas einreißt, ganze Etagen unbewohnt unter Verschluß hält, bis sie verrotten und nur die blankgeputzte Außenfassade übrigbleibt, wird das Bauwerk eines Tages einstürzen. Aber das versteht Hetty nicht, die Lästiges stets wie einen rostigen Schwamm auf den Müll wirft.

Das Vermögen ist gesperrt, zum Überleben verkauft Mutter Stück für Stück von ihrem Schmuck, schreibt uns Tante Erna, seine Tochter aus dem eingeschlossenen Berlin. Solche Brillanten trug sie, Mutter deutet etwas vom Umfang eines ausgewachsenen Augustapfels an, eher in der Hand als auf dem Finger zu tragen, und jetzt sollen wir ihnen von unserem wenigen abgeben. Und glaubt nur nicht, damit wär alles erledigt, ewig wird es so weitergehen, ein Notopfer hier und ein Notopfer da, womit sie auf die Berlinhilfe anspielt, die wir neuerdings als zusätzliche Zweipfennigmarke auf jeden Brief kleben müssen.

Lola dreht und zurrt an ihren Haaren, reißt sie büschelweise aus, über ihrer linken Schläfe prangt bereits ein kahler Fleck. Hör doch auf damit, du bekommst noch eine Glatze, raune ich ihr zu. Sie nickt, nimmt die Hände vom Kopf und schiebt mir einen »Ich-muß-mit-dir-reden-Zettel« zu. Für unser Gespräch verschwinden wir hinter den Geräteschuppen, den Aufbewahrungsort für Bälle, Keulen, Schlagstöcke und muffige Matten. Ich weiß nicht mehr weiter, sagt Lola. Was soll das denn heißen, frage ich verblüfft, weil aus ihrem Mund solche Töne völlig fremd klingen. Fred kommt nicht mehr, schluchzt sie. Laß ihn laufen, sage ich und klaube mein Brot aus der nach Mainzer müffelnden Blechdose. Was redest du da, ich liebe ihn doch, schnüffelt sie mit verdächtig feuchten Augen, und wenn ich etwas nicht ausstehen kann, sind es diese Beteuerungen, die meist mit einem »Du hast nichts mehr übrig für mich, ich bin dir völlig gleichgültig« enden. Auch wenn dieser Fred in meinen Augen eine recht zweifelhafte Gestalt ist, wundert es mich nicht, daß er von Lolas ständigem »Liebst du mich noch?«, dieser bereits mit dem Nachtschatten des Zweifels belasteten Frage, Beine bekommen hat. Er wird schon wieder auftauchen, versuche ich zu trösten. Aber erst, wenn es weg ist, schluchzt sie. Wenn was weg ist, frage ich, Mainzer kauend. Das Kind, flüstert sie und starrt mich ratlos an.

Ich würde mich jetzt gerne auf den Weg machen, in der nebelblassen Wintersonne mit vermummten Alten spazierengehen, im froststarr gerollten Laub hüpfende Spatzen füttern, der Spirale eines Kondensstreifens am verwaschenen Blau des Himmels nachträumen und warten, bis sich die grauen Wasserdampfschwaden aus dem Abflußgitter in hauchdünne Schleier aufgelöst haben, doch auf keinen Fall möchte ich mich jetzt mit dieser fremden Katastrophe beschäftigen und dieser uralten, abgenutzten Angst in Lolas Augen begegnen, die mein bisheriges Besserwissen Lügen straft.

Was willst du nun tun, frage ich statt dessen und packe mein angebissenes Brot zurück in die Dose. Ich habe so eine

Adresse in Bonn bekommen, Lola glättet einen zerknüllten Zettel, aber alleine möchte ich nicht dahin fahren, und erfahren darf es auch niemand, schon gar nicht meine Mutter. Der Gedanke an Lolas glaubensheilige Mutter, die Vorsitzende im katholischen Frauenverein, die ihre schwarzweißen Prinzipien in Altardecken stickt, erschreckt auch mich. Was würde erst meine Mutter zu dieser Reise sagen, die ihre finsteren Prophezeiungen bestätigt. Mich selbst drängt es auch nicht sonderlich zu dem Unternehmen. Was ist denn mit deinem Vater? Um Himmels willen, ihm kann ich damit nicht kommen, in solchen Dingen hat er feste Grundsätze, es genügt schon, daß Mutter ihm die Hölle heiß macht, wegen dieser Frau, die mit ihm zusammenlebt, nein, er hat seine eigenen Ungelegenheiten. Was ist das für ein unglaubliches Wort, schnaube ich und verstumme sofort nach einem Blick in ihr todtrauriges Gesicht.

Eine andere Möglichkeit wage ich nicht vorzuschlagen, schon allein bei dem Gedanken sehe ich die Friese vor mir und wie ihr verachtungsvoller Blick Lola unsichtbar macht, ich höre unsere Lehrer, diese ausgemusterten Hauptmänner mit den gierigen Augen und der doppelten Moral, im Lehrerzimmer munkeln: Die Inge aus der Achten hat es erwischt, na, bei der hätte ich auch mal gerne Schützenkönig gespielt. Ihr wieherndes Gelächter dröhnt mir bereits in den Ohren, nein, das ist völlig ausgeschlossen, Lola würde im Nichts versinken, niemand würde ihre Nähe suchen, niemand würde etwas mit ihr zu tun haben wollen, mit so einer, das soll von einem verheirateten Mann sein, so ein junges Ding und schon so verdorben, das hat sie nun davon, erst hoch hinaus und dann jammern, daß du dich nur nicht noch einmal mit der sehen läßt. Heimlich hinter dem Geräteschuppen würden ihre früheren Bewunderer andächtig die Hand auf ihren gewölbten Leib legen, um zu erfahren, wie es sich anfühlt, dieses heranwachsende

Leben, aber nicht im Zwielicht der Öffentlichkeit, nein, dazu gehört ein anderer Mut.

Gut, ich komme mit, verspreche ich, aber eigentlich sollte dein Fred dich begleiten, der dir die Suppe eingebrockt hat. Fred hat keine Zeit, die Firma wird demontiert, winkt Lola ab. Das ist doch eine dumme Ausrede, sage ich, kannst du ihn denn nicht erreichen? Nur in seinem Büro, ich soll mich als Sekretärin von irgendeinem Bankmenschen, Meier oder Schmitz, ausgeben, sie sucht in ihrer Tasche nach einem weiteren Zettel, sie tratschen da soviel rum. Und du glaubst so einem, den du nur mit falschem Namen, hinter einem geliehenen Kassenschalter erreichen kannst, wenn du einmal seine Hilfe brauchst? Du glaubst, so einer marschiert mit dir zum Traualtar, nie im Leben. Mein Fred ist kein Lügner, er ist ein anständiger Mensch, nur im Augenblick kann er sich damit nicht belasten, aber sobald die Geschichte mit seiner Firma über die Bühne ist, wird alles geregelt, das hat er mir fest versprochen. Ich verzichte auf ein weiteres Echo seiner Stimme aus ihrem Mund und schweige, um sie nicht noch mehr zu verletzen.

Das mausgraue Bonn hält Siesta, hat sich hinter heruntergelassenen Rolladen und dicken Gardinen versteckt, und die wenigen Passanten auf der Straße tragen traumdösige Gesichter spazieren. Bis jetzt habe ich es möglichst vermieden, weitere Gedanken an den Zweck unserer Reise zu verschwenden, erst als wir in die stille Seitenstraße einbiegen, wo Mietshäuser aus der Jahrhundertwende hinter winzigen, ligustergesäumten Vorgärten gelassen ihre Vorderfront präsentieren und messingpolierte Praxen- und Kanzleischilder dezent auf ihr geschäftiges Innenleben verweisen, kommt mir die Tragweite dieses Sonntagsspaziergangs wieder ins Bewußtsein. Wie gerne würde ich mich jetzt in die Stille eines unbeachteten Winkels zurückziehen und die Zeit mit dem Rascheln meiner Buchseiten füllen, anstatt Lolas wahnsinniges Vorhaben zu unterstützen, dem sich meine Gedanken so standhaft verweigern. Hier ist es, Lola vergleicht das Praxisschild mit ihrem Zettel und bleibt unschlüssig stehen. Ihr Fuß im schwarzen Knöchelriemen, viel zu kalt für diesen winterlichen Frühlingstag, wippt unruhig hin und her. Eigentlich ist alles ein bißchen zuviel an ihr, und was mir sonst schön und beneidenswert erschien, die rotgelackten Fingernägel und pinkfarbenen Lippen, die hochgetürmte Lockenfrisur, ihre wippenden Röcke, kommt mir jetzt peinlich und unmöglich vor, aber schließlich wird es dieser Adresse gleichgültig sein, in welcher Aufmachung sie daherkommt, denke ich und schäme mich augenblicklich über meine satte Selbstzufriedenheit.

Lola drückt auf den schwarzen Klingelknopf. Lange Zeit rührt sich überhaupt nichts, dann wird mit einem »Ja, bitte« ein kleines Seitenfenster geöffnet. Wir kommen auf Empfehlung, unterbreche ich die stotternde Lola. Das Gesicht im Viereck unterzieht uns einer aufmerksamen Musterung, bevor sich endlich die Tür öffnet. Über einen roten Treppenläufer und einen mit der gleichen Kokosware ausgelegten langen Gang werden wir in ein kahles Zimmer geführt, in dem sich außer einem Tisch mit zerlesenen Zeitungen und einigen Stühlen nichts weiter befindet. Die Frau deutet auf die Stühle. Was denken Sie sich eigentlich dabei, hier an einem Sonntagnachmittag aufzukreuzen, scheppert sie uns mit blecherner Stimme an. Lola antwortet nicht, drückt sich nur tiefer in die Lederlehne. Und weil mein Blick immer noch an diesem gräßlichen Stuhl hängt, der sich durch die geöffnete Tür chromblitzend in meine Eingeweide bohrt, entziehe ich mich mit einer schnellen Beteuerung: Damit habe ich nichts zu tun, ich bin nur mitgegangen. Die Ärztin wirft mir einen verächtlichen Blick zu und läßt Lola auf diesem entstellten Sitzmöbel Platz nehmen, wo sie wie ein hilfloser Käfer in den Schlaufen hängenbleibt.

Allein in dem trostlosen Wartezimmer mit dem abgestandenen Geruch längst behandelter Patienten kann ich meine Gedanken nicht länger aussperren. Sie kreisen schuldbewußt um das unbekannte Geschehen da drinnen, als hätte ich es mit diesem unmöglichen Fred getrieben und nicht die bunte Lola. Ich male mir jede erdenkliche Marter für diesen Menschen aus, und nichts scheint mir grausam genug, um ihm Lolas Qual zu vergelten. Als sie herauskommt, habe ich ihn bereits erledigt, kaltblütig umgebracht mit irgendeinem tödlichen Pulver, von dessen Beschaffung ich allerdings keine Vorstellung habe.

Sie macht das nicht, murmelt Lola, ich soll mich an diese Adresse wenden, irgendeine christliche Hilfsstelle. Ihre Zettelsucherei geht mir langsam auf die Nerven. Ich glaube, da ist meine Mutter auch im Vorstand, sagt sie, als das Papier endlich gefunden ist. Ich pruste los und lache mir schallend die Erleichterung von der Seele, daß diese scheppernde Blechzange nicht ihrem gräßlichen Handwerk nachgegangen ist.

Eine Bäckerei an der Ecke hat Großmutters Stube mit Tischen und Stühlen ausgestattet, auf denen Bonnerinnen mit schwarzen Hüten und hochgeschlossenen Kleidern sitzen. Ihre wachsamen Augen strafen die trägen Stimmen Lüge und haken sich sofort an uns fest. Wir geben unsere Bestellung an eine dralle Eiflerin weiter, Apfelkuchen un Amerikaner, wat anderes han mer nit, sagt sie und stapft davon. Der Kuchen schmeckt nach Mottenkugeln, der Kaffee nach dem dritten Aufguß. Flüsternd erleben wir noch einmal alles nach, kichern an manchen Stellen und schweigen sofort betroffen, während uns die schnellen Augen ringsum aufmerksam beobachten.

Die Ärmste hat Grippe, eröffnet uns am Montag die Polte, besucht sie lieber nicht, es ist wegen der Anstekkung, sagt ihr Vater. War es schlimm, frage ich, als sie nach Tagen blaß und schmal wieder neben mir sitzt, und komme mir auf einmal gealtert vor, mit grauen Haaren und langen gelben Zähnen. Ich möchte nicht mehr darüber reden, nie mehr, hörst du, und ab heute nennst du mich Inge, ich kann dieses Lola nicht mehr ertragen. Jetzt sieht auch sie alt aus, und sehr erwachsen mit einem harten Zug im glanzlosen Gesicht.

Hettys Freund mit den dicken Brillengläsern, der wochentags Mathematik studiert und sonntags zum Tanz aufspielt, hat meine Schwester im Stich gelassen und ist mit einer anderen auf und davon. Mir war dieser Mensch nie geheuer, Mathematik allein ist schlimm genug, aber in Verbindung mit Tanzmusik eine geradezu unerträgliche Mischung. Sie hatte wirklich etwas Besseres verdient als diese schizophrene Brillenschlange, mit nichts anderem im Sinn, als auf zwei Hochzeiten zu tanzen. Wie kannst du dir nur so ein verletzendes Urteil anmaßen, sagt ausgerechnet meine Mutter, die schon bei der geringsten Kleinigkeit Gott und die Welt anruft und ihre eigenen Finger in jedes dargebotene Fettnäpfchen steckt. Aber kein Wunder, daß sie sich über den entwichenen Heiratskandidaten ärgert, haben doch beide Mütter monatelang sorgsam an dieser Verbindung gefädelt, so was geht in den seltensten Fällen gut aus, und auch hier war wieder mal alle Mühe für die Katz.

Einen Studienplatz bekommt Hetty auch nicht. Sie erfüllt das ausgeklügelte Punktesystem nicht, war nicht Soldat und wurde nicht verwundet, ist weder Flüchtling noch ausgebombt. Mit Vater will Mutter nicht wuchern, auf keinen Fall, womöglich landet er im Lager der Roten,

Vater im Verein mit den verhaßten Kommunisten, das fehlte gerade noch, und wer weiß, was sie ihm sonst noch alles anhängen. Wer damals schon dagegen war, genießt in der heutigen Zeit kein Ansehen, und bei der augenblicklichen Umkehr der Verhältnisse tut man besser daran, sich nicht zu brüsten. Er hatte aber recht, und das Recht kann niemand wenden, sagt Hetty. Mutter tut ihren Einwand mit einer wegwerfenden Handbewegung ab, beim Unrecht der Masse bedeutet das Recht des einzelnen gar nichts, sagt sie, im Gegenteil, es bringt nur Ärger. Warum drängt es dich überhaupt in dieses überlaufene Studium, Mediziner gibt es wie Sand am Meer, jetzt sind Lehrer wieder gefragt. Nimm dir ein Beispiel an Egon, der unterrichtet bereits. Mein rothaariger Vetter ist nach einem kurzfristigen Intermezzo an der Heimatflak in die Schule zurückgekehrt, steht nun vor den Bänken und absolviert seine Vorlesungen im Schnellgang nebenher.

Von diesem Sonderangebot für Chancenlose will Hetty aber nichts wissen, und ich fahre Mutter fuchsteufelswild in die Parade: Willst du Hetty diesen Beruf aufschwatzen, in dem Vater so zugesetzt wurde, hat er nicht gedroht, uns eigenhändig den Hals umzudrehen, kämen wir jemals auf diese Idee? Kommst du schon wieder mit diesen alten Geschichten, sagt Mutter, er war enttäuscht und verbittert, was mischst du dich eigentlich ein, das ist einzig und allein Hettys Sache. Aber ich lasse nicht locker: Wenn sie dich brauchen, gehen sie dir um den Bart, dafür darfst du morgen wieder den Prügelknaben abgeben, und wer nicht paßt, wird ausgetauscht, nur den Juristen und Ärzten wird kein Härchen gekrümmt. Was für ein Unsinn, die Zeiten haben sich geändert und überhaupt, was machst ausgerechnet du dich zum Fürsprecher der Lehrer, staunt Mutter. Weil die anderen so billig davon gekommen sind. Das war schon immer so, daran ändert sich nichts, und du solltest dir über dein eigenes Fortkommen Gedanken machen, anstatt hier Volksreden zu halten, Mutter schiebt Frau Tonga, unsere Katze, beiseite, die zum dampfenden Napf drängt. Ich weiß selber, was ich zu tun habe, gebe ich patzig zurück, aber wer alles hinnimmt, was immer schon so war, der ist bereits tot, auch wenn er noch lebt. Deine Weisheiten, murmelt Mutter und geht hinaus.

Eigentlich hat sie recht, warum muß ich mir immer den Mund verbrennen und aussprechen, was niemand hören will. Vielleicht liegt es an meinem Mißtrauen gegen jede Art von Lenkung und Beeinflussung, daß ich mich immer wieder einmische. Und wer will schon mit seinen Gedanken unentwegt allein sein, so was gelingt nur den Katzen. Frau Tonga scheint meine Gedanken erraten zu haben, sie dehnt und streckt genießerisch ihr gestreiftes Fell und blinzelt mich aus grünen Sehschlitzen träge an. Du hast es gut, flüstere ich, du trägst die Streifen außen.

Vielleicht war es die Wut über ihr verlorenes Glück, die Hettys Hand aufblähte. Was zuerst wie eine harmlose Schramme aussah, ein kleiner Riß vom Stahlschwamm, mit dem sie so ausgiebig gescheuert hatte, entzündete sich plötzlich und schwoll über Nacht blaurot an. Hetty verbrauchte Kübel mit essigsaurer Tonerde, im Haus roch es wie in einer Apotheke, in jeder Ecke standen griffbereit die Tunktöpfe mit feuchten Tüchern herum, doch am Zustand ihrer blaurot gesprenkelten Hand änderte sich nichts, und am Ende blieb uns nur noch der Weg ins Krankenhaus.

Diesmal läßt Mutter uns nicht alleine gehen, sondern begleitet uns mit den Blutvergiftungsfällen aus ihrem näheren und weiteren Bekanntenkreis, und als uns im Krankenhaus eine eilige Schwester in den ersten Stock verweist, wo vor dem Ordinationszimmer diverse Gipsbeine und Gipsarme auf ihre Verarztung warten, ist immer noch nicht geklärt, welches Schicksal die Frau aus der Christinastraße mit dem langen roten Streifen bis unter die Achsel erlitten hatte. Sei doch endlich still, sagt Hetty, die ihre Hand in einer schwarzen Schlinge trägt, aber ich will mich nicht so ohne weiteres mit einem offenen Schluß zufriedengeben. Kannst du dir das nicht denken, Mutter preßt unheilvoll ihre Lippen zusammen, und erst als Hetty außer Hörweite ist, fügt sie noch hinzu: So was geht doch nie gut aus.

Nachher eröffnet uns ein Arzt mit mißmutigem Bulldoggengesicht seine beiden Möglichkeiten, näselt etwas von Drainage, wobei fraglich sei, ob nachher nicht doch eine Amputation anstünde. Weitaus ungefährlicher sei es, die Amputation sofort vorzunehmen. Zuerst starrt Mutter den Arzt ungläubig an, als ihr aber sein Ansinnen endlich klar wird, sie vielleicht Hettys Armstumpen schon vor sich sieht, schreit sie laut auf. Amputieren wollen Sie, meinem Kind die Hand abhacken, aus ihr einen Krüppel machen, wagen Sie es nur nicht, einem jungen Menschen das Leben zu verderben, schämen sollten Sie sich, zum Glück geht ihr jetzt die Luft aus. Das Beißergesicht läuft beängstigend rot an, gleich packt er zu, denke ich, seine Lefzen flattern schon, aber wider Erwarten beherrscht er sich, wahrscheinlich wird er nicht zum ersten Mal auf diese Weise attackiert. Ihre unzutreffenden Vergleiche verbitte ich mir, mein Vorschlag betrifft den Finger, nicht die ganze Hand, wenn Sie meine Diagnose in Zweifel ziehen, können Sie gerne einen anderen Rat einholen, kläfft er und will schleunigst entwischen.

Doch Mutter in ihrer Wut bekommt die Schlaufe seines Kittels zu fassen: Wollen Sie meiner Tochter etwa die Behandlung verweigern, sie ohne ärztliche Hilfe in diesem Zustand nach Hause schicken? Wie wild zerrt sie am Arztkittel, auf dem Gang öffnen sich bereits Lauschertüren, und die Wartenden spitzen neugierig ihre Ohren. Ich hasse solche Auftritte, wenn ich auch insgeheim die Kraft bewundere, die Mutter von einem Moment zum anderen zur Riesin macht, richtig begreifen kann ich es aber nicht, dieses aufreibende Nebeneinander von Kämpfen und Erstarren, Schwäche und Stärke, alles auf einer Palette. Von Verweigern kann keine Rede sein, bellt die Bulldogge und befreit sich unsanft aus Mutters Griff, ich mache Sie lediglich auf eventuelle Komplikationen aufmerksam, das ist meine Pflicht, die Entscheidung liegt bei Ihnen.

Der Finger bleibt dran, hier unter Zeugen, Mutter deutet reihum auf die Gipsbeine, worauf sich ihre Besitzer sofort mit der graugetünchten Krankenhauswand beschäftigen. Wie Sie wollen, es ist Ihre Tochter, der Arzt geht, und es dauert eine halbe Ewigkeit, bis Hetty geschnitten, geschient und bandagiert zum Vorschein kommt. Hast du deine fünf Finger noch, will Mutter wissen, und als Hetty das nickend bejaht, atmet sie sichtlich erleichtert auf und sagt mit einem leuchtenden Siegerlächeln: Das möchte ich ihm auch geraten haben. Aber der Arzt ist sich nicht sicher, ob die Entzündung zurückgeht, wir müßten abwarten.

Ich wünschte, meine Schwester hätte uns dieses aufschiebende Wort erspart, denn umgehend verblaßt jenes Strahlen auf Mutters Gesicht, sie preßt wieder verbissen die Lippen aufeinander und läßt erst zu Hause die unterwegs ausgebrüteten Schreckensbilder von der Leine. Mein Gott, mein Gott, was soll nun werden, die arme Hetty, das ganze Leben ruiniert, ich habe es kommen sehen, wer will denn noch einen Krüppel? Und so kaut und kaut sie an immer schlimmeren Vorstellungen, bis ich es nicht mehr ertragen kann. Warte doch erst mal ab, bevor du endlos graue Gespenster an die Wand malst, murre ich. Augenblicklich verstummt das Klagelied, das Geschiebe und Gezerre an den Stühlen hört auf, die Schubladen schnarren nicht mehr in ihren Scharnieren, endlich ist Ruhe, und ich beginne den Tisch zu decken. Ich lege Messer und Gabeln neben die Teller, hole die Servietten aus der Tischschublade und will gerade das Radio andrehen, als ich ihrem Blick begegne, diesem Blick ohne jede Nähe, mit dem sie mich betrachtet, wie man einen Gegenstand ansieht, irgendein wertloses, gleichgültiges Ding, bevor sie mit einer mir völlig fremden Stimme sagt: Ich wünschte, du hättest diesen Finger und nicht Hetty, warum in aller Welt trifft es nur immer sie und niemals dich.

Es ist nur ein Stich, nichts weiter, von einem Messer quergezogen mitten über das Herz, ein Sekundenschmerz und schon vorbei. Es ist nicht weiter wichtig, vielleicht bleibt eine Narbe, es wird nicht die einzige bleiben. Und jetzt, in diesem Augenblick, überfällt mich sowieso nur noch nachtschwarze Müdigkeit, der Wunsch, mich irgendwo in einer Schlafhöhle zu verkriechen oder fortzugehen, möglichst weit weg, wo ich mir nicht so überflüssig vorkommen muß wie ein lästiger Kropf.

13

Viele wollen zur Zeit raus aus Deutschland, wo sie ständig von der Erinnerung verfolgt werden, aber niemals hätte ich mir träumen lassen, daß Hetty, nachdem ihr Finger glücklich abgeheilt ist und nur etwas steif absteht, diesen Aushang am Arbeitsamt unterschreiben würde. Nach England willst du gehen, als Krankenschwester Bettpfannen schwingen, hast du vergessen, wie sie uns die Bomben auf den Kopf geworfen haben, Mutter will sich nicht mit Hettys Entschluß, das vergebliche Warten auf einen Studienplatz derart zu beenden, abfinden. Als alle Überredungskünste nichts fruchten, spielt sie ihren letzten Trumpf aus: Damit wirst du Großmutter umbringen. Zugegeben, Großmutters Vorbehalte gegenüber England sind riesengroß. Einmal wegen der Bomben und ihrer ausgebrannten Wohnung, zum anderen hat sie eine tiefe Abneigung gegen Inseln, nach ihrer Vorstellung unsicher schwankende, sich stetig vom Festland fortbewegende Gebilde, und außerdem ist sie im vorigen Jahrhundert aufgewachsen, unter Preußens Glanz und Gloria, als Deutschland mit der britischen Großmacht konkurrieren wollte und sich in einem Jahr sogar drei Kaiser leistete, einer starb, der andere dankte ab, und der dritte, eben jener letzte Wilhelm, kam forsch und gezwirbelt an die Regierung. Sie betrachtet unsere Welt durch eine andere Brille, und was sie nicht sehen will, übersieht sie.

Jedenfalls scheint Hettys Abreise Großmutter nicht umzubringen. Als sie noch nach Lavendel roch, Spitzenjabots und Rüschenärmel trug, hätte sie vielleicht geweint, aber seit sie mit ihren grauen Staraugen kaum noch etwas sieht, weint sie nicht mehr. Als ich hilflos stotternd um das heikle Thema herumschleiche, um ihr nach Mutters Weisung die Geschichte so schonend wie möglich beizubringen, sagt sie nur: Gib dir keine Mühe, Kindchen, halte mich nicht für dümmer, als ich bin, und nun will ich nichts mehr davon hören.

Als Antwort auf den wachsenden Druck aus dem Osten gründet der Westen die Nato, eine Verteidigungsgemeinschaft, der neben Amerika und Kanada zehn westeuropäische Staaten angehören, worauf eine französische Zeitung mit der völlig absurden Behauptung aufwartet, in diesem Atlantikpakt sei bereits die deutsche Wiederaufrüstung enthalten wie der Keim im Ei. Und englische Zeitungen schreien auf, wir hätten uns erst zu bewähren, bevor die europäische Gemeinschaft uns aufnehmen könne. Die allgemeine Stimmung hierzulande bringt Franz Josef Strauß, ein Name, der eher an einen Regimentswalzer denken läßt als an einen bayrischen Politiker, mit seinem Ausspruch, dem Deutschen, der noch einmal ein Gewehr anfasse, solle die Hand abfallen, deutlich zum Ausdruck.

Wiederaufrüstung, was für eine abwegige Idee. Die Deutschen haben ganz andere Sorgen, und keinen drängt es danach, jemals wieder mit dem Säbel zu rasseln, auch wenn wir jetzt ein neues Grundgesetz und eine alte Fahne haben.

Das neue Westbündnis mit seiner Politik der Stärke zeigt Erfolg, endlich heben die Russen die Berlinblockade auf, und Tante Erna besucht uns mit einem fürchterlichen Hut auf dem Kopf, mit dem sie wie die Glücksfee an der Tombola aussieht. Ein Wahrsager hat das einfache Leben für sie entdeckt, und das einfache Leben heißt Xaver Frenzl, wohnt in Bayern und ist zehn Jahre jünger. Um diesen Altersunterschied wettzumachen, läßt sich Tante Erna die Haare färben und ißt angebrütete Verjüngungseier. Dann reist sie mit neugewonnener Lebensenergie dem einfachen Leben entgegen. Mein Gott, ist das eine verdrehte Nudel geworden, sagt Mutter und erörtert anschließend ausgiebig mit der inzwischen von der Mansarde in Obermeiers Wohnung umgezogenen Frau Fesenmeier die möglichen Erfolgsaussichten dieser angebrüteten Eier. Es muß was dran sein, der Busen wächst, sagt die Witwe und streicht sich mehrfach beidhändig über den Schürzenlatz. Seitdem argwöhnt Mutter, daß auch Frau Fesenmeier Verjüngungseier ißt. Was ich für ausgeschlossen halte. Frau Fesenmeier ist äußerlich vollkommen grau und deckt diesen Grundton sonntags mit einem monströs hochgetürmten Hut schwarz ab. Auf die Entfernung gesehen ähnelt sie einem laufenden Topf, und es ist äußerst fraglich, ob ein laufender Topf zu solch drastischen Mitteln wie Verjüngungseiern greift.

Von einem Tag auf den anderen tauchen an Mauern und Zäunen Wahlplakate auf. Die Deutschen betrachten das Angebot der Köpfe, lesen ihre eindringlichen Parolen und fühlen sich hilflos ausgeliefert an eine ungewohnte Pflicht, die ihnen nach Jahren politischer Bevormundung eigenständiges Handeln und Denken abverlangt. Wenn ich nur wüßte, wen ich wählen soll, seufzt Mutter. Im Gegensatz zu anderen Frauen, die Politik wieder für ein schmutziges Geschäft halten, ihr Kreuzchen dorthin setzen, wo es der Mann für richtig hält, und auf ihr Frauenwahlrecht verzichten könnten, löchert Mutter alle Welt mit ihren Fragen und überrumpelt auch den biederen Mann, der für ein Mittagessen und neue Währung unseren Garten in Ordnung hält, mit ihrem »Was wählen Sie denn am Sonntag?«.

Der ehemalige pommersche Bauer läßt sich nicht aus der Ruhe bringen, ißt bedächtig weiter an seiner Gemüsesuppe, als habe er Mutters Frage nicht verstanden. Seine Rede beschränkt sich sowieso meist auf Jau, jau, und Nee, nee, und so richtig lebendig wird er erst beim Zauberwort »daheim«. Dieses Wort ist ihm Antwort auf jede Frage und umfaßt alles, was seinem Leben einmal Sinn gab. Haus, Hof und Vieh, das Klappern der Milchkannen am Morgen, die dörfliche Stille am Abend, Schwalben unter dem Dach und schnatternde Gänse auf dem Teich, stakende Störche in den Wiesen, dampfende Grützwurst, Lungwurst und Schwarsauer, der Snak mit dem Nachbarn über den Zaun, Kindstaufe, Hochzeit, Tod, Regen und Sonnenschein, viel mehr brauchte so ein Leben auch nicht in der Weite des verlorenen Landes. To Huus, das ist für ihn das Maß aller Dinge, für das Hier und Heute, die Arbeit in der Fabrik hat er nur Verachtung übrig. Gar nicht hinhören will er bei all dem Swinkram, den die da vertälen, nee, dat mit den Maschinen is nix, dat lebt nich, ick mot die Erd fühlen, da wet ick, wat ick daun soll.

Seitdem regiert er uneingeschränkt über unser Gartenland und verhindert ungewollte Sonderwünsche mit seinem »To Huus hebn wir dat immer so mokt«. Nun kratzt er bedächtig seinen Teller aus, legt den Löffel zur Seite, hebt sein rundes, pommersches Bauerngesicht, auf dem die unter dem Stuhl abgelegte Mütze einen weißen Rand hinterlassen hat, vom Teller hoch und schaut uns der Reihe nach mit blauen Augen an. Ick weit nich, der Adenauer soll dat wohl sein, jau, auch wenn dat en Katholischer is. Dieser wohl längste Satz, den wir bisher von ihm gehört haben, scheint ihm ein gewisses Unbehagen zu bereiten, ick gau dann, sagt er sofort und holt seine Mütze unter dem Stuhl hervor.

Der Adenauer mit seiner CDU ist es dann mit knapper

Mehrheit auch geworden. Bei dem weiß ich wenigstens, woran ich bin, der tut was für die Beamten, kommentierte Mutter ihre Wahl, der andere, dieser Schumacher, bringt uns womöglich wieder Weimar ins Haus, oder so einen Brüning mit seinen Notverordnungen. Sie lehnt den asketischen Mann ab, der für die Einheit Deutschlands plädiert, in der Westbindung eine Gefahr sieht und die Marktwirtschaft als Tor zum amerikanischen Kapitalismus bezeichnet. Ich denke, die Sozis waren gegen Hitler und Schumacher hat im KZ gesessen? Egal, kein Mensch begreift, was der überhaupt will, wie kann er sich gegen die Alliierten stellen, wir müssen uns fügen, mit dem Westen gehen, Sozialisierung, Planwirtschaft, wenn ich so was höre, das holt am Ende noch die Kommunisten ins Land, bei den Sozis weiß man das nie so genau. Agnes hat sie gewählt, sage ich. Mein Gott, Agnes, was versteht die denn von Politik.

Die Belgier sind ausgezogen, und nie mehr in ihrem Leben wird Tante Malchen den Anblick dieses Saustalls vergessen, nie mehr, wie sie mehrmals ausdrücklich betont. Auch nicht die in Streifen von der Wand hängenden Tapeten, die von Kugeln durchlöcherten Türen als Andenken an die Ballerei im Suff und vor allem nicht diesen Gestank, schlimmer als auf jedem Bahnhofspissoir. Das müßt ihr euch mal vorstellen, erzählt sie, erst unsere himmelhohe Freude, mit der wir hinter den Gardinen gelauert haben, bis sie endlich weg waren, und dann dieser Augiasstall und in der leeren Wohnung keine Spur von unseren Möbeln. Tagelang mußte Karl von Amt zu Amt pilgern, bis er endlich erfuhr, daß alles in der Kaserne abgestellt sei und wir um einen Besichtigungstermin ersuchen müßten. Ersuchen, für unsere eigenen Möbel, das muß sich einer vorstellen, Tante Malchen schaut uns anklagend an, als hätten wir ihr Mobiliar verschwinden lassen.

Karl war ganz weiß um die Nase, als er wieder nach Hause kam. Deine Möbel kannste in den Schornstein schreiben, sagte er, Möbel, nix wie Schrott, Säle voller Gerümpel, kein Alttrötschler gibt dir dafür noch eine müde Mark. Un Himmel und Menschen waren da, haben wie im Krieg unter den Trümmerbergen nach ihrem bißchen Prötsch gesucht, da hatte ich die Nas voll un bin gegangen. Hast du dich wenigstens nach dem Klavier umgesehen, habe ich ihn gefragt, da brüllt er mich an: Schlag dir das Scheißklavier aus dem Kopf, willst du ohne Tasten und Pedale spielen? Tante Malchens Stimme wird brüchig. Mir ist schleierhaft, was sie mit diesem von Kerzenleuchtern flankierten, altmodischen Kasten will, wo doch niemand bei ihnen spielt. Höchstens Onkel Karl greift mal in die Tasten, an Weihnachten mit »O Tannenbaum« und zu Silvester, wenn die Familie bowlenselig in den Startlöchern sitzt, um sich beim ersten Glockenschlag mit ihren Neujahrswünschen um den Hals zu fallen, mit einem Dankchoral. Warum er beim Wummern und Krachen der Böller ausgerechnet »Nun danket alle Gott« singen will, weiß kein Mensch. Aber er läßt sich von dieser ungewöhnlichen Neujahrsbegrüßung nicht abbringen, Onkel Karl stammt aus einem evangelischen Pfarrhaus.

Das Klavier hat uns Mutter zur Hochzeit geschenkt, schluchzt Tante Malchen. Was Vernünftigeres konnte deiner Mutter auch nicht einfallen, sagt Onkel Karl, ich kam aus dem Krieg zurück, Inflation, keine Arbeit, wir hatten weder Schrank noch Tisch, und da kommen die Packer mit nem Klavier angeschleppt, ich traute meinen Augen nicht. Möbel könnt ihr von mir bekommen, ich bin froh, wenn mir die schwarzen Kästen nicht mehr das Haus verstopfen, verspricht Mutter.

Bei der Einweihungsfeier in der frisch tapezierten Wohnung mit dem soliden Hintergrund von Großmutters Eiche wird uns Trudis neuer Verehrer vorgeführt. Ein Doktor, flüstert Tante Malchen noch zwischen Tür und Angel. Da siehst du es, sie hat sich einen Akademiker geangelt, zischt Mutter und stößt mir bedeutungsvoll den Ellbogen in die Seite, als Tante Malchen seinen Titel genußvoll auf der Zunge zergehen läßt. Sonst ist nichts weiter Nennenswertes an diesem Menschen zu entdecken, und trotzdem bringt Trudis akademische Errungenschaft Mutter so aus dem Häuschen, daß sie keine Gelegenheit verstreichen läßt, ohne mich an den vorzüglichen Fang zu erinnern, den Trudi an Land gezogen habe. Und weil jetzt Adenauer mit seinem abendländischen Christentum gegen die Gefahr aus dem Osten angetreten ist und auch keine Gelegenheit verstreichen läßt, um uns daran zu erinnern, spickt sie neuerdings ihre Hinweise vermehrt mit biblischen Zitaten und Geschichten. Dabei haben es ihr die klugen Jungfrauen ganz besonders angetan, die, wie bei solchen Kongregationen üblich, stets ein paar Dämliche für den erhobenen Zeigefinger und zum Auspicken dabeihatten, was Mutter mit entsprechenden Abänderungen, schließlich handelt es sich hier um ein Gleichnis, für eigene Zwecke nutzt. Trudi gehört ganz sicher nicht zu den törichten Jungfrauen, nein, sie gibt Öl auf ihre Lampe, sorgt für ihre Zukunft und angelt sich gleich den Richtigen, während du völlig unbedacht durchs Leben trällerst. Eines Tages wirst du eine alte Jungfer sein und deinen verlorenen Chancen nachtrauern. So was geht schnell, zuerst ist keiner gut genug, und auf einmal, schwuppdiwupp, ist es zu spät. Dann klopft niemand mehr an deine Tür, auch kein König Drosselbart. Ich weiß zwar nicht, was dieser Egomane mit dem krummen Kinn bei den himmlischen Heerscharen zu suchen hat, aber Mutter nimmt es mit ihren Vergleichen nicht so genau, nimmt von allem ein bißchen, wie es gerade paßt. Zum Schluß wirst du dir noch einen Mann backen müssen, einen Printenmann, sie lacht schallend und zwirbelt unentwegt an einem imaginären unförmigen Kinn.

Backen ist keine schlechte Idee, man könnte sich aus den unterschiedlichsten Zutaten alles selbst zusammenstellen, ganz nach Wunsch. Ich versuche mir vorzustellen, was dabei herauskäme, und lande schließlich bei Clark Gable oder Cary Grant. Du bist zu wählerisch, tönt Mutters Stimme, warum suchst du immer nach dem Haar in der Suppe, nimm endlich deine Chancen wahr.

Meine Chance heißt Bernhard, trägt sandfarbenen Gabardine und gehört zu dieser hartnäckigen Sorte Mann, die niemals aufgibt. Und weil er dauernd mit irgendwelchen Gebissen für seinen Zahnarztvater unterwegs ist, kann er mir ohne Schwierigkeit an allen nur möglichen Ecken auflauern, bis ich mich schließlich zum Tanztee in der Barberina überreden lasse. Wie ihm das gelingen konnte, ist mir selbst nicht klar, vielleicht haben Mutters törichte Jungfrauen bereits Spuren hinterlassen, vielleicht reizte es mich aber nur zu erfahren, was sich hinter so viel Ausdauer verbirgt.

Das Lokal ist um diese Nachmittagszeit mäßig besucht. Ein Geruch nach Kernseife und Tosca hängt in der Luft, was mich sofort an die dicke Else erinnert, die auch in unterschiedlichen Kopien an mehreren Tischen gleichzeitig auftaucht. Unsere Unterhaltung quält sich über rostige Schienen und hat Löcher wie ein Sieb. Es geht hauptsächlich um Zähne. Weil ich dazu wenig beitragen kann, stopfe ich ein breites Lächeln in die Zwischenräume und streue ab und zu ein staunendes »Interessant« oder »Das hätte ich nicht gedacht« in seine Rede. Ihr Dreier steht schief, sagt er nach einer Pause und einem besonders langen

Blick in mein Gesicht, den ich allerdings anders gedeutet hatte, das läßt sich richten, wir nehmen ihn raus, ziehen über Zwei und Vier eine Brücke, und schon haben Sie ein perfektes Gebiß, mein Vater ist Spezialist für so was. Ab sofort halte ich meine Unvollkommenheit unter Kontrolle, nehme seine übrigen Ausführungen nur noch nickend, mit streng verschlossenen Lippen wahr, um diesem Zahnfetischisten keine weitere Gelegenheit zu bieten, in meinem Mund nach zusätzlichen Makeln zu fahnden.

»Ich bin heute ja so verliebt« spielt die Kapelle, und sofort springen alle von den Sitzen und klammern sich wie festgeschraubt aneinander. Ich mache mich stocksteif, biege den Oberkörper wie eine argentinische Tangoakrobatin weit nach hinten, aber dieser Bernhard rückt nach, will an mir kleben, um die Annehmlichkeit dieses engen Aneinanders zu genießen, bis ich ihn wütend anzische: Wollen Sie mit mir ringen, oder wollen wir tanzen? Da löst er endlich den Klammergriff und paßt seine Schritte verlegen lächelnd den korrekten Vorgaben der Tanzschule Meier an.

Welcher Teufel hat mich nur geritten, ihm nachher nicht schnellstmöglich den Abschied zu geben? Vielleicht war es meine Schläfrigkeit, ein von Zähnen und fliegenden Gebissen durchsetzter Dämmerzustand, der mir jeden klaren Gedanken raubte, so daß ich unentwegt gähnend nur noch schwach nicken konnte, als er ein neues Treffen vorschlägt. Du kannst nicht nein sagen, gehst jeder Unannehmlichkeit aus dem Weg, wirft Mutter mir immer vor, ausgerechnet sie, die sich vor jeder klaren Entscheidung drückt. In diesem Fall hat sie ausnahmsweise einmal recht, denn mir steht im Augenblick der Sinn nur danach, mich so schnell wie möglich aus dem Staub zu machen.

Auf dem Küchentisch liegt ein feuerroter Stoff, daneben türmen sich Schnittmusterbogen, Agnes kennt keinen Sonntag, nach Kirchgang und Braten ist es für sie ein Arbeitstag wie jeder andere auch. Die Nähmaschine bestimmt ihr Leben, für Tiefen und Höhepunkte ist die übrige Welt zuständig. Sie wundert sich nicht, als ich an diesem Sonntagnachmittag bei ihr aufkreuze, fragt nur: Was ist los, hat dich niemand ausgeführt, und schielt dabei mißtrauisch über ihre Brille. Wortlos halte ich ihr mein Bein entgegen, über den hauchdünnen Traum meiner ersten Nylons, nach denen ich lange gegiert hatte, läuft vom Knie abwärts bis runter in den Schuh eine lange, häßliche Laufmaschenleiter. Wo hast du denn die teuren Nylons her, fragt Agnes. Nylons, daß ich nicht lache, siehst du nicht, wie sie aussehen, dieser Sandmann hat sie mir ruiniert, dieses Scheusal. Was hat der denn an deinen Strümpfen zu suchen, Agnes nimmt ihre Arbeit wieder auf, zieht Reihfäden durch den roten Stoff: Was sagst du, Sandmann, ich kannte mal einen, der hieß Sandpeter. Der heißt nicht Sandmann, der ist so, schnaube ich. Wie, der ist so, Agnes schneidet den Faden ab und zündet sich eine Zigarette an, die Angelegenheit scheint sie zu interessieren. Na eben wie Sand, von oben bis unten nur fahler, gelber Sand. Was gehst du dann mit so einem Menschen, mein Sandpeter hatte wunderschöne schwarze Augen, kam immer mit Blumen, lächelt sie verträumt. Dieser nicht, knurre ich, den Strauß habe ich mitgebracht. Was, du bringst deinen Kavalieren Blumen mit? Doch nicht ihm, seinen Eltern, aber die waren nicht da, begreif es doch endlich! Da ist doch nichts zu begreifen, das ist normal. Für mich nicht, ich kam mir vor wie Lieschen Doof mit dem Strauß in der Hand, und dann schleppte er mich durch dieses Zahnarzthaus, sogar die Spargelbeete im Garten mußte ich besichtigen, weiß ich, wie lange wir da rumstanden und auf die nackten Erdhaufen mit ihren vergilbten Strünken starrten. Und was hat das mit deinen Strümpfen zu tun? Das war später im Wohnzimmer, als er mit dem Kirschlikör kam und von der Schellackplatte immerzu die Heide grünte. Ein schönes Lied, nickt Agnes. Das ist Geschmackssache, sage ich, mir ging die Dudelei auf die Nerven, und plötzlich war überall dieser Kirschlikör. Erzähl keine Geschichten, sagt Agnes und schaut wieder mißtrauisch über den Brillenrand.

Was heißt hier Geschichten, wir saßen auf der Couch, hörten uns die Schnulze an, bis sich diese komische Stille auftat, in der keiner mehr etwas zu sagen wußte, und so krampfhaft ich auch überlegte, mir wollte kein erlösendes Wort einfallen. Zigaretten hatte er auch keine, versprach aber welche aufzutreiben, nachher. Mit diesem Wort ging schon das Gezerre an meinem Rock los, und seine Hände, von denen ihm in der Zwischenzeit noch ein paar zusätzliche gewachsen sein mußten, begaben sich auf Wanderschaft, besonders dort, wo ich sie nicht haben wollte. Er gab erst Ruhe, als überall das klebrige Zeug herumtropfte. Welches klebrige Zeug, fragt Agnes. Na der Kirschlikör, ich habe den Tisch angehoben, mit dem Knie, und dann ist die Flasche umgefallen. Raffiniert bist du schon, Agnes lächelt zufrieden. Dem Sandmann war die Jagdlust vergangen, er kämpfte mit dem Kirschlikör auf grünem Velours, wirtschaftete mit dem Wischtuch herum, es war nicht zum Ansehen, und fast tat er mir leid, bis ich diese Laufmasche entdeckte. Ich hätte platzen können, und mit einer ganz spitzen Stimme, so von oben herab wie im Kino, habe ich zu ihm gesagt: Für so ein billiges Sonntagsvergnügen mußt du dir eine andere suchen, ich jedenfalls bin dafür nicht zu haben. Mutters Worte, ich hätte mich ohrfeigen können. Und er dreht sich um, sieht mich mit solchen Glubschaugen an und sagt doch wahrhaftig: Ich schätze anständige Mädchen und habe auch nichts anderes erwartet.

Das sagen alle, und du brauchst dich überhaupt nicht zu wundern, was gehst du zu einem Mann in die Wohnung, wenn die Eltern nicht zu Hause sind, so was gehört sich einfach nicht, sagt Agnes, schon wieder mit diesem roten Stoff beschäftigt, schaut nicht einmal hoch, als sie ihre Gouvernantenweisheit von sich gibt. Das konnte ich doch nicht wissen, fauche ich, glaubst du, er hätte mich vorher gewarnt? Bei Männern mußt du mit allem rechnen, antwortet sie ungerührt. Und du, bist du nie zu einem in die Wohnung, wie war das denn damals mit dem Kravtschek in Berlin? Ich bin nichts Besseres, ich bin ein Arbeiterkind. Aha, und bei denen gelten andere Gesetze. Das nicht, wir suchen nur nicht in jedem Grasfrosch einen Märchenprinzen. Wir wissen, daß Männer nichts anderes wollen als quaken. Einfach dasitzen, den Mond anquaken, der sowieso nicht zu haben ist, und an Kaulquappen denken, viele Kaulquappen, sie grinst sichtlich beflügelt vom Gedanken an die emsigen Frösche und befiehlt mir, den Aufgesetzten aus dem Schrank zu holen. Nachher zeichnest du mir noch ein Muster für Wattestepperei, ich muß das Kleid für die Frau Hartgenbusch fertigmachen, und auf dieser Dingsda, dieser Schule, wo du hinwillst, mußt du so was können. Modeakademie, ergänze ich. Richtig, und auf die Märchenprinzen ist was geschissen, such dir lieber einen normalen Frosch, wenn nicht heute, dann morgen, irgendwann findet jeder Topf sein Deckelchen. Ich mag keine langweiligen Frösche, maule ich. Wirst schon, wenn es der Richtige ist, laß deine Strümpfe mal hier, gleich drüben an der Ecke ist ein Maschendienst, die ziehen das mit einer Nadel auf, nachher sehen sie wie neu aus. Der Steffel hat Arbeit, in seiner alten Firma, als rechte Hand vom Chef, ihre Augen leuchten über dem Glück ihres Märchenprinzen, aber bevor die Litanei von ihrer zukünftigen Schwiegertochter beginnt, diesem kreuzbraven Mädchen, an der Agnes kein gutes Fädchen läßt, suche ich das Weite. Ich besorge dir eine Lehrstelle, verspricht sie an der Tür und drückt mich fest.

Wie ein Donnerschlag platzt die Nachricht von der ersten, in der kasachischen Steppe gezündeten russischen Atombombe in unseren friedlichen, wespenumsummten Augusttag. Dunnerlittchen, sagt Söneken, unser pommerscher Bauer, und schiebt die Schirmmütze ins Genick, nee, dat hätt ich nich jedacht, dat se dat oak hebn. Er wischt sich mehrmals mit dem Schnupftuch über die schweißnasse Stirn und betrachtet nachdenklich die roten Karos. Schließlich meint er fatalistisch: Över sterben möten wi ja alle, dat is einmol so, und nach einem kurzen Blick zum Himmel, da treckt werra wat up, widmet er sich weiter dem Pflaumenpflücken.

Während in Amerika fieberhaft nach dem Atomverräter gesucht wird, installiert sich in Westdeutschland die neue Bundesrepublik. Im September wird Theodor Heuss Bundespräsident und prägt das Wort von der Kollektivscham. Konrad Adenauer trifft die Wünsche der Deutschen besser, er verspricht Wohlstand, warnt vor unkalkulierbaren Experimenten und wird mit einer Stimme Mehrheit Bundeskanzler der jungen Republik. Da ich entschlossen war, die Wahl anzunehmen, hätte ich es für Heuchelei gehalten, mich nicht selbst zu wählen, entkräftet er aufkommende Vorwürfe.

Wir haben nun einen Präsidenten, einen Kanzler, eine Bundesregierung, aber kein einiges Volk, denn als Antwort auf unseren neuen Staat wird im Osten die Deutsche Demokratische Republik gegründet. Damit ist die endgültige Entscheidung für unsere zukünftige politische Orientierung gefallen und die Teilung Deutschlands besiegelt. Zwar haben beide deutsche Staaten keine volle Souveränität, sind nach wie vor von ihrer jeweiligen Besatzungsmacht abhängig, sprechen sich aber trotzdem gegenseitig die rechtmäßige Existenz ab. Der Störenfried in der Welt sind die Soffjets und der Kommunismus, sagt Adenauer. Die USA sind die Hauptkraft der imperialistischen Weltverschwörung, tönt es aus dem Osten. Für lange Jahre nistet sich nun die Angst vor den mongolischen Horden, mit ihrer Gier nach unseren kleinen Häuschen, in den Köpfen ein.

Seit ich denken kann, ist der Schulrat alt und pensioniert, kommt sonntags zur Kaffeezeit mal kurz vorbei, redet viel von seiner seit Menschengedenken toten Frau und trägt immer einen dunkelgrauen Pfeffer- und Salzanzug, der mit den Jahren Glanz angesetzt hat. Seine Angewohnheit, nach jedem Satz die Luft mehrmals, deutlich hörbar, durch die Nase einzuziehen, als müßte er das eben Gesagte noch einmal schnüffelnd überprüfen, hat sich im Laufe der Jahre verstärkt, ist inzwischen nicht mehr an Wort und Rede gebunden, sondern erfolgt mit einer gewissen mechanischen Regelmäßigkeit. Mit weltfernem Beharren auf Dingen von längst verblichener Bedeutung, die er mit den Wertungswörtern »gediegen« und »vortrefflich« belegt, zeichnet er blinde Lichter in das mürrische Zerreden unseres zweiten Besuchers, des ehemaligen Hauptmanns und Schuldirektors, der allem und jedem die Stockflecken seiner misanthropischen Weltsicht aufdrückt. Auch er ein ausgedienter, aber mißliebiger Fall neueren Datums, unverbesserlicher Uniformträger mit messerscharfer Bügelfalte, notgedrungen jetzt auch in Pfeffer und Salz, allerdings ohne den vergilbten Glanz seines älteren Kollegen.

Am zweiten Weihnachtstag bringt er seinen Sohn mit, einen eben entlassenen Rußlandheimkehrer, dem noch dieses nach Kälte und Finsternis schmeckende Wort anhaftet. Sechs Jahre Sibirien, wie er das ausgehalten hat, von der

Schulbank weg nach Rußland, ein halbes Kind, nicht einmal das Abitur, zuerst Großdeutschland bis zum Ural und dann dieses Ende, Bergwerk, Hunger, Eis, Tod, und dazwischen fällt immer wieder dieses unbegreifliche Wort und bedroht unsere nagelneue Welt, ausgerechnet jetzt, wo wir alles vergessen wollen. Aber der Pfeffer-und-Salz-Vater gibt keine Ruhe, bis jeder von uns die Bitternis von diesem sibirienfernen Workuta auf der eigenen Zunge spürt.

Deutschlands Jugend, unser Bestes, in Rußland verdorben und gestorben, genau wie seinerzeit in Langemarck, schnüffelt der alte Schulrat. Draußen prasselt Regen gegen die Scheibe, zeichnet Gespensterschemen an das Glas, hinter dem wir wie tote Fische schwimmen. Agnes, die gekommen ist, um bei uns den langweiligen Feiertag totzuschlagen, fragt, wer die hungernden und toten Kinder der russischen Väter zähle. Im Krieg gelten andere Gesetze, schnarrt der gewesene Hauptmann, unserer Wehrmacht kann man nichts nachsagen, sie hat sich nichts zuschulden kommen lassen, die Genfer Konvention legt das ausdrücklich fest. Daran haben wir uns doch nie gehalten, werfe ich ein. Oh, schnüffelt der alte Schulrat, das sind harte Worte, mein Schwiegersohn, prächtiger Kerl, ehemaliger Offizier, Rußlandkämpfer, korrekt vom Scheitel bis zur Sohle, undiszipliniertes Verhalten, völlig undenkbar, ein anständiger Mensch handelt nicht gegen die vorgegebene Ordnung und die humanitären Werte der abendländischen Gesellschaft.

Mein Gott, wie schrecklich ist das alles, unterbricht Mutter und wirft mir einen warnenden Blick zu, wohl ahnend, daß ich von dem Zug der zerlumpten und halbverhungerten Gestalten damals im Krieg anfangen will, denen ein begleitender Wachsoldat den heimlich hingehaltenen Kanten Brot mit den Kolbenstößen seines Gewehrs verwehrte. Du warst doch noch ein Kind, wie kannst du dich erinnern, wehrt sie diesen Rückblick meist ab, sagt nichts davon, wie schlecht sich die Erwachsenen erinnern. Aber ich weiß genau, daß Mariechen damals sagte: Da bringen se widder Futter für die Papierfabrik, mit denen müssen se sich hier bei uns durch die Büsche schlagen, die können se anständigen Christenmenschen in dem Zustand auch nit vorführen. Auch wenn et Russen sin, dat haben se nit verdient. Wir sind im Krieg, es sind Bolschewisten, bei allem Mitleid sollten wir das nicht vergessen, antwortete Mutter damals.

Der Sohn starrt mich aus braunen Kugelaugen an. Auch er in Grau. Wo hat er nur so schnell diesen Anzug her? Doch nicht von seinem hageren Vater, aufgedunsen wie er ist. Hungerödeme, sagt der Vater und bohrt seinen Zeigefinger in die schwammige Haut seines Sohnes, so haben die Unmenschen ihn zugerichtet in diesem Workuta. Das Wort hallt nach und verdichtet unser Schweigen. Die Vertiefungen sind noch zu sehen, als der Heimkehrer nach meinem Buch greift, es vom Tisch nimmt und darin blättert: Lesen Sie das? Ich nicke, er legt es zurück, dann sitzt er wieder stumm da, ein tönerner Golem.

Als die Schulmänner gegangen sind, atmet Mutter auf: Mein Gott, war das furchtbar, und dieser Ölgötze, kein einziges Wort, sitzt völlig sprachlos da. Haben Sie kein Herz, kreischt Agnes, mit Wasser aufgeblasen bis zum Hals, wie ein Ballon kommt der arme Junge nach Hause, die Mutter tot und nur dieser Vater. Jesus Maria, wenn das meinem Steffel passiert wäre, schluchzt sie, doch die Tränen versiegen so schnell, wie sie gekommen sind. Wenn er mal sein Wasser abgelassen hat, wird noch ein stattlicher Mann aus ihm, sagt sie und putzt sich ausgiebig die Nase. Wie meinen Sie das denn, fragt Mutter entgeistert. No, wenn das alles mal raus ist aus ihm und dieser Vater ihn nicht mehr löchert und vorführt wie einen Schweizer Käse.

Die Koschinski wird immer wunderlicher, sagt Mutter nachher, als Agnes fort ist, und wie dieser Mensch dich angestarrt hat, ein unangenehmer Zeitgenosse, richtig unheimlich.

Unheimlich kam er mir nicht vor, eher leblos und ohne jedes Interesse, behielt mich im Auge, als sei ich ein Orientierungspunkt in seiner total verschobenen Perspektive. Sie standen vor mir wie eine Erscheinung aus einer anderen Welt, ein Bild, das plötzlich Gestalt annimmt, sagte er später einmal zu mir, lange nach diesem ersten Brief und zu einem Zeitpunkt, als ich mich bereits damit abgefunden hatte, daß er mit nie versiegender Hartnäckigkeit nur das in mir sah, was er sehen wollte.

Was will dieser Berger von dir, Mutters spitzer Finger deutet auf ein schmales Kuvert, als Absender, vorgedruckt auf Bütten, nur Julius Berger, ein ungeheurer Luxus in unserer papierknappen Welt. Ich würde gerne über Ihre ungewöhnliche Lektüre sprechen. Wann haben Sie Zeit? Sonst nichts, fragt Mutter. Sonst nichts. Was hast du denn gelesen? Die Kritik der reinen Vernunft. Mein Gott, wie überspannt, jeden normalen Menschen würde das abschrecken, und mit einem Blick auf das elegante ecrufarbene Kuvert: Ist nichts, hat nichts, spielt sich auf wie ein Lord, das ist kein Umgang für dich, halt dich fern von diesem Menschen. Nach dieser Warnung bin ich fest entschlossen, ihn zu treffen, aber vorerst bleibt es bei dem Entschluß, von einem auf den anderen Tag habe ich ihn vergessen, und so wird es mir immer wieder mit ihm gehen. Vielleicht, weil alles, was er sagt und tut, mir so erscheint, als habe es sich ein anderer ausgedacht und als handle er lediglich auf Befehl dieses rätselhaften Doppelgängers. Er ist und bleibt ein Golem, auch wenn der Schwamm unter seiner Haut nun langsam eintrocknet.

14

Die Innungsmeisterin mustert Agnes wie ein mißliebiges Insekt, ihren Lodenmantel, den Hut mit der kecken Feder, die krummgenähten Hände. Agnes rollt das oberschlesische R, fuchtelt mit den Händen und redet mich unerbittlich ins Aus. So begabt, zeichnet alles auf, jedes Kleid, Muster für Wattestepperei, Kindermode für Fabrik, eine Künstlerin, das Aufzählen meiner Vorzüge ist nicht zu stoppen, bis die Frau den Redefluß abrupt unterbricht. Ich brauche keine Künstlerin, ich brauche einen Lehrling, einen, der sich nicht zu fein ist, auch einmal den Besen in die Hand zu nehmen, und Gymnasiastinnen beschäftige ich grundsätzlich nicht, ihr klassenfeindlicher Blick stempelt mich zur arbeitsscheuen Drohne. Und schon gar nicht auf Empfehlung irgendeiner kleinen Hausschneiderin, das sagt sie zwar nicht, aber ich lese es in ihren Augen. Was stiehlt die mir die Zeit und will mir dieses aufgetakelte Ding aufschwatzen, ich setz mir doch keine Laus in den Pelz, heutzutage, wo Lehrstellen pures Gold sind, Frau Nettesheim hat mich schon angesprochen wegen ihrer Nichte, sie ist immerhin die Frau unseres Bürgermeisters, na ja, des ehemaligen, aber deshalb noch lange nicht weg vom Fenster, die Verbindungen bleiben, helf ich dir, hilfst du mir, ohne Beziehungen geht nichts, und was hat dieses Fräulein Niemand schon zu bieten, noch dazu über den Rhein und jeden Tag zu spät, wer ist überhaupt diese Koschinsky, aus Buchheim, nie gehört, allein wie die spricht.

Aus dem Atelier dringt Gelächter, Duft von frisch aufgebrühtem Kaffee zieht durch den Flur, ich muß wieder rein, flüchtig hält uns die Innungsmeisterin ihre manikürte Hand entgegen, ihre roten Lacknägel glänzen. Versuchen Sie es mal bei der Konfektion, Sie können sich auf mich berufen. Ich gebe ihrem Vorurteil Nahrung und gehe grußlos, Agnes bedankt sich überschwenglich für eine Visitenkarte, unter dem goldglänzenden Namen der Krakel eines handschriftlichen Vermerks. Das Fräulein Richerzhagen arbeitet da, die Cousine von der Frau Massong aus der Eisdiele, unten in der Bachstraße, na, du weißt schon. Ich weiß gar nichts, ahne nur weiteren Ärger.

Seit die Lebensmittelrationierung im Frühjahr aufgehoben wurde, türmen sich nie gesehene Kostbarkeiten in den Schaufenstern, und gierig stürzt sich alles auf das endlich Erreichbare. Thunfisch, Ölsardinen, Salzstangen, Erdnüsse, Bols Kirschlikör und gelber Verpoorten, Ragoût fin im Töpfchen, gepunktete Tomatenhüte, Hawaii-Toast, kalter Hund und Buttercremetorte, alles durcheinander, fett und süß, mit viel Mayonnaise oder Sahne. Vor einem Obstladen nehme ich eine runde stachelige Frucht aus dem Auslagekorb, denn Ananas kenne ich nur als gelöcherte Scheibe aus der Dose. Alles ist so neu und aufregend, und wie in einer ununterbrochenen Bescherung gibt es jeden Tag etwas anderes zu bestaunen.

Laß das, ich habe eine ganz trockene Zunge, Agnes nimmt mir das stachelige Ding aus der Hand und steuert zielbewußt auf die Eckkneipe zu, aus der es lacht und schreit. Am Tresen steht Mann neben Mann, mit dem Kölschglas in der Hand, Knobelbecher knallen auf grünen Filz, nimm endlich den Stinkadores da weg, Pitter, der Wirt stellt frische Aschenbecher auf und wischt mit einem karierten Tuch über die Theke. Wir setzen uns an einen Ecktisch am Fenster, sofort teilt sich das Interesse der Männer, Standbeine verlagern sich in die Schräge, und irgendwann wird ihre Neugier über Geschrei und Würfel siegen.

Dä Spion haben se jetz jefaßt, aber der Russ hat die Bomb, un da is nix mieh dran zu mache, tönt es von der Theke. Ein Bömbchen, wat is dat schon. Jenoj, wenn se dir op de Kopp fällt. Zum Wohl, sagt der Wirt und stellt zwei Kölschgläser auf unseren Tisch, Agnes trinkt in einem Zug leer: Das tat gut, Jesus Maria, hatte ich einen Durst. Was ist, warum trinkst du nicht? Mein Finger wischt am Glasrand entlang. Die Näherei ist nichts für mich, sage ich, ohne aufzusehen, ich will nicht in einer muffigen Nähstube versauern. Jesus Maria, perunje von Gleiwitz, seh ich versauert aus, stinkt es bei mir? Das habe ich nicht gesagt, an der Theke wird es stiller. Was soll das also, mich hat auch keiner gefragt, was ich gerne möchte, so was kann sich nur leisten, wer mit goldenen Löffeln im Mund geboren ist, bist du etwa so was, na also, dann mußt du dein Geld verdienen wie jeder andere Christenmensch auch.

Wer dat Material hat, hat dat Sajen, an der Theke hebt ein Dicker den Zeigefinger in die Luft, mit dem Zeug vom Ami hätten mir haushoch dä Kriech gewonnen, aber mir haben doch nix jehabt, kein Benzin, kein Munition. Wat e Jlück, schreit ein anderer, sach dat nit, wedelt der Zeigefinger, der deutsche Soldat war jut, aber jejen die Übermacht von dem Material hatten mir keine Schangse. Un du hättest jlatt dä Schnäuzer jewinnen lassen, kräht ein Rotschopf, da sei aber Jott vor, da stündst du immer noch am Arsch der Welt Jewehr bei Fuß.

Der Wirt bringt neues Kölsch. Du verstehst mich nicht, es geht nicht um die Arbeit, es geht um etwas ganz anderes. Was ich für mein eigenes Leben tun und hoffen kann und was dieses Leben für mich bedeutet, ich will das spüren, erfahren, jetzt in diesem Augenblick und nicht irgendwann. Ich will rechtzeitig das für mich Richtige herausfinden, bevor ich an irgendeinem faulen Kompromiß hängenbleibe. Du bist verrückt, morgen spreche ich mit der Richerzhagen, damit du dein Praktikum für diese Akademie machen kannst, sagt Agnes und zündet sich eine neue Zigarette an, willst du den Mond vom Himmel holen, tausend Fürze im Kopf und nischt zu fressen, aber laß mal, dein wunderbares Leben wird dir schon zeigen, was wichtig ist auf dieser Welt, wenn du erst mal auf die Nase geflogen bist, wirst du auch klüger werden, so wie wir alle. Immer klüger und immer verwirrter, denke ich, was sollen diese Ratschläge, ich will meine Erfahrungen alleine machen, woher wollen sie denn wissen, was gut für mich ist, sitzen doch mit ihrem ganzen lehrreichen Leben selbst in der Sackgasse.

An der Theke wedelt der Zeigefinger. Sojar der Einstein hat vor dem atomaren Wettrüsten jewarnt, am Ende stünde die Vernichtung der ganzen Welt. Dafür brauch ich keine Einstein, dat seh ich och so, kräht der Rote. Der Wirt stellt mit einer Kopfbewegung zum Tresen zwei Kurze auf unseren Tisch. Prost, die beiden Damen, schreit der Thekenmann und hält sein Glas in die Luft, dobsche, dobsche, tralala, sagt Agnes und bekommt gefährlich glitzernde Augen, es wird Zeit zu gehen.

Nähmaschinen rattern, Staub flimmert um tiefhängende Neonstäbe, das grelle Licht schmerzt in den Augen, unerbittlich rollt das Band Buntbedrucktes heran, ein Griff nach links, Naht, Schere, ratsch, zurück aufs Band, mein Rücken eine zu straff gespannte Saite, meine Hände verkrampfte Greifscheren, manche machen das jahrelang, wie hält man so etwas aus? Viele hoffen auf Erlösung durch irgendeinen der herumlaufenden Blaumänner, ein Monteur, ein Gabelstapler, ein weißer Kittel aus der Versandabteilung, so viel Glück ist kaum zu erwarten, nach den Kindern landen fast alle wieder am Band.

Die Fotos von der Präsentation auf dem Neumarkt sind da, in der Mittagspause können Sie ankreuzen, welches Sie haben wollen. Unsere Textilingenieurin ist jung und energisch. Du lernst es nie, sagt ihr Blick, wenn sich an meinem Platz der Kittelstoff staut, der Faden wieder gerissen ist, sich irgendwo verkrochen hat und vor mir das gefürchtete »Ich warte« erklingt. Kurz vor der Mittagspause läßt die allgemeine Aufmerksamkeit nach, die Textilingenieurin trällert aufmunternd, jenseits des Tales standen ihre Zelte, der Chor fällt ein, übertönt das Rattern, ich kann das Lied nicht mehr hören, summe trotzdem mit. Pünktlich um zwölf stoppt das Band. Die Näherinnen verschwinden in die Wärmeküche zu ihren Henkelmännern oder aufs Klo. Steif, krumm, kaputt lehne ich an der Kachelwand, vor dem Spiegel wird gemalt und getuscht. Sie sind dran, stupst mich ein bunter Kittel an, eine Praktikantin wird nicht geduzt, man hält Abstand zu meiner fremden Existenz. Meine Blase verweigert den Dienst, hilflos sitze ich da und warte, starre auf den Zeiger meiner Uhr, wenn nicht bald etwas geschieht, wird es nachher Scherereien geben, warum haben Sie nicht in der Pause, jetzt muß ein Springer an Ihren Platz, das Band stoppt nur in Notfällen. Im Vorraum machen Sonntagserlebnisse die Runde, ein Schüchterner hat sich wieder nicht getraut, womöglich springt er noch ab. Dat kann doch nit so schwer sein, häng de Titten raus und waggel mit der Fott, wat jlaubste, wie schnell däm die Knöpp von der Botz fliegen. Un er hätt en un er hätt en in de Häng, dä Schwengel vun der Kettekarussell, singt eine rauhe Stimme, die Frauen lachen, ich presse meine Hände gegen die Ohren, jemand hämmert gegen die Tür, schlaf nit ein da drinnen, Türenklappen, endlich ist Ruhe, endlich löst sich auch meine Verkrampfung.

Ihre Fotos, erinnert die Textilingenieurin. Ich starre auf den Bilderbogen, sehe mich wieder in dieser langen, geblümten Kittelschürze, links durchgezogen, hinten gebunden, auf dem Schalkragen das Emblem der Firma. Neben mir andere Kittel, die kaufmännische Abteilung ganz in Weiß, und hinter uns die überlebensgroßen Holzfiguren von Tünnes und Schäl, denen wir für irgendeine Firmenwohltat zugunsten der Stadt Nägel einschlagen sollen. Ein langer Weißer zieht mich immer wieder nach vorn. Sie müssen sich nicht verstecken, Sie stehen hier für unsere Firma, aus seiner Stimme spricht Stolz. Aber das besagt nichts, schon Mutter hat im Ersten Weltkrieg auf dem Neumarkt geklopft und gespendet, aus eigener Tasche zwanzig Goldmark für den Sieg, damals zugunsten einer anderen Firma, später ging die Firma pleite und der Firmenchef außer Landes, übrigens auch ein Schnäuzer, nur höher gezwirbelt.

Der Lautsprecher dröhnt, Schaulustige verfolgen unser Tun, und die Straßenbahnen spucken ständig Nachschub aus. Jemand drückt mir den Holzhammer in die Hand, ich drehe der Welt den Rücken zu, klopfe den Nagel, bis er krumm wird. So wat will jelernt sein, sagt der Mann, nimmt mir den Hammer ab und reicht ihn weiter. Als ich mich umdrehe, steht Julius Berger bei den Schaulustigen und sieht mir geradewegs in die Augen. Sofort verwandelt sich meine Streublumenscheußlichkeit in eine zusätzliche Holzfigur, kreuzt stumm und blicklos die Arme, bis er lächelnd hinter dem Kiosk verschwunden ist.

Wer soll das bezahlen, quäkt der Lautsprecher, ein Weißbekittelter hebt die Flüstertüte und verkündet das Nagelergebnis, die Zuschauer klatschen. Als wir über eine Holzstiege auf den Firmenlaster klettern, flattert plötzlich auf hohen Korksohlen eine pinkfarbene Schlaghose über den Platz und schreit: Ida, Ida, was machst du hier, wie siehst du aus? Diesmal nutzt kein »Ich seh dich nicht, sieh du mich auch nicht«. Schon hält mich Inge am Kittel fest, was ist das für ein entsetzlicher Fummel, kritzelt etwas auf Papier, drückt es mir in die Hand und flattert eilig davon, verfolgt von unzähligen sehnsüchtigen Männeraugen. Freitag siebzehn Uhr, Café Wahlen, steht da in ihrer krakeligen Schrift, diese Inge mit ihrer unmöglichen Zettelwirtschaft.

Sie wollen wirklich kein Erinnerungsfoto, fragt die Textilingenieurin, ich schüttele den Kopf. Na, vielleicht überlegen Sie es sich noch, ich lasse die Abzüge hier liegen, nachher habe ich noch etwas mit Ihnen zu besprechen.

Sie teilt es mir in der Minutenpause mit, beim Prüfen der Nähte, während sie einen Kragen gegen das Licht hält, lässig und ganz nebenbei, wie etwas Unwichtiges, und das mag es für sie auch sein. Das ist Betrug, sage ich wütend, Sie haben es bei der Einstellung schon gewußt, kommen jetzt erst damit raus, nur Kittel und Hemden, rechte Naht, linke Naht, zur Krönung allenfalls Kragen, kein Wunder, daß die Akademie diese Ausbildung nicht anerkennt. Beruhigen Sie sich, sagt sie, wir bieten Ihnen einen neuen Vertrag, damit können Sie auf die Ingenieurschule, Textilingenieurin, das ist doch was, Sie brauchen hier nur noch zu unterschreiben. Den Füllhalter hält sie mir hin wie einen Marschallstab, deutet mit dem Finger auf das Kreuz vor einer gepunkteten Linie, ich unterschreibe nicht. Na, vielleicht überlegen Sie es sich noch, sagt sie wieder. Die Näherinnen wispern: Die muß verrückt sein, so en Jlück, wenn ich dat hätt, ich wüßt, wat ich tät. Die Stäbe im Oberlicht filtern Sonnenlicht.

Am nächsten Tag befiehlt mich der Chef zu sich, will wissen, warum ich meine Unterschrift verweigere, sollte froh sein über großzügiges Angebot, stadtbekannte, renommierte Firma, aufstrebende Wirtschaft, Führungskraft,

Dauerstellung. Und begraben zwischen Kitteln und Hemden, unterbreche ich, morgens rein in den Käfig, abends raus, nach vierzig Jahren Kuvert, Händedruck, aus. Nein, ich will nicht in einer Kittelwirtschaft verkümmern und meine Perlen vor die Säue werfen. Es ist gesagt, unwiderruflich steht der Ableger von Mutters Bibelwut im Raum, dieses falsche Zitat am falschen Ort. Der Chef starrt entgeistert, er ist noch nicht alt, kein unnahbarer Vorkriegspatriarch, aber jetzt ist seine Würde und das Ansehen der Firma in Gefahr. Wie soll ich das verstehen, sagt er drohend. Persönlich habe ich das nicht gemeint, nein wirklich nicht, stottere ich erschrocken und wage nicht hinzuschauen, in die Fensterecke, aus der mich sein unterkühltes »Das will ich aber stark hoffen« erreicht. Ist ja auch weit und breit kein Schweinestall zu sehen, murmele ich, mutiger geworden, zwischen den Zähnen heraus, um dann klar und deutlich anzufügen: Unterschreiben kann ich den Vertrag nicht! Und darf man erfahren, warum? tönt es aus der Fensterecke. Ich möchte etwas anderes als jeden Tag dieselbe Tretmühle. Wer möchte das nicht, der Chef, an den Schläfen schon grau, schaut mich nachdenklich an. Sitzt eigentlich auch im Käfig, eingesperrt mit Tabellen, Kurven und Zahlen, nur ein bißchen komfortabler. Und welche Zukunft schwebt Ihnen vor, fragt er mit der schwachen Andeutung eines Lächelns. Eine lebendige, nicht alltägliche, umreiße ich undeutlich etwas, von dem ich mir selbst noch keine genaue Vorstellung machen kann. Na, dann wünsche ich Ihnen viel Glück, holen Sie in der Personalabteilung Ihre Papiere ab, sagt der Chef mit einem breiten Grinsen, aber ein merkwürdiger Vogel sind Sie schon.

Ich bin frei, ich bin erlöst. Vielleicht wird es mir bald schon fehlen, dieses Nachtgesicht der Großstadt, die frühe Bahn im Dunst der unausgeschlafenen Gerüche, die immer gleichen Gesichter, das erste Dämmerlicht des heranschleichenden Tages, der Schatten eines am Fenster vorbeigleitenden Radfahrers und das kniehoch im Nebel watende Vieh draußen auf der Weide. Auch den Widerhall meiner einsamen Schritte in den morgenblassen Gassen der Innenstadt werde ich vermissen, sogar den lallenden Betrunkenen, der im Halbdunkel einer Ruinenmauer sein Wasser abschlägt, während ich an diesen Männern vorüberhaste, die mit grauen Gesichtern und Aktentaschen vor rotverhängten Fenstern warten. Ältere, kriegserprobte, die ihre Frauen Mutti nennen. Wahrscheinlich hat sie ihm, die Kittelschürze über dem schlafwarmen Flanellnachthemd, Brote geschmiert, die Aluminiumdose neben die Thermoskanne gelegt, zugeschaut, wie er alles sorgsam verstaut in seiner Aktentasche. Und bring nicht wieder die Hälfte zurück, nein, keinen Käse, Leberwurst und Zwieback, du weißt doch, dein Magen. Und dann hier nebeneinander aufgereiht, wie die Soldaten vor dem Befehlsempfang, und dann einer nach dem anderen, was sie dabei wohl finden, sie schauen zur Seite, wenn ich vorbeigehe.

Spätestens am begrünten Gartentor, in der lautlosen Stille kleinstädtischer Mittagsruhe wandelt sich meine Euphorie in Katzenjammer. Mutter verhandelt mit Söneken, der ist wieder störrisch, wiederholt mehrmals: Nee, nee, dat jeiht so nich. Was, du bist schon da? Ich spucke Wortkaskaden, erst nach und nach wachsen Sätze, hört sie mir eigentlich zu? Söneken läßt ab von seiner Widerspenstigkeit, schaut mich lange aus seinen ehrlichen Augen an. Ich kann Sie gut verstehen, möchte manchmal auch fortlaufen, so weit es nur geht, das können Sie mir glauben, aber wat nützt dat all, sagt er in fast vollkommenem Hochdeutsch.

Was willst du werden, Journalistin, wieder so ein Windei, für so was braucht man einen Kopf, und ohne Studium geht überhaupt nichts. Dann studiere ich eben! Studieren, du heiratest sowieso, das wäre rausgeschmissenes Geld, und die paar Groschen aus der Eifel muß ich zusammenhalten, sonst sind sie im Handumdrehen weg.

Unser Land in der Eifel ist verkauft, die Felder, der Wald und mein Kindheitstraum, die Wiese mit den alten Obstbäumen und dem plätschernden Bach. Dreitausend Mark hat ihr der Bauer dafür hingeblättert, später wird er das neu ausgewiesene Bauland für ein Vielfaches an einen hinkenden Politiker weiterverkaufen, zu einer Zeit, als Grundstücke in der Bundeshauptstadt rar geworden sind und in den erholsamen Randgebieten bis hin zur Eifel horrende Preise zu erzielen sind.

Das Geld ist für den feuchten Keller bestimmt, das muß endlich in Ordnung kommen, damit uns nicht eines Tages das Haus über dem Kopf zusammenfällt. Seit Kriegsende malt sie dieses Schreckensszenario an die Wand. Der Keller war doch immer feucht, sage ich, warum soll er ausgerechnet jetzt trocken werden, wo ihn keiner mehr braucht? Weißt du, ob nicht eines Tages die Russen hier vor der Türe stehen, dann werdet ihr mir noch dankbar sein. Mutters fixe Idee schwemmt ein Heer von Fachleuten ins Haus, die wortgewaltig informiert werden, ein Haus ohne Keller, mein Mann die Hände über dem Kopf, nachträglich eingebaut, immer feucht, der hohe Grundwasserspiegel, und dann Krieg, die Kinder klein, und wir sitzen im Wasser, das muß sich einer vorstellen, Land verkauft in der Eifel, und ich will ihn endlich trocken haben. Nachdem sie die Experten von den äußeren Umständen und ihrem finanziellen Hintergrund ins Bild gesetzt hat, machen sie sich ans Vermessen, Notieren und Diskutieren, bis ein ausreichend kostspieliger Vorschlag auf dem Tisch liegt. Sie fassen den gesamten Tiefkeller in eine Stahlwanne, da kommt garantiert nichts mehr durch, verkündet Mutter stolz das aufwendige Ergebnis.

Frau Fesenmeier reißt die Tür auf, steht urplötzlich glutübergossen in der Küche. Er hat es gesagt, schreit sie und dreht aufgeregt am doppelten Witwenring, ich muß es Ihnen erzählen, ich muß es einfach loswerden. So haben wir sie noch nie erlebt, ihr zusammenhangloses Gerede, ihr Gezappel und Gehampel und immer wieder dieser fast triumphierende Aufschrei, während wir begierig darauf lauern, was eigentlich gesagt wurde und von wem. Am heutigen Nachmittag, bei den sieben Wegen an dieser besagten Eiche im Wald, ein Holzstoß geistert auch durch ihre wirre Rede, auf die wir uns keinen Reim machen können. Als sie schließlich hysterisch kichernd die Hand vor den Mund schlägt, rennt Mutter nach dem Melissengeist. Sie schluckt ihn wie in Trance, murmelt ein um das andere Mal ihr verträumtes Sprüchlein, bis Mutters ständiges Rückenklopfen und ihr wiederholtes »Ruhig, ganz ruhig« endlich Erfolg zeigt.

Sie haben recht, murmelt Frau Fesenmeier mit wiedergefundener Wahrnehmung, bei meinem hohen Blutdruck macht es womöglich patsch, und dann ist es aus mit mir, ausgerechnet jetzt, wo das Glück an meine Tür klopft, sie schluckt noch einmal kichernd auf. Mutter gießt vorsichtshalber eine weitere Ladung Melissengeist nach, der sie gehörig Baldrian zugemischt hat. Jetzt endlich erfahren wir, daß sich die ganze Aufregung um diesen pensionierten und verwitweten Oberförster dreht, der, rotgesichtig und schlaganfällig, sonst jedoch noch gut beieinander, etwas derb und äußerst trinkfest, auserkorener Fixstern aller alleingehenden Damen gehobenen Alters im näheren und weiteren Umkreis ist. Er hat Frau Fesenmeier diese geheimnisvollen Worte zugeflüstert und sie mit seinem »Ich liebe dich« an jener besagten Eiche neben dem Holzstoß derart durcheinandergebracht, und natürlich im Wald, wie es sich für seinen Berufsstand gewissermaßen gehört.

Und dann hat er mich geküßt, lächelt sie verschämt. Mutter, unfähig zu einer ausgiebigeren Stellungnahme, räumt unter fortwährendem »Mein Gott, mein Gott« den Melissengeist beiseite, was Frau Fesenmeier offenbar als Vorwurf auffaßt und daher entschuldigend nachträgt: So was gehört sich nicht in meinem Alter, ich weiß, aber dagegen kann ich nicht an, es ist zu mächtig. Und um uns ihre Machtlosigkeit in dieser Angelegenheit noch deutlicher vor Augen zu führen, breitet sie mehrmals, mit der bedauernden Geste eines am untersten Ende seiner Verhandlungsskala angelangten neapolitanischen Fischhändlers, die Arme weit auseinander und huscht schließlich wieder hinaus.

Was war das denn, sagt Mutter fassungslos, ist sie übergeschnappt, eine alte Schachtel und führt sich auf wie ein junges Ding, schämen sollte sie sich. Und ich bin mir ganz sicher, sie ißt wieder diese Eier, anders läßt sich so ein Zustand nicht erklären. Es ist zu mächtig, nachäffend schlenkert Mutter die Arme, was jedoch mehr an einen Kasper erinnert, der wütend auf den Teufel eindrischt, als an Frau Fesenmeier in ihrer liebeskranken Hilflosigkeit.

Tante Malchen sitzt auf dem Sofa unter drei quietschbunten Tütenlampen, die sich über Großmutters Eiche lustig machen. Sie hat ihr Ich-war-auf-der-Marloschule-Gesicht aufgesetzt, ein hochnäsiges Noli me tangere, von dem Onkel Karl behauptet, schon allein daran sei zu erkennen, mit welch bornierten Weisheiten die Zöglinge dieses Instituts vollgestopft wurden. Die Schule samt ihrem adeligen Stiftfräulein hat der Wind der Geschichte längst fortgetragen, kein Mensch würde den Namen noch kennen, wenn nicht Tante Malchen bei gewissen Anlässen und ganz besonders im Streit mit Onkel Karl das Privileg ihrer gehobenen Erziehung ins Feld führen würde. Habt ihr eine neue Lampe, frage ich. Schön, was, quetscht es aus ihrem linken Mundwinkel. Über Geschmack läßt sich nicht streiten. Wo ist Onkel Karl, frage ich, denn er als Zeitungsmensch kann mir weiterhelfen, er kennt die richtigen Adressen. Verschwunden, seit heute morgen, und der auch, mit einem Blick nach oben, wo Trudi mit dem ihr neuerdings anverlobten Doktor in sporadischen Abständen eine häusliche Gemeinschaft eingegangen ist, wobei Trudi an den dafür reservierten Wochenenden für Übernachtung mit allen damit verbundenen angenehmen Begleitumständen sorgt, während Tante Malchen die Vollverpflegung auf den Tisch bringt. Ein Umstand, den Mutter mit einem mißverständlichen »Daß sie sich für so was hergibt« kommentiert. Was heißt verschwunden? Tante Malchen berichtet nun grimmig und exakt wie ein preußischer Polizeiwachtmeister über die diversen Abgänge. Um zehn ging Karl fürs Mittagessen Salat holen, seitdem habe ich ihn nicht mehr gesehen. Um zwölf machte sich Eberhard auf, um Karl zu suchen, seitdem ist auch er verschwunden. Und um fünf ging Dieter, und wahrscheinlich ist der auch nicht wiedergekommen, ergänze ich. Richtig, sagt Tante Malchen, und jetzt malt sich Trudi alle nur möglichen Schrecknisse aus, aber da kann ich sie beruhigen, ich kenne meinen Mann, und Eberhard ist auch nur ein Mann, sagt Tante Malchen, die mit den Anfälligkeiten der Gattung Mann bestens vertraut ist. Zur Bestätigung rappelt und scharrt es an der Haustür, bis sich nach mehreren Anläufen der Schlüssel dreht. Da, sie kommen, flüstert Tante Malchen und zieht die Marlomaske auf, bevor die Vermißten dümmlich grinsend und merklich schwankend hereinschleichen. Und wo ist der Salat, fragt Tante Malchens eisbelegte Stimme. Den hammer verjessen, beim Stüsser an der Eck, lacht Onkel Karl, aber de liebe Jung is wieder da, wat machste für en Jesicht, morjen kauf ich neuen Salat, soviel du haben willst. Unser Salat is morjen auch noch jut, der Stüsser verwahrt den, un vielleicht liegt er noch auf der Bank, kräht sein Sohn Dieter, worauf Eberhard sich eilfertig anbietet, das Grünzeug sofort zu holen. Untersteh dich, faucht Trudi mit blitzenden schwarzen Augen, seine umgehende Kehrtwendung, unter den gegebenen Umständen viel zu wagemutig, fegt ihn mit Wucht gegen den Schrank, es klirrt bedenklich, hier werde ich heute nichts mehr ausrichten.

Warte, ich geh mit, sagt Trudi, nimmt ihre Jacke vom Haken und trabt wortlos neben mir her, bis hinter den Bahngleisen die Kirche in Sicht kommt. Das braungemauerte Gebäude mit dem spitzen Turm muß in Trudi gewisse Vorstellungen ausgelöst haben, die sie mit einem zähneknirschenden »Ich lasse mich scheiden« wiedergibt. Dann mußt du aber erst heiraten, gebe ich zu bedenken. Eben drum, glaubst du, ich will einen so unzuverlässigen Kandidaten zum Mann, der in der Kneipe Frau und Kind vergißt. Nein, gleich zu Anfang müssen die Verhältnisse geklärt werden, nachher ist es zu spät, oder es geht einem so wie meiner Mutter. Mir ist das alles vollkommen gleichgültig, ich halte sowieso nichts von vorgreifenden Maßnahmen, und mein Anliegen an Onkel Karl beschäftigt mich im Augenblick weit mehr.

Langsam beruhigt sich dieser atemlose Tag, der Abend hängt seinen Namensstern auf, Kinder spielen ihr letztes Spiel, Amseln singen ihr letztes Lied, es riecht nach Bratkartoffeln und sonnenwarmem Gras, und eine Frauenstimme ruft: Schluß jetzt, reinkommen.

Am nächsten Morgen lesen wir in der Sonntagszeitung, daß nordkoreanische Truppen den 38. Breitengrad überschritten haben. Wir schreiben den 25. Juni, und der Koreakrieg hat begonnen. Na und, is doch weit weg, interpretiere ich das Goethezitat auf meine Art. Wie kannst du so etwas nur denken, wo Hetty in England ist, fährt Mutter hoch. Koreaner, Chinesen, Russen, das ist doch alles eins, eines Tages werden sie uns überrennen, und was wird dann aus Hetty auf dieser Insel?

Mit ihrer Kommunistenangst steht sie nicht alleine, ganz Europa verfällt in Panik, und in Amerika bläst der Oberjäger McCharty zur Hatz auf alle, die sich einer sozialistischen Gesinnung verdächtig machen.

In der DDR steht Walter Ulbricht an der Spitze des SED-Generalkomitees. Adenauer lehnt jede Verhandlung mit dem »Marionettenregime in Pankow« ab und erklärt seine Bereitschaft, »im Fall der Bildung einer internationalen westeuropäischen Armee einen Beitrag in Form eines deutschen Kontingents zu leisten«.

Damit hatte niemand gerechnet. Unsere maßgeschneiderten Neudemokraten wollen kein Gewehr mehr schultern, haben genug vom letzten Mal und verlassen sich lieber auf ihre Beschützer. Außerdem warten in russischen Lagern noch Tausende auf ihre Entlassung, und auf den Bahnsteigen halten Frauen und Mütter jedem Heimkehrer ihre Fotografien entgegen: Kennen Sie den? Bei anderen wiederum hat sich die Erinnerung an den Krieg bereits gewandelt, ist zu einer Lachnummer geworden, verpackt in Anekdoten und Schwänke, einfach zum Schießen, doch vielleicht läßt sich das Ausmaß des erduldeten Schreckens nur so ertragen.

Wie kann ich Onkel Karl meine Angst vor dem weißen Blatt erklären, diesen Kampf mit dem ersten geschriebenen Wort, mehrmals verworfen, durchgestrichen, ersetzt, das mir von oben links, nackt und immer noch ohne Begleitung, unerbittlich entgegenstarrt. Er richtet die Zahlen bei seiner Zeitung, sein Buchhalterhirn versteht nichts von Wörtern und ihrer hartnäckigen Verweigerung, will nicht glauben, daß sie, verdichtet zu Geschichten, bereits absprungbereit in meinem Kopf hocken, um sich heimtückisch immer dann hervorzuwagen, wenn ich sie nicht auffangen kann. Ein Journalist schreibt, knurrt er, das gehört sozusagen zu seinem Beruf genauso wie ... Schlukken zum Schluckspecht, hilft Tante Malchen aus, während sie ihrer Patience mit einem zufriedenen »Paßt« die letzte Karte anfügt. Onkel Karl übergeht ihren unpassenden Vergleich. Die wollen was sehen von dir, also setz dich hin und schreib, selbst wenn es der größte Blödsinn ist. Hauptsache, es steht was auf dem Papier, und du blamierst mich nicht zu sehr. Sein Vertrauen in meine Fähigkeiten scheint begrenzt, aber immer noch besser als Mutters »Na, hast du schon was geschrieben?«, mit diesem spöttischen, mein Versagen bereits als feststehende Tatsache verbuchten Lächeln in den Mundwinkeln.

Der Zeitungsredakteur mit Weste und gesteifter Krawatte blättert im vorgelegten Stapel, liest sich fest und nickt lächelnd über meinem Marschiervogel, der nichts anderes gelernt hat als jenes Rechts und Links und Vorwärts marsch durch die halbe Welt, bis das mit einem Mal aus und vorbei war. Zuerst noch gebückt, fast am Boden, ohne die gefährliche Waffe eines stützenden Stocks, mausert er sich, bereits wieder in aufrechter Haltung, nach und nach zu einem Spaziervogel, einem friedlichen Tier, dem ein ordentlicher Nestbau mit allem übrigen Vogelgetue wichtiger ist als Tritt und Marsch und Hacken und Zerfleischen.

Soviel ungenutztes Potential und brachliegende Energie, denkt der ausländische Minister auf Besuch und betrachtet nachdenklich die Versammlung der verwandelten Vögel, das waren einmal großartige Marschierer, die besten in der Welt, so was geht doch nicht verloren, und gerade jetzt, wo wir sie wieder brauchen könnten, er steht auf, um seine Ansprache zu halten, in der viel von Freundschaft, Völkerfamilie und gemeinsamen Aufgaben die Rede ist und daß schwere Zeiten oft außergewöhnliche Mittel verlangen, zumal die Kerosopen, diese unverbesserlichen Kriegstreiber und so weiter und so weiter.

Aber die hören ja gar nicht zu, der Minister kämpft gegen aufsteigenden Ärger, unten scharren die Spaziervögel, schlagen mit den Flügeln, zerschnattern die Ministerworte, und einer schaut sogar wie gebannt nach den Vögeln am Himmel, die sich anschicken, ohne Bahn und Kompaß in den Süden zu reisen. Ungehobeltes Pack, denkt der Minister, kein Wunder, daß es so weit mit ihnen gekommen ist. Vielleicht könnte man ihnen, wendet er sich lächelnd an den Spaziervogelvorstand, natürlich nur im kontrollierten Rahmen, hin und wieder gestatten … er beendet den Satz nicht, läßt nur wie ein geübter Klaviervirtuose die Finger auf- und abtanzen. Der Spaziervogelvorstand hat seine stumme Musik verstanden, sie wollen aber nicht, sagt er. Wie, sie wollen nicht, staunt der fremde Minister, Marschieren öffnet Herz und Lunge, stählt Körper und Geist, macht den Menschen frei. Habe ich doch schon mal gehört, denkt der von den Spaziervögeln. Sie weigern sich, wollen in Ruhe ihren eigenen Kram machen, kaum spricht man vom Marschieren, singen sie schon dieses neue Lied, ihre Ohne-mich-Hymne. Nun, wir werden sehen, sagt der ausländische Minister und steigt schnell, ganz ohne die üblichen Formalitäten, in seine schwarze Limousine. Ohne mich, das könnte denen so passen, zuerst die Scheiße anrühren und dann kneifen. Umerziehung schön und gut, aber doch nicht für immer und ewig, dauerndes Sommerquartier und den Hintern schon auf dem Altenteil, so haben wir nicht gewettet, die Hand aufhalten und Marshallgelder ganz umsonst, vielleicht wäre hier eine noch stärkere Bindung an Devisenkredite vonnöten, ein maßvoller Druck, muß ich mir notieren für die Tagung der Ruhrbehörde. Der Minister greift zum Börsenblatt, grunzt zufrieden und schläft kurz darauf mit zufriedenem Schnaufen ein.

Unter uns donnern die Rotationsmaschinen, der Boden unter meinen Füßen zittert, der Redakteur liest, lächelt, legt Blatt für Blatt zur Seite, glättet sorgfältig den durcheinandergeratenen Stapel, attestiert mir flüssigen Stil, Humor und politisches Verständnis, bei Frauen absolut keine Selbstverständlichkeit, sagt er, und außerdem noch dies und das. Journalismus bedeutet Hören und Sehen, immer die Augen auf, wach sein und dem Zeitgeist nahe, vergessen Sie nie: Zeitungsgeschäft ist Tagesgeschäft, was gestern war, ist morgen alt. Die Verpackung macht es, der gefällige Ton, Frau Meier soll nicht erschrecken, wenn sie morgens bei Kaffee und Brötchen ihre Zeitung aufschlägt. Mir scheint, Sie haben das Zeug für diesen Beruf, machen Sie etwas daraus. Schon sehe ich den berühmten Streif am Horizont, schon leuchtet mein Hoffnungsflämmchen hell auf, da nimmt er die Wasserpatsche.

Allerdings haben wir zur Zeit keine offene Volontärstelle, es sei denn, Sie wären Kriegsteilnehmer, aber das ist bei Ihnen Gott sei Dank nicht der Fall. Was glauben Sie, wie viele bei uns anklopfen, Germanisten mit abgeschlossenem Studium, Frau und Kind und keinen Beruf, Tragödien spielen sich da ab. Es ist bitter, daß wir im Augenblick dem Nachwuchs keine Chance bieten können, aber Sie sind noch jung, und die anderen haben ihre besten Jahre in Krieg und Gefangenschaft verloren, für sie muß zuerst gesorgt werden, das sind wir ihnen schuldig. Schreiben Sie weiter, Ausdauer ist die beste Bewährung für diesen Beruf, und mit etwas Geduld wird es schon klappen.

Geduld braucht aber Zeit, davor steht Mutters Lächeln, die Sinnlosigkeit unausgefüllter Tage mit dem Ekelknoten vor dem fortwährend Gleichen im Hals, mit dem immerwährenden Kreisen um die eigene Person. Geduld, der hat gut reden, wütend trete ich einen Trümmerstein zur Seite. Überall wird gebaut, uralter Mörtelstaub legt sich kreidig auf Zunge und Haar, ein Preßlufthammer zittert am Mann, Schutt wird abgefahren. Seit neunzehnhundert Jahren geht das nun so, und seit neunzehnhundert Jahren krallen sich die Menschen an diese Stadt, was bedeuten im Bogen von Salve bis Hajuja schon ein paar Jahre, sage ich mir und weiß, daß es nur ein schwacher Trost ist.

Elefant Tuffi fällt aus der Schwebebahn, gellt in der Schildergasse die Stimme der Zeitungsfrau, unter schlohweißem Haar ein Gesicht wie ein Feuerballon. Tuffi in die Wupper gefallen, ihr Geschrei übertönt den Straßenlärm, mischt sich mit dem Anisgeruch des Bonbonkochers. Zwischen den hohen Fassaden der wiederhergestellten Kaufhäuser immer noch einstöckiger Behelf, eine Stadt der Schuhgeschäfte, vor dem Café Riese Straßenmusikanten mit unserer mandolinengetrillerten Trizonesienhymne, sie hat das verbotene Maas bis Memel abgelöst, die Eingeborenen sind uns auf den Leib geschrieben, angemessener als Beethovens feierlicher Götterfunke, auch in der neuen Republik. Als der Sammelhut umgeht, verziehe ich mich hinter den Kiosk zur Schlüssellochpresse. Das Privatleben der Nazis hat Hochkonjunktur, »Frauen, die Hitler liebte« knallt es vom Titelblatt der Revue. Daneben in großer Aufmachung die neue Miß Germany, Susanne Erichson, und ihr Leben im russischen Lager. Und ich war Hitlers Zahnbürste, näselt hinter mir die Stimme von Julius Berger. Er kennt ein ruhiges Café, unten am Heumarkt hinterm Pfeifen-Heinrich rechts, und diesmal gibt es kein Entrinnen.

Er raucht Eckstein, wird mit seinem mürrischen Vater

von einer alten Lehrerin versorgt, wirbt Inserate für irgendein kirchliches Blatt, findet sich wohl schwer zurecht nach der überstandenen Eiszeit, aber das ist nur meine Vermutung, er verrät weiter nichts über sich. Spricht von seinem Vater, mit dem schwer auszukommen sei, sein ewiges Nörgeln, seine Unfähigkeit, Gegebenes hinzunehmen, sein rückwärtsgerichtetes Denken. Hat sich bereits wieder an eine Partei gebunden, als habe er von der letzten noch nicht genug. Glaubt, die CDU werde nun alles richten, so nach dem Motto »Lieber satt und glücklich als frei«.

Eine Partei ist kein Glücksvermittler, vielleicht macht sie satt, aber nicht glücklich, wende ich ein. Auf die eine oder andere Weise behaupten das aber alle, antwortet Berger. Ich widerspreche ihm, die Menschen sind mißtrauischer geworden, und sowieso versteht jeder unter Glück etwas anderes, keine Partei, auch nicht der Losverkäufer an der Ecke können die unterschiedlichen Wünsche, Hoffnungen und Sehnsüchte der Menschen unter einen Hut bringen. Glücksversprechungen sind immer zweifelhaft, ich halte mich lieber an Tatsachen, verlasse mich auf mich selbst.

Haben Sie denn gar keine Träume, fragt Berger. Unzählige, aber Träume sind keine Tanzbären, von einer Partei oder dem Geld am Nasenring zu führen, nicht auszudenken, wenn sich Parteien unserer Träume bemächtigen und sie in die Uniform ihrer Absichten zwängen könnten, das wäre eine Welt, in der ich nicht leben wollte.

Sie würden es gar nicht merken, so etwas geschieht ganz allmählich, und vergessen Sie nicht das Zuckerbrot der Spiele, damit ist noch jeder eingefangen worden, zu der Pfeife tanzen alle, sagt Berger. Aber ich nicht, widerspreche ich trotzig. Er antwortet nicht, starrt mich mit aufgerissenen Kugelaugen an, mit seiner zur Schaufel verzogenen Unterlippe, schnappt nach Luft wie ein mißtrauischer, aus schlammigem Grund auftauchender Karpfen. Überall ist Wunderland, überall ist Leben, piepst der Karpfen. Sie sollten zum Zirkus gehen, sage ich und töte kurzerhand den Fisch.

Lesen Sie das, er wirft mir ein Taschenbuch zu, die Dinger gibt es erst seit kurzem, kosten nur einsfünfzig, alles stürzt sich drauf, kaum daß die nächsten Exemplare auf dem Markt sind. Ich schüttle den Kopf, Joachim Ringelnatz, sagt mir nichts. So wünsche ich mir die deutsche Jugend, imitiert er unseren ehemaligen Führer, murmelt seufzend »Überall ist Dunkelheit« und hat es mit einem Mal sehr eilig. Auf dem Weg zur Bahn brabbelt er weitere Sprüche und Beschwörungsformeln vor sich hin, wirft mir noch ein letztes »Überall ist Ewigkeit« zu und verabschiedet sich überstürzt, ohne Handschlag. Ein paar Schritte weiter dreht er sich noch einmal um und schreit lauthals »Bei meiner Tante im Strumpfenband wie überall daneben«, aber da habe ich ihm bereits den Rücken gekehrt und meine Ohren vor seiner albernen Lache verschlossen.

Ein Manegenclown, ein Ver-rückter, völlig auseinandergeschoben, dieser Mensch. In der Bahn finde ich beim Blättern das Gedicht unter »Reisebriefe eines Artisten« und lese so lange daran herum, bis ich, infiziert von Bergers Brabbelkrankheit und ungeachtet der erstaunten Blicke ringsum, immerzu singend vor mich hinflüstere »Überall ist Wunderland, überall ist Leben«.

15

Unser neuer Mieter, Herbert Bachmeier, ist kleingewachsen. Diesen Nachteil gleicht er aber durch forsches Auftreten und das Volumen einer gewaltigen Stimme aus, mit der er nun zum wiederholten Mal nach Frau Kaszmarek schreit. Die läßt sich Zeit oben in ihrer Mansarde, weiß genau, daß er nicht ohne sie auskommt bei seinen Vorbereitungen für den ersehnten Tag, für den er Kisten, Kasten und Pakete schleppt, Feder um Feder zupft, hier faltet, dort glättet, immerzu kreischt und mit den Flügeln schlägt, um für die Ankunft seiner Frau das Nest so behaglich wie möglich zu richten, damit sie endlich ein Einsehen hat und sich nicht länger weigert. Seit Wochen geht das schon so, genaugenommen seit seinem Einzug.

Dieses Gezappel treppauf und treppab brachte eine unbekannte Welt in unser Haus, After Shave am Morgen, Lord Extra und Cognac im Herrenzimmer, Eau de Cologne im Bad, Anzüge nach Maß für die kleine Statur, jeden Tag ein frisches Hemd, die Manschetten golden geknöpft und zentimetergenau über dem Ärmelrand, eben alles, was ein Mann so trägt und braucht, wenn er Einlaß in die Chefetagen der Großindustrie gefunden hat und keine kleinen Sachen oder Krimskrams verkauft, sondern richtig fette Brocken, ganze Anlagen und Einrichtungen für Bergbau, Chemie und Maschinenindustrie, gefertigt nach dem letzten Stand der Entwicklung als Ersatz für den ehemaligen, inzwischen längst veralteten und von den Besatzungsmächten demontierten Maschinenpark, was ihnen die deutsche Industrie und mit ihr Herr Bachmeier auf ewig dankt. Manchmal fragt er sich, was sie wohl anfangen mit dem rostigen Schrott aus Vorkriegstagen, aber das soll nicht seine Sorge sein, er verkauft den neuesten Stand der Technik, und darauf ist er stolz.

Genaugenommen verdankt Bachmeier seinen Aufstieg der Frieda, die an der Lostrommel gedreht hat, aus der ihm der Grand seines Lebens zufiel. Über seine frühere Existenz ist wenig bekannt, der Weg vom Bauernjungen aus dem bayerischen Voralpenland in die süddeutsche Metropole liegt im Dunkeln. Auch wenn Bachmeier viel und gerne über sich selbst redet, diese Zeit klammert er stets aus. Sein Leben beginnt im München der ersten Kriegsjahre, als er bereits in Kreisen verkehrt, die sich für prominent halten, eine Gräfin auf der Bildfläche erscheint und schließlich Frieda. Natürlich nicht bei Kerzenschein zum Tête-à-tête, dafür ist sie nicht geschaffen, Frieda kalkuliert bürgerlich, spielt nie va banque, auch nicht, wenn sie zu später Stunde mit ihrer verkratzten Altstimme an die Herrenwitze gerät, die nicht ganz astreinen abblättert bis zum Boden der Schublade, wo der dunkle Satz lagert, das, was selbst altgedienten Kardinälen die Schamröte ins Gesicht treiben würde, weshalb ihr derzeitiger Doktor sie auch schleunigst aus dem Verkehr zieht. Frieda liebt ausschließlich akademisch und ist geradezu süchtig nach baumelnder Dekoration.

Beim Schmied von Kochel trafen sie aufeinander, zu vorgerückter Stunde an der Bar, als Frieda bereits darauf brannte, ihre Witzkiste zu öffnen, es aber mangels geeigneter Zuhörer vorerst unterließ. Ihr Ehemann, Repräsentant mehrerer Großfirmen von Rhein und Ruhr, steckte gerade die dritte ärztlich verbotene Zigarre zwischen die schwammigen Wangen, auf denen ein schlagender Teutone seine Visitenkarte eingeritzt hatte, und winkte gelangweilt ab, Friedas Repertoire war ihm zur Genüge bekannt. In diesem Augenblick, als zwischen den beiden bereits die knisternde Spannung begann, die meist in Tränen und Vorwürfen endet, kam Bachmeier wie gerufen, zwar nicht in Wichs und Zerevis, in einer anderen Uniform mit hoher steifer Mütze, unter der er größer, wenn nicht sogar bedeutend wirkte, weshalb Bachmeier den Verlust dieser Kopfbedeckung bis heute noch nicht verwunden hat. Übrigens das einzige, dem er über dem Wechsel der Zeiten hinweg nachtrauert. An jenem Abend, als der Teutone, zwischen Schmissen und Zigarre irgend etwas summend, den ganzen Mann mit und ohne Mütze ins Visier nahm und unbemerkt auf Herz und Nieren prüfte, an jenem Abend, nachdem sie bei etlichen Flaschen Rheinwein bis auf den Boden der Witzkiste gelangt waren, legte Bachmeier den Grundstein zu seinem späteren Glück und sorgte vor für den Tag X nach dem Krieg, ganz gleich mit welchem Ausgang, denn egal was auch geschieht, Maschinen laufen bei allen Herren.

Und daran sollte Bachmeier teilhaben als Geschäftspartner des inwendig bereits vom Krebs zerfressenen Teutonen, und somit hatte er an jenem Abend, ohne es zu wissen, nicht nur die Erbschaft über die später zu versorgende Witwe übernommen, sondern auch die teutonischen Corpsbrüder aus den diversen Vorständen und Chefetagen für sich gewonnen, was nicht zuletzt ein Verdienst dieser Mütze war, die wir jetzt in Öl abgemalt und von Frau Kaszmarek sorgfältig abgestaubt auf Bachmeiers Konterfei betrachten können, genau an jenem Platz, wo früher in runder Bronze die Köpfe von Schiller und Goethe hingen.

Mutter mustert kritisch den gemalten Bachmeier: Der hängt sich also selbst auf, noch dazu in SS-Uniform. Die war nicht grün, in meiner Erinnerung kommt das Grauen groß und schwarz daher, mit Stiefeln, die dem kleinen Bachmeier bis zum Hosenboden gereicht hätten. Erzähl mir nichts, es sind diese Zeichen, Mutter tippt auf den gemalten Kragen. Runen, verbessere ich. Ist sowieso nicht mehr wichtig, fällt alles unter diese neue Amnestie. Welche Amnestie, erkundige ich mich. Na, alle mit Strafen bis zu fünfzehn Jahren verurteilten Nazis sind amnestiert worden, beim Krupp und den Wirtschaftsbossen will ich noch nichts sagen, aber daß die anderen, vom Gauleiter bis zum KZ-Bonzen, wieder hocherhobenen Hauptes unter uns spazierengehen, das ist unglaublich, eine Schande ist das. Warte mal ab, wohin die große Versöhnung noch führen wird, wie die Ratten kriechen sie aus ihren Löchern, um sich anzudienen, nisten sich überall ein, wo es was zu holen gibt, und hast du nicht gesehen, sind sie wieder oben. Gestern noch »Kreuzigt sie« und heute am Arm der Demokratie, Krokodilstränen der Reue in den Augen und lauter Lügen im Mund, eine Welt ist das, murmelt Mutter.

In einem Polenstädtchen, singt Frau Kaszmarek und wedelt über das Bild, was wollen Sie mit alten Zeiten, hatte doch jeder Dreck am Stecken. Habe ich beispielsweise als Zimmermädchen gearbeitet, in beste Hotel von Gleiwitz, wo nur große Herrschaften ein- und ausgingen, schwarz, braun, grün, alles, was du willst, spendable Herren, die Trinkgelder gaben für nichts und wieder nichts, ein bißchen Lachen, ein bißchen dies und das, schon rollte der Rubel, perunje, waren gute Jahre für mich, besser als heute, Frau Kaszmarek wiegt ihre Hüften und drückt den Flederwisch zärtlich an die Wange, alles vorbei, tschisskojenno, aber nobel waren sie alle, mit und ohne dieses Dingsda, sie deutet auf den verdächtigen Kragen. Mutter reicht es jetzt: Eines Tages bin ich es noch gewesen, die das alles angezettelt hat, so wird es kommen, mir wird man die Vorwürfe machen, die werden hofiert, und ich bin an allem schuld, wütend knallt sie die Tür.

So ist Leben, sagt die Kaszmarek und verteilt großzügig Politur auf unseren Möbeln, ich schau mir derweil den Bachmeier an, wie er entschlossen und imposant an der Wand hängt. Ob das seiner Frau wohl gefallen wird? Die Wohnung riecht nach Silberhochzeit, überall Blumen, die Gardinen frisch gestärkt und steif gebügelt, Kaffeelöffel zum Spiegeln, jedes Kissen mit Kniff, es fehlt lediglich ein bekränztes Willkommensschild über der Tür.

Wollen Sie auch einen? Die Kaszmarek kommt mit der Cognacflasche, aber ich mache mich nicht zu ihrem Spießgesellen. No, was schon, gieß ich Wasser nach, Verliebten schmeckt sowieso alles gleich. Sie nimmt einen kräftigen Schluck und geht ins Bad, um Kacheln und Waschbecken mit Sagrotan zu bearbeiten, ein von Bachmeier verlangtes tägliches Ritual. Dieser Tick stammt noch aus seiner russischen Zeit, seitdem hat er einen Hygienekoller, alles muß peinlich sauber sein, gestaubt, gesaugt, gewienert, desinfiziert und, wie sein Lieblingswort besagt, korrekt. Er verabscheut Körpergerüche, schnüffelt mißbilligend an der Kaszmarek und unterstützt sein Unbehagen zusätzlich durch wedelnde Handbewegungen. Wer arbeitet, schwitzt, Mist stinkt, und nur die Faulheit duftet, sagt sie und gewährt ihm einen tiefen Einblick in ihr großzügiges Dekolleté.

Heißa, heißa, hopsassa, Liebe gut für Trallala, singt die Kaszmarek und gießt eine Ladung Sagrotan in die Badewanne. Diese Polacksche ist eine ordinäre Person und völlig unmöglich, aber ihren Mann hat sie fest an der Kandare, der tanzt ganz nach ihrer Pfeife, sagt Mutter, und dem kann ich nicht widersprechen, denn niemand hat Herrn Kaszmarek jemals in einer Kneipe gesehen, er spielt keinen Skat, führt nicht das große Wort, hat im Gegensatz zu seiner Frau mit Worten sowieso nichts im Sinn, interessiert sich nicht für Feld und Garten, züchtet weder Brieftauben, Kaninchen, Zierfische noch Kakteen und betrachtet Fußball oder Angeln, wie überhaupt jede Art von Sport, als reine Zeitverschwendung. Kurzum, er hat weder Laster noch Vorlieben, arbeitet als Schaffner bei der Straßenbahn und wäre ein durch und durch langweiliger Mensch, wenn da nicht diese eigenartige und im Hinblick auf seine fast erwachsenen Kinder ganz ungewöhnliche Leidenschaft für seine Frau wäre, eine geradezu abgöttische Zuneigung, die ihn mit einer quälenden Gier, die niemand diesem unscheinbaren und nichtssagenden Mann zutrauen würde, völlig ausfüllt und Tag und Nacht so beschäftigt, daß für nichts anderes mehr Raum bleibt und er wie die Viper im Korb nur auf den Ton der ersehnten Flöte wartet.

Dem Bachmeier hat alles Tanzen nichts geholfen, seine Liebste hielt es nicht lange aus mit ihm und fuhr mürrisch und einsilbig wieder ab. Keine gute Frau, sagt die Kaszmarek, nichts war ihr recht, nichts hat gepaßt, die Möbel zu alt, der Schnaps zu warm, der Kaffee zu stark, mein Kaffee, den von Gleiwitz bis Grodisko noch jeder gelobt hat, er hat extra dieses Ding, diese Mokkamühle gekauft, denken Sie daran, Frau Kaszmarek, schwarz wie die Nacht, heiß wie die Hölle und süß wie die Liebe muß er sein. No, dann war ja wohl nix mit Liebe und Bett glatt wie Kinderpopo, schade um den schönen neuen Schlafanzug, sie hält Blaugestreiftes hoch, sehr kleine galoty, kleine galoty für kleine dupa, was solls, wird sie haben eine andere Liebhaber in ihrem München, einen Labander mit größere Hosen. Sie versteht mich nicht, sagt sie, perunje, die Kaszmarek hat noch jeder verstanden, auch die Herrschaften im Hotel in Gleiwitz. Du hast eine sehr gute Aussprache, Johanna, das hat schon der alte Noack, was mein Lehrer in der dritten Klasse war, zu mir gesagt, und da kommt so ein Hakenbrett daher, vorne nichts und hinten nichts, zu dämlich zum Duppen, und sagt, sie versteht mich nicht, ich spreche doch deutsch, ich bin doch kein Poler. Froh soll er sein, der Bachmeier, daß er sie wieder los ist, er so ein Mensch, so ein guter, und dann dieses Miststück, das geht sowieso nicht zusammen.

Nicht lange und Bachmeier sieht es genauso, will nichts mehr zu tun haben mit einer Frau, die seine Bemühungen nicht honoriert und ihn stehenläßt wie einen vergessenen Regenschirm. Mit entschlossener Verbissenheit stürzt er sich in die Arbeit, geht früh am Morgen aus dem Haus, kommt erst bei anbrechender Dunkelheit nach Hause, wo er sich wie fast alle Männer in Not der Flaschenbatterie in seinem Schrank zuwendet.

Auch Frau Fesenmeier hat ihren Kummer, huscht mit einem blauen Auge durchs Haus und verbirgt den Schandfleck unter einem schwarzen Deckel. Nur eine Entzündung, wie sie behauptet, doch ihr anderes Auge ist rot geweint, und der Oberförster schnarcht auch nicht mehr bei ihr, verschont uns seit Tagen mit seinem geräuschvollen Schlaf, der unzweifelhaft belegt, in welchem Wald er nachts seine Bäume sägt, wenn auch Frau Fesenmeier ihm nur im Schutze der Dunkelheit und, wie sie glaubte, in aller Heimlichkeit die Türe öffnete.

Mit dem Paraplü sin die alten Weiber aufeinander losjejangen, drüben im Lindenhof, de Fetzen sollen nur so jeflogen sein, und dat Julchen vom Schlodderdicher Weg hat eure Ahl, die mit dem Kapotthut, am Dutt durch et Lokal jezogen, alles wejen dem verknitterten Föttchesföhler, der schon immer hinger de Weiber her war, auch als er noch im Amt war. Mariechen schaut mich nicht an, verstaut Tüten und Marmelade in ihrer Einkaufstasche. In dem Alter, dat die sich nit schämen. Dem seine Frau hat auch nix zu lachen jehabt, Frau Hambach verfolgt den Zeiger der Waage, fragt: Darf et en bißchen mehr sein, is ja auch früh jestorben die Frau, bei all dem Leid, wat die jehabt hat mit dem Kerl, na ja, wir haben alle unser Päckchen zu tragen, willste keine Teilchen heut? Die Apfeltaschen sin janz frisch, eben jeliefert, Mariechen schüttelt den Kopf, lieber en Döschen Veilchenpastillen.

Plötzlich spüre ich wieder den vergessenen Geschmack auf der Zunge, sehe Mariechen mit der Dose klappern, warte begierig auf die gewohnte Prozedur, wie sie ganz langsam am Blechdeckel mit dem gemalten Veilchenstrauß schraubt, den Inhalt überprüft, zählt und so tut, als könne sie sich nicht davon trennen, bis sie mir schließlich die Dose entgegenhält, nur zwei un nit mehr, und dann höre ich, die Kehle wie zugeschnürt, wieder mein unbekümmertes Kinderlachen: Nachher jibste mir ja doch noch welche.

Scheu mustere ich Mariechens schmales Gesicht von der Seite, erst Mitte Dreißig und schon weiße Strähnen im Haar. Nachher komme ich rüber, verspreche ich beim Hinausgehen. Da wirste kein Jlück haben, ich bin nit mehr bei denen, Mariechen hat immer noch keinen Blick für mich, klemmt die Einkaufstasche auf dem Fahrradständer fest, et hat sich überhaupt viel jeändert, wovon du nix weißt, sie fummelt weiter an ihrem Gepäckständer, du bist ja auch nit mehr jekommen. Ich starre beklommen auf ihre rauhen Hände, die mir so oft die Zöpfe geflochten haben, und will das Vorbei noch nicht akzeptieren, das bereits endgültig geworden ist und mit der Lustlosigkeit begann. Weil alles in einem »Vielleicht« und »Will mal sehen« mündet, das insgeheim bereits mit einem Schlußstrich versehen ist, das Ende nur aus Angst vor seiner Bitternis hinausgezögert wird und die Suche nach etwas anderem, Neuen inzwischen längst begonnen hat.

Mit belegter Stimme erkundige ich mich nach den Veränderungen. Na, siehste dat denn nit, is doch alles im Umbau, dat Haus, die Järtnerei, Landschaftsgärtner nennen sie sich jetz, dat hat dem Lang schon immer in der Nas jestochen, seit er aus dem England zurück is. Da kann der Anton mit seinem Jemüs un de paar Stiefmütterchen für die Jräber nit mithalten, et jeht ihm sowieso nit jut, hat et mit dem Herzen, kein Wunder, hat sich für die Familie kaputtjeschuftet, un andere schöpfen jetz den Rahm ab. Ich komme morgen vorbei, murmele ich eine neue leere Versprechung. Ich weiß aber nit, ob ich dann da bin, sagt sie und schwingt sich grußlos aufs Rad. Mariechen gehört nicht zu den Gewinnern dieses Lebens, lange sehe ich dem über die Lenkstange gebeugten, in der Entfernung immer kleiner werdenden Rücken nach und weiß jetzt schon, daß uns für die Zukunft nur noch fremde Grüße und leere Wortfetzen bleiben. Die Menschen aus meinen Kindertagen verblassen, werden unwirklich wie Rosen auf Hauchbildchen, die es auch schon lange nicht mehr gibt, flüchten sich in die Erinnerung, um dort wie ein fast vergessener Traum weiterzuleben.

Die Westintegration der Bundesrepublik vollzieht sich ohne nennenswerte Anteilnahme der Bevölkerung, und die Montanunion, ein erster Meilenstein auf dem Weg zur westeuropäischen Einigung, kennen die meisten nur dem Namen nach. Was genau hinter der Europäischen Wirtschaftsgemeinschaft steckt, weiß kaum einer zu sagen, was auch daran liegen mag, daß die vor kurzem in Paris aus der Taufe gehobene Europäische Verteidigungsgemeinschaft als EVG einen zum Verwechseln ähnlichen Namen bekam und niemand mehr so richtig unterscheiden kann, welches Süppchen im Europatopf eigentlich brodelt. Adenauer, der seit kurzem nicht nur als Kanzler, sondern auch als Außenminister das Wort führt, würde den Eintopf zu gerne mit einem deutschen Verteidigungsbeitrag würzen, doch die unwilligen Deutschen sind mit ihrem fortwährenden Ohne-mich-Geschrei strikt dagegen. Kommt Zeit, weiß ich Rat, denkt der Alte und begnügt sich vorerst mit den zehntausend Bundesgrenzschützern, die in ihrer Uniform fatal an Zoowärter erinnern und uns als Gegenstück zur ostdeutschen Volkspolizei vor der zersetzenden Infiltration aus dem Osten schützen sollen. Denn die drüben haben schon alles, was dieses Vorhaben unterstützen könnte, eine kasernierte Volksarmee, das Staatssicherheitsamt, den Fünfjahresplan, die Mitgliedschaft im Warschauer Pakt und blaffende Vopos an der Zonengrenze. Was sie nicht haben, ist Dosenbier, Kaugummi, Arwa-Strümpfe, Seifenkistenrennen, Hawaii-Toast, batteriebetriebene Kofferradios, Zugwaggons mit Tanzwagen, Zigarettenbehälter, die sich als Blume öffnen, Boogie-Woogie und den Mercedes 300, in dem der Kanzler mit 155 km Geschwindigkeit über die Autobahn rast.

Sie haben auch keine Sünderin wie die Knef, die in dem gleichnamigen Film für dreißig Sekunden nackt auf der Leinwand zu sehen ist, weshalb jeder in diesen Film läuft, egal, ob der Pfarrer von der Kanzel dagegen wettert und überall nach einer sauberen Leinwand geschrieen wird. Die unter achtzehn schleichen sich in Vaters Hut und Mantel in die Vorstellung, und an Feiertagen darf dieser ungeheuerliche Film sowieso nicht gezeigt werden. Trotzdem wird es ein Riesenerfolg, und Frau Kaszmarek muß wie im Krieg in einer langen Schlange warten, bis sie endlich eine Karte ergattert. So eine Schweinerei, empört sie sich anschließend, hätte ich gewußt, was uns da gezeigt wird, ich wär nicht gegangen. Wie kann junge hübsche Frau so was machen, pudelnackt vor all die Leute, grad wie ein Luder von der Straße, hat sie keinen Anstand, perunje, so was würd mir im Traum nicht einfallen. Aber wahrscheinlich würde auch niemand für den Anblick von Frau Kaszmareks Blöße Geld ausgeben und sich dazu in einer langen Warteschlange kalte Füße holen.

Ein weiteres Ereignis berührt die Gemüter mehr als alle große Politik, raschelt durch den gesamten Blätterwald, schwebt als Sahnehäubchen über den Kaffeekränzchen und bietet einen nie versiegenden Gesprächsstoff beim Friseur. Die Hochzeit des Schahs von Persien mit der deutschstämmigen Soraya macht den prunkentwöhnten Frauen feuchte Augen, schleicht sich in ihre Herzen, wo im stillen Winkel die abgelegten Wünsche lagern, das süße Schaumgebäck für die grauen Nachmittage am Sonntag, wenn der Mann den Sportbericht hört und die Kinder für eine Stunde draußen spielen dürfen, ohne sich schmutzig zu machen, und wenn Romanheftchen und die bunte Presse wie etwas Verbotenes hervorgeholt werden, damit ganz kurz noch einmal so ein Gefühl aufkommt wie damals, als man in Tüll und goldener Pappkrone Prinzessin spielte. Kaum eine, die nicht das fünfzig Pfund schwere Prunkgewand mit der zehn Meter langen Schleppe beschreiben könnte, deren Glanz sogar die Müdigkeit aus der frühen Straßenbahn fegt. Schließlich is dat Soraya eine von uns, mit ner deutschen Mutter, soll en janz einfache Frau sein, und dann hat dat Kind so en Jlück un wird Kaiserin, richtig wie im Märchen, et is nit zu jlauben, die Frau mit dem münzgroßen Muttermal am Kinn schüttelt ungläubig den Kopf hin und her. Haste dat Kleid jesehen, guck mal, lauter Diamanten hat der Dior draufjenäht, ihre Nachbarin reicht die Revue weiter, un der Tüll, alles mit Goldkörnern, da würd mir doch schon en Fingerhütchen von jenüjen, gierig blättern die Frauen und betrachten selbstvergessen jede fotografierte Einzelheit.

Alle möchten jetzt so schnell wie möglich raus aus dem Behelf, es zu etwas bringen, schön sein, reich werden. Der Naivität der Zeit entsprechend versuchen es viele mit Arbeit, denn Arbeit adelt, haben wir gelernt, und den Faulpelzen fällt eimerweise Pech auf den Kopf. Inge möchte zusätzlich noch berühmt werden, denn schön ist sie sowieso mit ihrem makellos zurechtgemachten Arden-Gesicht, den langen Wimpern und rotblonden Locken. Du wirst sehen, eines Tages stehe ich auf dem Treppchen, verspricht sie zuversichtlich und hat nichts anderes im Sinn, als im Verein mit weiteren Erfolgssüchtigen als Badenixe auf hohen Stöckeln über eine Empore zu trippeln, während von unten dicke Männer Brust, Po und Taille kritisch betrachten, mit einem drehenden Wink des Zeigefingers die ganze Person noch einmal zum Kreisen bringen, um bei Gefallen und entsprechenden Maßen dann endlich ein zustimmendes Kreuzchen hinter ihren Namen zu malen oder auch nicht. Zugegeben, ich hätte auch nichts dagegen, berühmt zu werden, nur ohne diese dicken Männer.

Was willst du, schiebt Inge meine Bedenken beiseite, alle Großen haben einmal so angefangen, wer was werden will, muß sich präsentieren, im stillen Kämmerlein hast du keine Chance, da bleibst du auf ewig ein Niemand. Womit sie mir deutlich zu verstehen gibt, was ich falsch mache und wohin dieses Fehlverhalten führen wird.

Die erste Stufe auf dem Weg zum Erfolg erreicht Inge in Gummersbach, wo man sie zur perfekten Frau wählt, in Ermangelung entsprechender Räumlichkeiten allerdings in einer Festhalle, die zuvor der Kürung bergischen Rindviehs gedient hatte. Anschließend reist sie von Tanzsaal zu Tanzsaal, um sich auf staubigen Bühnen, unterstützt vom Blech der jeweiligen Dorfkapelle und zum Gaudi der mit dieser Art von Darstellung noch wenig vertrauten dörflichen Bevölkerung, über Dinge ausfragen zu lassen, von denen sie keine Ahnung hat und deren Beantwortung ihr auf einem Spickzettel zugesteckt wird. Alles in dem unumstößlichen Glauben an den großen Wurf, mit dem sie sich eines Tages auf die Bühnen der großen weiten Welt katapultieren wird.

Mein Leben verläuft weniger spektakulär und bewegt sich mit Windeseile in die von Inge angedeutete Richtung. Und weil ich nicht ewig herumsitzen und auf der Tasche liegen kann, irgendwas werden muß, ganz egal was, die Schreiberei sowieso nur fauler Zauber und eines meiner vielen Hirngespinste ist, überlasse ich auf Mutters Drängen meine Zukunft kaufmännischen Ordnungskräften, die mir Handel und Wandel auf höherer Ebene vermitteln und mich auf ein Leben mit Schreibmaschine, Terminkalender und Buchungsspalten vorbereiten sollen, alles Dinge, zu denen mir jede Lust und wohl auch das Talent fehlt. Was willst du, geh auf die höhere Handelsschule, dann kannst du Sekretärin werden, dazu braucht es keine Begabung, Hauptsache, du verdienst endlich was.

Dieser unumstößliche Beschluß läßt mich eines Tages in brauner Latzcordhose, Ringelsocken und auf flachen Slippern wieder in einem Klassenzimmer stehen. Und während ich versuche, den kritisch musternden Blicken mit Gleichmut zu begegnen, fragt neben mir eine vertraute Stimme: Was willst du denn hier, und ein ausgestrecktes Bein hindert mich am Weitergehen. Verblüfft starre ich Otto an, ihn habe ich hier am wenigsten erwartet und eher in einem dicken Amischlitten auf dem Weg zu dubiosen Geschäften vermutet. Den werde ich mein Lebtag nicht los, denke ich und ärgere mich gleichzeitig über meine Freude, weil er wieder blond und lachend in einer Schulbank vor mir sitzt. Männlicher ist er geworden, mit einer Unmutsfalte zwischen den Augenbrauen, trotzig vorgeschobener

Unterlippe und schlecht rasiertem Kinn. Sein Bein dirigiert mich auf den freien Platz neben eine Sommersprossige mit Zimpelfransen und eingebleichter Strähne und vor zwei Biedere mit Brille, die bereits das Kürzel einer lebenslangen Buchhalterlaufbahn auf der Stirn tragen.

Ein rundlicher Herr mit gutmütigem Rotgesicht und dem völlig unpassenden Namen eines unangenehmen Parasiten, den wir sofort in Doktor Wurm umtaufen, legt seinen kaltgerauchten Zigarrenstummel auf das Katheder, läßt prüfende Blicke gleiten, während die meisten bereits in bequemer Schlafstellung den üblichen Sermon erwarten und nur die Mädchen noch in gespielter Aufmerksamkeit verharren.

Er sei keiner von den Schönrednern und Schmeichlern, sondern meine es ehrlich. Das kann jeder sagen, murmelt es von irgendwoher, und ich wüßte zu gerne, wer das ist. Jedes menschliche Miteinander basiert auf Vertrauen, Vertrauensverlust fußt auf dem Mißbrauch, am Ende wird jeder einzelne und schließlich ein ganzes Volk mißbraucht, fährt der Wurm fort. Daher möchte ich Ihnen nicht nur das Rüstzeug für Ihren späteren Beruf vermitteln, sondern Sie auch mit dem dazu nötigen Selbstvertrauen ausrüsten, bloße Skepsis ist dafür kein Ersatz und eine traurige Lösung. Unsicherheit fördert die Anfälligkeit für schnelle Versprechungen und hohle Phrasen. Mißtrauen Sie den Flötenspielern und Trommlern, die überall und zu jeder Zeit unterwegs sind, erwerben Sie sich das nötige Wissen und eine gesunde Kritikfähigkeit, um solchen Werbungen zu widerstehen. Mit Selbstvertrauen, Toleranz und einem kritischen Blick für das, was in der Welt geschieht, gehen Sie auf sicheren Beinen durch das Leben. Soweit es in meinen Kräften steht, möchte ich Ihnen dazu verhelfen, allerdings unter einer Bedingung: Mein Kommando gilt, und Ordnung muß sein. Sie dahinten, nehmen Sie gefälligst die

Mütze vom Kopf und setzen sich anständig hin, brüllt es plötzlich mit ungeahnter Stimmgewalt.

Der Angesprochene kommt der Aufforderung im Zeitlupentempo nach, zeigt uns sein kurzgeschnittenes Kraushaar und krümmt sich, die Knie zum Kinn gezogen, wie ein Gnom in der Bank. Ein Grinsen geht um, einer in olivgrüner Amimontur feixt am meisten. Anständig, habe ich gesagt, wir sind hier nicht im Kindergarten, brüllt es erneut. Durch den widerspenstigen Haufen geht ein Ruck, das Lächeln ist uns vergangen, wie mit dem Lineal gezogen sitzt die Klasse da. Na also, es geht doch, brummt Doktor Wurm wider Erwarten in väterlicher Milde und widmet sich fortan den üblichen Regularien. Wir erfahren, daß er uns in Deutsch und kaufmännischem Rechnen unterrichtet, Geschichte bleibt weiterhin ein weißes Blatt, und die Klassenräume werden in Wechselschicht mit Schülern dieses Gymnasiums genutzt, das immer noch den Namen eines Hohenzollernkaisers trägt und wahrscheinlich beim Abschied von allem Preußischen vergessen wurde.

Was hältst du von dem, frage ich nachher beim Hinausgehen. Otto, mit einer besitzergreifenden Hand auf meiner Schulter, zuckt mit den Achseln: Abwarten, das kann man bei solchen Typen nie so genau sagen.

Auf dem Schulhof demonstrieren die Mädchen noch nicht das gewünschte Selbstbewußtsein, scharen sich gakkernd wie die Hühner dicht zusammen. Manche pusselige Unansehnlichkeit unter ihnen wird es nie bis ins Zimmer des Chefs schaffen, eine sieht so aus, als werde sie früher oder später auf seinem Schoß landen. Doch der Schein trügt, hinter ihrer zugemalten Fassade verbirgt sich ein Muster an Wohlanständigkeit. Die mit den Zimpelfransen lehnt auf einem Bein einsam an der Mauer, das andere hat sie gegen die Wand gestützt. In einer anderen Ecke des Hofs haben sich die angehenden Männer versammelt, ein kleiner Dunkler, stumm wie ein Fisch, der Olivgrüne mit dem spöttischen Dauergrinsen, einer kommt aus dem Siegerland, ist bereits vierundzwanzig und besitzt Fronterfahrung. Er war mit der Panzerfaust unterwegs, flüstert es in verhaltener Bewunderung. Einer führt das große Wort, seine Zuhörer wiehern Zustimmung. Als wir uns dazustellen, verstummen sie. Ich bin der Gandhi, der Witzbold verzieht die Backen zum Hungergesicht, hast ne dufte Hose. Schon hat er mich gewonnen, auf meine braunen Röhren, von Agnes mit viel »Jesus Maria, steh endlich still« genäht, bin ich echt stolz. Ida, sag ich und angle mir eine Camel aus Ottos Päckchen. Haste den Namen von deiner Oma, so heißt doch heut kein Mensch mehr. Aha, ein ganz Schlauer, ist immer noch besser als der geliehene vom toten Gandhi. Nur wegen meiner klassischen Figur, quiekt das lange Elend. Heißt du auch sonst noch mit einem bürgerlichen Namen, frage ich. Bürgerlich, was ist das denn, er reißt mit gestelltem Entsetzen die Augen auf, sagt: Gestatten, Klaus, und watschelt auf breitgestellten Entenfüßen quer über den Schulhof davon, um die Zimpelfranse von der Wand zu holen. Er spielt den Clown, aber seine kühl taxierenden Schlitzaugen strafen alles alberne Gehabe Lügen. Wat krallste dich so bei dem Ida ein, kennt ihr euch näher, nimmt er sich Otto vor. Von der Schule, antwortet der und läßt seine Hand fahren. Klassenkameraden, in Freud und Leid vereint, äfft der Faxenmacher. Du gehst mir auf den Geist, der Siegerländer wirft seinen Zigarettenstummel auf den Boden, drückt ihn mit der Fußspitze sorgfältig aus und geht. Es folgt eine mir unbekannte Sprache, es geht um Jazz, Dixieland und Blues, den irren Sound von Charlie Parker und den satten Strahl von Dizzy Gillespies Trompete, der Olivgrüne hält Miles Davis für den Größten, der Clown bringt Duke Ellington ins Spiel, sie reden sich die Köpfe heiß, bis die Klingel über den Hof tönt. Über Doktor Wurm und seine Ansprache fällt kein Wort.

Ein netter Haufen, meint nachher die sommersprossige Susanne mit den Zimpelfransen. Ich weiß noch nicht, was ich davon halten soll, bin nur froh, daß ich nicht bei den Hühnern stehen muß und Otto da ist, dem ich nicht übersetzen muß, was ich sage.

Als Bachmeier fast alle Seelentröster ausgetrunken hat und nur noch die von der Kaszmarek getaufte Flasche übrig ist, scheidet der Richter im fernen München und setzt mit dem böswilligen Verhalten der Ehefrau einen Schlußpunkt unter die ungeratene Ehe. Sag ich es doch, unschuldig bin ich, böswillig war sie, uneinsichtig und böswillig, hier steht es, schwarz auf weiß. Zur Bestätigung klopft Bachmeier auf das amtliche Schreiben, mit dem ihm die Trennung von dieser Schlange attestiert wird, wie er seine Ehemalige neuerdings nennt, weil ein böses Weib immer noch besser ist als eine, der man nicht genügt hat.

Den freudigen Anlaß feiert er mit Bowle, Salzstangen und diversen Schnittchen, die Frau Kaszmarek ausschließlich mit Mixpickles garniert hat und auf den abgeräumten Schreibtisch stellt. Was ist das, grollt Bachmeier. Hab ich gemacht Schnittchen fertig, kann sich jeder nehmen, wie er will, sagt sie und stapelt Teller. Himmel Herrgott, was ist das, Bachmeiers Zeigefinger wandert über gesäuertes Gemüse. No, wissen Sie nicht, das sind kleine Pickels, haben Sie selber gekauft. Ich weiß, was das ist und was ich gekauft habe, aber was tun die auf dem Käse, Kruzifix noch mal, das gehört zur Wurst, Frau Kaszmarek, zur Wurst, Bachmeiers tiefe Stimme klettert in den Diskant. Aber dann ist Käse so nackt, protestiert Frau Kaszmarek. Dann ziehen Sie ihn an, kreischt Bachmeier, ziehen Sie ihn an, wozu haben wir Tomaten, für den Käse, für was denn sonst, heult er mit schriller Eunuchenstimme, um dann seufzend festzustellen, Käse und Tomaten, das paßt. No, werd ich machen kleine Fliegenpilze, sagt die Kaszmarek. Alles, was Sie wollen, nur weg mit dem Zeug vom Käse. Mayonnaise zu Käse paßt aber auch nicht, gieße ich Öl ins Feuer. Wieso, knurrt Bachmeier, auf meinen Restaurationsschnittchen neulich waren auch diese gepunkteten Dinger, das hat man jetzt überall so.

Sie steht wie die Fata Morgana eines lila Alptraums vor mir und will partout nicht einsehen, daß es der falsche Klingelknopf ist. Laß es gut sein, Frieda, auch du kannst dich mal irren. Der Mann an ihrer Seite hat anscheinend Erfahrung im Ausschalten ihres Redeschwalls und entschuldigt sich wortreich für das Versehen, worauf sie in einer freundschaftlichen Geste ihre Hand auf meinen Arm legt. Sofort verwischt sich der Eindruck von einer liebenswürdigen, etwas schrulligen älteren Dame wegen dieser gichtigen Finger mit den spitz zugefeilten roten Nägeln, die mein Handgelenk umkrallen, als wollten sie es nie mehr loslassen. Als das kalte Violett nach oben verschwunden ist, kehre ich zurück zu meinem Buch.

Abgetaucht aus dieser Welt, völlig versunken in beschriebene Liebesqualen, platzt plötzlich diese verrauchte Stimme in meinen mitfühlenden Schmerz, schallt laut und grell durch Wand und Decke und macht sich aufdringlich auf unserer Terrasse breit. Nee, laß mich mal hier am Fenster sitzen, mit dem Rücken gegen das Licht, das schönt die plissierte Haut. Was fragst du nach dem Stiftungsfest, natürlich einmalig, alle Teutonen vollzählig versammelt, unser alter Kreis, der Doktor Mettenhagen ist auch wieder frei, wurde Zeit, muß endlich Gras drüber wachsen, na hör mal, wer hatte denn keine braunen Flecken, ging doch gar nicht anders, wenn du Karriere machen und nicht in der

Provinz landen wolltest, waren eben Führungskräfte, hatten alle irgendwie ihre Finger drin, der Ambros, nee, der ist jetzt bei der Süddeutschen Kalk, wie, den kennst du nicht, der von IG Farben, soll was mit Zyklon zu tun gehabt haben, sagt man, lieber Gott, ein Chemiker ist kein Brezelbäkker, der Wind weht Gott sei Dank jetzt aus einer anderen Richtung, Experten werden überall gebraucht, auch in der Politik, ohne Erfahrung geht es nun mal nicht, das haben sie endlich eingesehen, nein, die Wehrmacht war sauber, hat der Adenauer auch gesagt, nur wenige, ein verschwindend kleiner Teil, hast du das gesehen, ich meine im Osten, na also, geredet wird viel, unter allen Kreuzen ist gemordet worden, ob mit und ohne Haken. Was ich dir rate, Bert, laß die Waffenspiegel übermalen, das muß nicht jeder auf den ersten Blick sehen, soweit sind wir noch nicht. Es wird gelacht, Geschirr klappert, und mehrstimmiges Gemurmel bringt Frieda um ihr durchdringendes Wort.

Aus den Gartenbüschen kriecht die Dämmerung, rollt grauen Filz über Beet und Rasen, eine Falterfamilie kreist um den Laternenkopf, und auf der Straße läßt ein Radfahrer seinen Dynamo summen. Oben wird gesungen, und Friedas Stimme singt auch bei mir: Frau Wirtin hatte nen General mit einem Kri, Kra, Kragenknopf aus Stahl, mit einem vernehmlichen Knall schließt Bachmeier die Balkontür, trennt mein Ohr abrupt von Frieda und allem Weiteren des eisernen Generals.

In der Nachtkühle fröstelnd kauere ich mich in meine Arme, hocke da und schaue den Faltern zu, wie sie immer wieder gegen das Glas prallen, bis einer nach dem anderen hängenbleibt, und starre so lange zum Licht, bis sich das Unglück wieder mal von der Leine reißt, das in seiner Schmuddelecke nur auf diesen günstigen Moment gelauert hat, um mir zähnebleckend seinen häßlichen, grauen Sack überzustülpen.

Das Beste haben sie der Kaszmarek gelassen, grinst sie und angelt Bowlenpfirsiche aus dem Glas, trinkt den Rest mit einem Zug gleich aus dem Topf, leckt sich die triefenden Finger und räumt mit viel Getöse Geschirr in den Schrank, während ich versuche, ihre unleserlichen Telefonnotizen für Bachmeier verständlich zu ordnen.

Schon am Nachmittag kommt ein Mensch in Cord und Haarzotteln bis zur Schulter, um den Mützenmann abzuholen, soll den Saulus in einen Paulus verwandeln, und versorgt sich ungefragt aus der Zigarettenblume mit gehörigem Rauchvorrat. Bachmeier wird mich verdächtigen, protestiere ich laut. Der fragt nit danach, sagt der Zottelmann, un mitdenken schon janit, wat haben Sie eijentlich hier zu suchen, jehören Sie zum Troß? Ich helfe im Büro, knurre ich. Kriejen Se dat wenigstens bezahlt, umsonst is nur der Tod, schröppen Se den ruhig, der kann et sich leisten. Er schlägt den Mützenmann in ein vielgenutztes Leintuch und klemmt sich das Bild unter den Arm. Keine Angst, meint er grinsend, ich verjreif mich nit an dem Muster ohne Wert. Er tippt mit dem Zeigefinger kurz an die Stirn: Ich sag Bescheid, wenn ich aus dem Sturmbannführer nen Oberleutnant gemacht hab.

16

Seit Mossadegh das Erdöl des Irans verstaatlicht hat, kreuzen englische Kriegsschiffe im Persischen Golf, am 38. Breitengrad in Korea liegen UN-Truppen chinesischen Freiwilligenverbänden gegenüber, am Delta des Roten Flusses in Indochina kämpfen französische Fremdenlegionäre erfolglos gegen Vietminh-Partisanen. Wie ein Netz strafft sich das westöstliche Spannungsverhältnis über den Globus, und der Wurm fragt nach unseren Vorbildern.

Soll das ein Witz sein, erkundigt sich Otto laut und vernehmlich. Ich mache keine Witze, knurrt Wurm mit feuerroten Ohren, ich möchte lediglich wissen, welche Person im historischen oder privaten Umfeld Ihnen als Wertmaßstab etwas bedeutet. Wo lebt der eigentlich, oder will er uns aushorchen? Siebenundzwanzig gleichgültige, verschlossene Mienen sollten ihm Antwort genug sein. Aber der Wurm läßt nicht locker, versucht die Mauer des Schweigens aufzubrechen. Sie müssen doch irgendeine Vorgabe haben, der Sie nacheifern können, ein Ziel, an was glauben Sie eigentlich? An Donald Duck, tönt es aus der hintersten Ecke, niemand lacht. Ich verbitte mir Ihre Albernheiten. Bevor Wurm explodieren kann, schraubt sich der olivgrüne Jochen langsam aus der Bank, behält das mokante Lächeln auf seinem Gesicht, von dem ich nicht weiß, ob es Unsicherheit oder Überlegenheit signalisiert. Aber ich werde mich hüten, ihn noch einmal darauf anzusprechen, mir womöglich eine ähnliche Antwort einzuhandeln wie neulich: Das stört dich wohl, alle Spießer stört das, meinen Vater bringt es so mordsmäßig auf die Palme, daß er mir am liebsten stundenlang die Fresse polieren möchte, das sagt er wenigstens.

Welchen Vorschlag machen Sie uns denn in dieser Richtung, fragt jetzt Jochen den Wurm, Sie haben doch Erfahrung mit Vorbildern gesammelt, sind sicher auch hinter ihnen hermarschiert, mit hocherhobenem Arm und verzückten Augen. Kommen Sie mir nicht schon wieder mit dem alten, abgezockten Blödsinn, mein Bedarf an Vorbildern ist gedeckt, und mein Vorrat an Treue, Glauben und Wahrhaftigkeit ist auch erschöpft, ich vertraue mir selbst, und das ist schwer genug.

Keiner sagt etwas, der Wurm setzt sich ans Pult und schreibt ins Klassenbuch, ungenutzte Minuten tröpfeln ins Nichts, irgendwo klappt eine Tür. Als die Klingel endlich schrillt, schaut der Wurm hoch: Überlegen Sie in der Pause, ob es nicht doch irgendeinen Menschen auf dieser Welt gibt, der Ihr Vertrauen verdient, einer, mit dem Sie sprechen wollten, bei dem es sich lohnen würde, er zündet sich die Zigarre an und geht. Ludwig kontrolliert das Klassenbuch: Dufter Typ, der Wurm, hat nichts eingetragen. Warte ab, das dicke Ende kommt noch, unkt ein anderer. Ist mir doch scheißegal, behauptet Jochen, haste mal ne Fluppe für mich, er angelt sich ein Stäbchen aus meiner hingehaltenen Packung und setzt sich weitab von uns auf die Mauer.

War das nicht en bißchen kraß? Laß mal, der hat nen bescheuerten Alten, der an ihm seine Wut abarbeitet, weil die Mutter mit nem belgischen Lover rummacht, Otto zieht an seiner Zigarette. Ich mag es, wenn er wie Humphrey Bogart mit halbgeschlossenen Augen und vorgeschobener Unterlippe den Rauch ausbläst, auch wenn es womöglich auch eine Pose ist.

Für Albert Schweitzer könnte ich mich begeistern, sagt er und zupft an meinen Nackenhaaren, das ist aber auch der einzige, fügt er schnell hinzu. Den Mann aus Lambarene, mit der Lebensmaxime »Ehrfurcht vor dem Leben«, der im Frühjahr den Friedenspreis des Deutschen Buchhandels erhielt, akzeptieren alle. Der hat wirklich was drauf, sagt Klaus, aus seinem Mund eine große Anerkennung.

Am nächsten Tag bringt der Wurm ein Buch von Stefan Andres mit, macht nicht viel Worte. »Wir sind Utopia« heißt das Buch. Wir sind alle ausgehungert nach der uns bisher verschlossenen Literatur, die uns Antworten gibt auf Fragen, die wir schon lange nicht mehr stellen, wozu auch, wir haben die Hoffnung auf glaubwürdige Antworten längst aufgegeben.

Die Klasse ist überheizt, im Fenserviereck hat sich ein blaßrosa Abendhimmel breitgemacht, Susanne zupft Härchen vom Arm, Otto liest, der Siegerländer schnitzt mit einem Taschenmesser am Pult herum, hinter mir wird gemurmelt, eine Wolke von Unlust wabert im Raum, niemand zeigt Interesse für existentielle Fragen. Den Wurm beirrt das nicht, er liest vor, was der spanische Bürgerkriegskämpfer dem Priester sagt, bevor er die Gefangenen exekutieren läßt, und plötzlich hören alle zu. Ich bin nichts als ein Vollzugsbeamter, ein Automat, der Wurm wiederholt die letzten Worte, läßt sie nachklingen, schweigt, bis die Stille hörbar wird. Einen Augenblick noch, sagt er, als es klingelt, blättert, findet die Stelle und liest die Antwort des Priesters vor: Vergessen Sie nicht, noch keiner hat die Welt in ein Utopia reformieren können. Selbst er nicht. Gott liebt diese Welt, weil sie unvollkommen ist.

Damit will ich mich nicht zufriedengeben: Was weiß ein Priester hinter Klostermauern schon von dieser Welt, klar entschuldigt er alles, ist schließlich sein Beruf. Weißt du was, sagt Jochen, ich bin auch nicht scharf auf deine Welt, in der alles so eingerichtet ist, wie du es gerne hättest, ich will nämlich meine eigene Welt, eine nach meinen Vorstellungen, deshalb wird das niemals klappen mit diesem Utopia, auch nicht bei Klaus, in seiner Welt wimmelt es nur so von Mickymäusen und anderem Disney-Getier, und das ist auch nicht jedermanns Geschmack, und Otto braucht eine breite ordentliche Straße, auf der Amischlitten surren. Laß mich aus dem Spiel, ich habe es nicht mit den Pfaffen, schon gar nicht mit dem anderen Idioten, diesem Don Pedro. Auch eine Welt, grinst Jochen, dem Otto barsch ins Wort gefallen ist.

Vom schwarz-weiß-roten Einband springt mir auf Bachmeiers Tisch das Wort »Fragebogen« ins Auge. Endlich einer, der die Dinge beim Namen nennt, stellt Bachmeier mit Genugtuung fest, als ich mir das Buch ausleihe. Sein Autor, Ernst von Salomon, beschreibt die Lagerwillkür der Sieger und erregt sich über die nicht zu ertragende Heuchelei, mit der ihr Alleinanspruch auf das Christentum daherkommt. Das Buch erregt die Gemüter, war aber unvermeidlich, wie ein Kritiker feststellte.

Der Fingerzeig auf andere Vergehen ist kein Mittel, die eigene Schuld zu mindern, sagt Otto. Und die Berufung auf das Christentum ist auch kein Ersatz für glaubhafte Argumente, entgegne ich, Gott ist keine Handelsware, kein abgestecktes Grundstück, diese Einvernahme ist Heuchelei. Wer im Glashaus sitzt, soll nicht mit Steinen werfen, knurrt Otto. Brauchst du neuerdings Bettelsprüche, um deine Meinung zu vertreten? Nein, aber du solltest einsehen, daß wir uns alle schuldig gemacht haben, davon kann uns niemand freisprechen, Otto läßt nicht locker. Und ich lehne es ab, diese Schuld gemeinsam mit den dafür Verantwortlichen zu tragen, diesen braunen Herrschaften, die mit neuen Gesichtern und falscher Reue bereits wieder weich gepolstert auf den alten Plätzen sitzen, antworte ich wütend. Dir fehlt die Einsicht, du beurteilst alles nur aus deiner Sicht, sagt Otto. Aber du hast die Übersicht, den großen Weitblick, ein Feldherr ohne Armee, weißt du was, du redest schon wie meine Mutter, und zwei von dieser Sorte sind mir zuviel! Ich lasse ihn einfach stehen und verschwinde blitzschnell in der Gertrudenstraße. Bring mir das Buch zurück, ruft er mir hinterher.

Ich schlage Haken wie ein Hase, mache einen weiten Umweg, will auf keinen Fall diesem Otto noch einmal begegnen. Du beurteilst alles nur aus deiner Sicht, dir fehlt die Einsicht, und diese überlegene Miene, sein gönnerisches Gehabe, so ein blöder Affe. Meinen Sie mich, fragt mich lächelnd ein älterer Herr, ich schüttele den Kopf, habe keine Zeit für lange Erörterungen, denn drüben an der Haltestelle zündet sich Otto gerade eine Zigarette an, aus sicherer Entfernung kann ich genau beobachten, wie er fahrig mit dem Feuerzeug hantiert, mehrmals auf die Uhr schaut, die Zigarette halbgeraucht wegwirft, um sich kurz darauf eine neue anzuzünden. Muß der sich ärgern, eine Bahn versperrt mir die Sicht; als sie endlich abfährt, ist Otto verschwunden.

Vor der Tapete mit dem orientalischen Blütenmuster sitzen Mutters Kaffeedamen, essen von Großmutters goldgestreiften Tellern Apfelkuchen und machen vorwurfsvolle Augen, als ich ins Zimmer stürze. Hast du mein Buch gesehen? So ist sie, kein Gruß, kein Handschlag, nichts als Geschrei, sagt Mutter. Ich hole das Versäumte nach und erkundige mich nach dem verflixten Buch, das unauffindbar ist. Frau Sievers sortiert sorgfältig Zigaretten, Spitze und Feuerzeug neben ihrem Teller, wartet auf die weitere Entwicklung in unserem Heimkino. Merkwürdig, bei anderen geschieht nie etwas, an ihrem Familienhimmel scheint ununterbrochen die Sonne, emsige Väter sorgen für Wohlstand, zufriedene Mütter für Haus und Hof, und wohlgeratene Kinder glänzen mit ausnahmslos wohlgeratenen Noten. Dieses Bilderbuchglück darf allenfalls eine Krankheit stören, eine Krankheit kommt von oben, ist Schicksal, unabwendbar und sozusagen ein Geschenk des Himmels für jede Kaffeerunde. Unser Leben verläuft dagegen in einem einzigen Tohuwabohu, jeder Tag eine neue Katastrophe, alle hausgemacht, und fast ausschließlich von mir. Was hätte Mutter ihren Kaffetanten nur zu bieten, wenn ich nicht wäre, der schwarze Cowboy, der alle phantasiegeborenen Lichtgestalten in den Schatten stellt. Deine Bücher rühre ich nicht an, welches Buch suchst du überhaupt? »Liebe. Brot der Armen« von Thyde Monnier.

Das war dein Buch, sie betont jedes Wort, bis der Satz wie ein einziges Fragezeichen im Raum steht. Natürlich, wem sollte es sonst gehören? Blicke des Einverständnisses wandern umher, klammern mich aus, und Mutter hat wieder ihren nichts Gutes verheißenden Strichmund. So etwas Schweinisches liest also meine Tochter, pfui Teufel, daß du dich nicht schämst, wenn das dein Vater wüßte, der würde sich im Grab herumdrehen. Warum sollte er, wenn endlich die Dinge ausgesprochen werden, wie sie sind, was ist daran auszusetzen, außerdem ist das Buch eine Empfehlung unseres Lehrers. Die Französin beugt ihren Oberkörper vor, Frau Sievers pafft Kringelketten in die Luft. Erzähl keine Märchen, kein Lehrer schlägt so ein schmutziges Machwerk vor, wahrscheinlich hast du es von diesem Schnösel bekommen, mit dem man dich neuerdings überall sieht, aber das sag ich dir, wer dir so etwas anbietet, führt nichts Gutes im Schilde, du kannst dir das Buch aus der Mülltonne herausfischen, wo es hingehört, in meinem Haus ist kein Platz für derart ekelhaften Schund!

Es hat keinen Zweck, sie begreift nichts, kreist in ihrem verkarsteten Denken und will absolut nicht wahrhaben, daß die Welt sich dreht. Ganz zuunterst, unter Bergen von Kartoffelschalen und faulen Äpfeln, finde ich das Buch, aufgeweicht und durchnäßt, auf dem Einband krabbeln Maden, angeekelt werfe ich es zurück in die Tonne, wie soll ich das nur Otto beibringen.

Nachdem ich ihn tagelang gemieden habe, packt er mich eines Morgens beim Kragen, bevor ich ihm entwischen kann. Schlecht sieht er aus, unrasiert, übernächtigt, und riecht auch danach. Gehst du mit zum Armstrong, fragt er und wedelt mit zwei Karten vor meiner Nase. Wie kommst du denn daran, staune ich und schlage umgehend all die schönen Redewendungen in den Wind, die ich mir zurechtgelegt hatte. Karten für Jazz-Konzerte sind schwer zu haben, werden in stundenlangen Warteschlangen erworben oder zu astronomischen Preisen unter der Hand erstanden, und Armstrong, ein solches Angebot kann ich nicht ausschlagen. Angestanden habe ich, was denn sonst, war schon um drei die Nacht da und heute morgen der erste am Schalter. Bei Klaus habe ich übrigens nen klasse Film gesehen, »Endstation Sehnsucht« mit Marlon Brando. Hat er wieder seine Kartennummer abgezogen? Otto schüttelt den Kopf: War nicht nötig, saß selbst an der Kasse. In dem kleinen Kino in der Zülpicher Straße sehen wir mit alten Kinokarten neue Filme. Die Platzanweiserin weiß Bescheid, die Eltern von Klaus wahrscheinlich auch. Damit der Bluff nicht überhandnimmt, macht der Vater dann und wann Stunk, dann müssen die aktuellen Amifilme eine Weile auf unser kritisches Urteil verzichten. Hockt der Vater wieder in seinem Kabuff hinter der Kasse, ohne sich sonderlich um unser Kommen und Gehen zu kümmern, läuft alles im gewohnten Dreh. Klaus hat an seinen Eltern nichts auszusetzen und genießt Freiheiten, von denen wir nur träumen können. Der hat es gut, sage ich, bei mir zu Hause ist schon wieder Aufstand. Otto nickt verständnisvoll. Ich weiß nicht, wie sie das schaffen, daß man sich immer schämt, entweder für sie oder für sich, aber im Grunde sind es arme Schweine, nur möchte ich niemals so werden wie sie.

Röhrenhosen, Tweedjackett mit Boxerschultern, Strickkrawatte mit Windsorknoten schmal wie ein Finger, Otto tritt auf wie Graf Kocks, wo hat er bloß diese Wahnsinnsklamotten her. Von meinem Vater, grinst Otto, wir teilen. Du riechst gut, ist das auch von deinem Vater? Otto grinst: After Shave, Old Spice, hab ich ihm zum Geburtstag geschenkt. Kommt sonst noch jemand, frage ich. Das würde mir gerade noch fehlen, ich will mit dir ausgehen, nicht mit einem Rudel. Er hat sich die Nacht für mich um die Ohren geschlagen, er will mit mir allein sein, er sieht unwahrscheinlich gut aus, und ich habe mich verliebt.

Ein eiskalter Novemberwind fegt über das Messeplateau, wann machen die endlich auf. Nach einer Ewigkeit streckt ein dünnes Männchen den Kopf zur Tür heraus: Es dauert noch etwas, Herr Armstrong ist aufgehalten worden. Ich bibbere, spüre kaum noch meine Füße in den dünnen Pumps, gleich werde ich zum Eiszapfen erstarren, ringsum klappern Zähne, und das Männchen streckt bereits zum dritten Mal den Kopf heraus, eine knappe halbe Stunde noch, Herr Armstrong ist schon auf der Autobahn. Das kann doch nicht so weit sein von Düsseldorf nach Köln, warum lassen die uns nicht rein? Die haben Angst, wir nehmen ihnen den Saal auseinander, sagt Otto und nimmt mich in den Arm. Er ist warm, ich kuschele mich ganz fest an ihn, bis ich unter dem Tweed die schnellen, aufgeregten Schläge seines Herzens hören kann. Um uns herum trotzen andere Paare genau wie wir eng umschlungen der Kälte. Kurz vor Mitternacht öffnen sie endlich, Herr Armstrong ist jetzt da, frohlockt das Männchen. Dat wood och Zick, sagt einer mit Möbelpackerkreuz, sons hätten mer dem Trötemann ens jezeig, wo hier di Post avjeht. Das Männchen verschwindet hastig und überläßt das Feld den Billetabreißern.

Als sich nach einer weiteren halben Stunde noch nichts tut, beginnt das Pfeifkonzert, erst vereinzelt und leise, dann lauter, schließlich bedrohlich. Wenn der nicht bald kommt, nehmen die doch noch die Bude auseinander, Otto freut sich sichtlich, kein Wunder, hier oben auf der Empore sind wir sicher, während unten in dem brodelnden Saal bereits die ersten auf die Stühle steigen, aber da geht langsam der Vorhang zur Seite, die Kapelle nimmt ihre Plätze ein und wird jubelnd begrüßt. Ganz zuletzt kommt Armstrong, schwenkt seine Trompete, der Beifall steigert sich zum Orkan und bricht erst ab, als die ersten Takte der Musik erklingen. Sie kratzt, beißt und streichelt, diese Musik, schwingt so lange ihren Zauberstab, bis du ihr verfallen bist, sie mit allen Fasern deines Seins fühlst, eins wirst mit den Tönen und übergeschnappt vor Glück höher und höher steigst, Phrase für Phrase zum Gipfel taumelst, bis beim hohen C der Atem stockt und erst wieder einsetzt, wenn es auf der Achterbahn hinuntergeht und du auf dem Rücken der gebrochenen Akkorde irgendwo ankommst, wo dir der Drummer unter die Haut kriecht, bis du wieder aufsteigst mit dem schwarzen Mann und seinem Zauberinstrument. Die anderen Musiker nehme ich kaum wahr, sehe nur noch diese Trompete, höre den kehligen Gesang, wenn sie aussetzt. Nie legt er sie aus der Hand, steht da, wiegt sich im Takt, trommelt mit dem Fuß, wenn er sie zum Mund führt, geht ein Seufzen durch die Menge, und beim ersten Ton des Blechs setzt tosender Beifall ein. So stelle ich mir das Leben vor, spannend, atemlos.

Nachher, am Ende, als unsere Handflächen bereits vom Klatschen schmerzen, lächeln sich die benommen zum Ausgang Strömenden wie eine verschworene Gemeinde zu, überschlagen sich mit Worten der Anerkennung, stolz, als wären sie selbst oben auf der Bühne gewesen, und nie wieder werde ich mich später noch einmal mit wildfremden Menschen so verbunden fühlen wie in diesen ersten Jazzkonzerten.

Der Rhein spiegelt die Lichter der Stadt, in den Ruinen unter dem Messeturm knarrt irgend etwas laut quietschend wie ein schlecht geölter Kran, die 4711-Reklame oben auf dem Turm malt uns rote Gesichter, wenn sie abschaltet, küssen wir uns, holen im Rhythmus des wiederkehrenden Schattens alle Küsse nach, die wir uns in Gedanken schon gegeben haben.

Frau Kaszmarek hat einen Jugendfreund, so einen langen, schmalen, mit höckriger Nase und kohlschwarzen Haaren. Seltsam ist nur, daß er immer dann kommt, wenn ihr Mann mit seiner Straßenbahn unterwegs ist. Es trifft sich eben so, meint sie achselzuckend. An diesem Donnerstag trifft es sich ganz schlecht. Donnerstags kommt immer Söneken für den Garten, jetzt im Winter macht er sich drinnen zu schaffen und nagelt alles fest, was lose ist. Ein Glück, daß er an diesem Tag zur Stelle ist, als Herr Kaszmarek diesen furchtbaren Drang verspürt und deshalb vorzeitig Feierabend macht und zu völlig ungewohnter Zeit an der Haustür Sturm klingelt.

Warum macht sie denn nicht auf, fragt Mutter. Sie kann nicht, die Gardinen sind zugezogen, und wenn am hellichten Tag bei ihr die Gardinen zugezogen sind, ist der Jannek zu Besuch. Mein Gott, Mutter schlägt erschrocken die Hand vor den Mund. Draußen schreit der Kaszmarek: Janina, mach auf. Er hätte wohl noch lange dagestanden, wenn Mutter nicht mit diesem spöttischen Lächeln, das sonst nur mir zugedacht ist, zur Türe gegangen wäre, um den armen Mann hereinzulassen, der mit einer Hand auf seinem geplagten Hinterteil wie ein Pfeil die Treppe heraufschießt und oben an der verschlossenen Tür rappelt: Mach auf, Janina, ich muß. Aber Janina öffnet nicht, und das Heulen und Schreien oben wird eindringlicher und lauter, bis es splittert und kracht, weil der Kaszmarek in seiner Wut die Tür eingetreten hat und jetzt ein schlotternder Jannek in langen baumwollnen Unterhosen, die an der Eindeutigkeit der Situation keinen Zweifel aufkommen lassen, an ihm vorbeischießen will.

Doch der Kaszmarek läßt ihn nicht, versperrt auch seiner Janina den Weg, schreit immerzu »Ich bring ihn um, den Lump, ich bring euch beide um«, und weiß der Himmel, woher auf einmal das Messer in seine Hand kommt. Tu es nicht, Frantek, tu es nicht, heult die Kaszmarek, ich lieb dich doch, Frantek, Jesus Maria, mach dich nicht unglücklich, und auch ihr Mann heult, aber nicht flehend und bittend wie sie, sondern hungrig wie ein Wolf in der Nacht, und dann sticht er mit seinem Messer mitten hinein in den Jannek. Bevor er sich aber sein ehebrecherisches Weib vornehmen kann, windet Söneken ihm das Messer aus der Hand. Nachher fahren die Polizei mit dem Frantek und der Krankenwagen mit dem Jannek davon, und zurück bleibt Frau Kaszmarek hinter zugezogenen Gardinen.

Solche Zustände muß ich nicht dulden, hoffentlich wird sich nun einiges hier ändern, Mutter hat wieder dieses spöttische Lächeln im Gesicht. Son Saukerl, sagt Söneken, dat kommt all davon, dat keine Heimat mehr da is, ohne Heimat gerät alles durcheinander, er schiebt die Mütze zurecht, trottet zurück in den Schuppen und beginnt dort wie wild zu hämmern.

Nachdem der wütende Kaszmarek im Irrenhaus gelandet ist, wo ihn seine Janina tagtäglich besucht, hat sich auch Frau Fesenmeier davongemacht und unser Haus verlassen, in dem nach Ansicht ihrer Tochter chaotische Verhältnisse herrschen, nach allem, was sie von ihrer Mutter darüber gehört hat. Über das andere, das Unsagbare, was ihr zu Ohren gekommen ist, will sie lieber nicht reden, Mutter, die nie vom rechten Weg abgekommen ist, und plötzlich eine so haarsträubende Geschichte, dazu in ihrem Alter, aber das ist es gerade, schamlos hat dieser Mensch die Hilflosigkeit der alten Frau ausgenutzt, um sein infames Spiel mit ihr zu treiben, nein, Mutter muß unter Aufsicht, damit so etwas nicht noch einmal passiert. Daß sie mir das antun konnte, noch dazu mit weißen Haaren, ich kann gar nicht sagen, wie ich mich schäme, schluchzt die Tochter, und es klingt geradeso, als habe sie selbst mit dem Oberförster poussiert. Später tupft sie ihre Tränen sorgfältig mit einem von Frau Fesenmeier behäkelten Taschentuch ab und schaut dabei genau wie ihre Mutter mit halb geöffnetem Mund himmelwärts.

Frau Fesenmeier weint zum Abschied, und es ist schwer zu sagen, ob ihre Tränen für uns oder für den Oberförster fließen. Am Ende erfahren wir es noch: Dieser Abschied ist bitter, sehr bitter, sagt sie, hier habe ich die glücklichsten Jahre meines Lebens verbracht, mit meinem Mann. Als der Wagen schon um die Ecke biegt, ist immer noch ihre winkende Hand unter dem Topfhut zu sehen, bis endlich die ganze Frau Fesenmeier aus unserem Gesichtskreis entschwunden ist.

Im Februar stirbt der König von England, seine Tochter, Elisabeth II., wird Thronfolgerin, und wir nehmen in Oslo zum ersten Mal wieder an Olympischen Winterspielen teil, gewinnen sieben Medaillen, wobei der Doppelweltmeister Anderl Osterl sich als erster Bobfahrer aller bisherigen Olympischen Spiele Gold im Zweier- und Viererbob holt.

Köln ist weißrot beflaggt wie zum Kirchentag, pünktlich elf Uhr elf wird auf dem Alter Markt der Karneval ausgerufen, und unter einem waschblauen Frühlingshimmel schunkeln Frauen mit grasgrünen und roten Hütchen, und sechzigjährige Schulmädchen tragen Strohzöpfe und Wippröckchen über der dicken Fott. Heut dürfen se sich amüsieren auf Deubel komm eraus, kujaxen, de Aap machen, dat janze Levve is sowieso ein Thiater, un wer an Wieverfastelovend kein Spaß an der Freud hat un nit mit den rotgrünen Altstädtern schunkelt, is selvs dran schuld, de Haupsach is, dat Hätz is jot, wie, dat verstehste nit, biste ne Pimmock, komm, drink ens ne Schluck, wat sähste, das Herz muß gut sein, na also, et jeiht doch.

Im Übungskontor läßt Fräulein Doktor Schmitz zur Feier des Tages Lose ziehen, weil Karneval ist, ein vaterstädtisches Fest, wie sie das nennt. Fräulein Doktor Schmitz fristet schon seit Jahr und Tag ihr Dasein in diesem Übungskontor und weist dort mehr oder weniger unwillige Schüler mit vorgetäuschten Firmen namens Müller oder Huber in eine wirtschaftliche Scheinwelt ein, die im realen Geschäftsleben nicht einen Tag Bestand hätte.

Mein Geschäftspartner ist Jochen, außerdem sitzt der Flüchtling mit uns in dem kleinen Nebenraum, der nie etwas sagt und auch jetzt brav seine Kartei sortiert. Wahrscheinlich hat er nichts zu sagen, heißt bei uns einfach Flüchtling, was ich eigentlich nicht mag, aber warum sagt er auch nichts, warum läßt er sich das gefallen. Jochen liest Namen von albernen kleinen Firmenkärtchen vor, buchstabiert wie ein I-Dötzchen »Huber und Co, Fleischgroßhandel«, befiehlt: Los, kauf jetzt was von mir. Ich werd doch nicht deine vergammelten Würste kaufen. Dann die

Sau, eine fette Sau mit Ringelschwanz, du kaufst jetzt sofort diese Sau, nu mach schon. Kommt gar nicht in Frage, dein Laden hat einen schlechten Ruf. Kakerlaken, Maden, ganz Köln weiß Bescheid, in der Sau krabbelt es auch schon, und den Dreck willst du mir andrehen? Gut, wenn niemand kauft, schließe ich den Laden und leite das Insolvenzverfahren ein, die Buchhaltung kommt auf den Müll, los, schnapp, er wirft alle von Fräulein Doktor Schmitz mit so viel Sorgfalt gebastelten Firmenkärtchen in die Luft, der Flüchtling springt auf, will einsammeln. Misch dich da nicht ein, wir gehen in Konkurs, die Firma ist bankrott, warnt Jochen.

Vielleicht kauft er dir die Sau ab, schlage ich vor. Also gut, dann kaufst du die Hubersau, befiehlt Jochen, der Flüchtling grinst verlegen. Laß ihn, sage ich, Jochen zündet sich eine Zigarette an, warum johlen die da drüben? Er linst um die Ecke. Das müßt ihr gesehen haben! Im Kontor steht schwankend der Siegerländer und hält der Doktorin eine halbvolle Weinflasche unter die Nase. Radehackevoll, stellt Jochen zufrieden fest. Komm, Mariechen, trink, ein Speichelfaden tropft direkt vor das Fräulein, die sitzt wie zum Beten mit gefalteten Händen da und rührt sich nicht. Mariechen, komm, trink mal mit mir. Nein danke, ich trinke keinen Alkohol, wiederholt ihre piepsige Stimme immer wieder, die Ablehnung scheint den Siegerländer nicht weiter zu stören. Du trinkst jetzt Brüderschaft mit mir, ein einmaliges Angebot, das darfst du nicht abschlagen, Mariechen, die Chance kommt nie wieder, und dann kommt der lange Siegerländer mit dem wirren Blondschopf über dem rotwangigen Bauerngesicht dem ängstlichen Fräulein immer näher, plötzlich hat er sie gepackt und drückt ihr einen Schmatz mitten ins Gesicht. Pfui Teufel, hat der nen schlechten Geschmack, meint Jochen, da könnt er gleich Hubers Sau küssen.

Das Fräulein aber lächelt und sagt völlig unerwartet mit sanfter Stimme: Am besten ist, Sie gehen sofort nach Hause. Alle? vergewissert sich Klaus ungläubig, das Fräulein nickt: Aber bitte leise, es ist eigentlich nicht erlaubt. Der Siegerländer hat bereits von ihr abgelassen, verkorkt seine Weinflasche, steckt sie in die Aktentasche und geht ohne das geringste Schwanken zur Türe, dreht sich noch einmal um und wirft dem Fräulein Doktor Schmitz eine Kußhand zu: Tschüß, Mariechen, und sie gibt die Kußhand lächelnd zurück. Nein danke, ich trinke keinen Alkohol, quiekt Ludwig draußen. Halt die Luft an, sagt Jochen und läßt Übungskärtchen durch das Gullygitter rutschen. Otto zieht mich weg. Komm, laß die Irren, wir gehen, eigentlich aber wäre ich ganz gerne mit diesen Irren durch die Stadt gezogen.

Frau Sievers bringt mit Regenschirm, Lodencape und Galoschen Kälte und Nässe ins Haus. Bei dem Wetter haben Sie sich rausgetraut? Regen macht schön, sie fummelt bereits an der Zigarettenspitze. Die Raucherei wird Sie noch umbringen. Setz mal Kaffeewasser auf, Mutter schneidet Marmorkuchen auf, kommt sofort zum Wesentlichen, das ihr seit Tagen keine Ruhe läßt: Hetty will nach Kanada. Recht hat sie, sagt Frau Sievers, Jugend soll keiner aufhalten, man muß sie ziehen lassen, wir haben unseren Weg gefunden, und die kommen auch eines Tages irgendwo an. Aber Mutter ist strikt gegen eigene Wege und will Hetty auf keinen Fall zu diesem Mann mit Haus und Swimmingpool ins kanadische Ontario reisen lassen. Sowieso ist schleierhaft, wo Hetty ihn plötzlich hergezaubert hat, ohne ein Sterbenswörtchen davon zu erwähnen, vermutlich aus einem Inserat, ein Witwer, schreibt sie, Papier ist geduldig, hält die faustdicksten Lügen aus, überhaupt klingt die Geschichte mysteriös, man weiß doch, wie so etwas zustande kommt, zuerst inseriert so ein Kerl, und dann werden die nichtsahnenden Mädchen in den Puff verschleppt.

Na, na, sagt Frau Sievers, an so was dürfen Sie nicht gleich denken. Hetty in einem derartigen Etablissement ist auch für mich schwer vorzustellen. Meine biedere Schwester, halb bekleidet in bacchantischer Ausgelassenheit, das Sektglas in der erhobenen Hand und womöglich bei einem älteren Herrn mit Backenbart auf dem Schoß, wie man das in Filmen so sieht, ein absurder Gedanke. Aber Mutters Phantasie reicht weit über das normale Maß aller Dinge hinaus, und so malt sie tagtäglich in eindringlichen Briefen die Folgen eines kanadischen Abenteuers schwarz und schwärzer, bis ihr Ziel erreicht ist und Hetty Mann und Kanada ein für allemal fahren läßt.

Vetter Willi aus Mehlem packt die Dinge zielstrebiger an, läßt sich nicht so leicht von seinem einmal gefaßten Vorhaben abbringen und ist schon in Amerika. Das ging ganz schnell, erzählt die Tante mir, Hals über Kopf, ich hatte es noch kaum richtig begriffen, da war er schon weg. Amerika ist ein freies Land, da habe ich eine Zukunft, und hier knallt es sowieso eines Tages, von dieser Idee war er nicht abzubringen. Es war mir nicht recht, das kannst du glauben, so weit fort und ich hier allein, was ist, wenn mir mal was passiert oder er heiratet da drüben. Das ist ihre größte Sorge, Willi könnte drüben eine Amerikanerin heiraten, mit langen gelben Pferdezähnen wie Frau Roosevelt. Wie sieht so wat denn aus, sagt sie und ist nicht davon zu überzeugen, daß es sich hier um einen Einzelfall handelt. War er noch mal bei euch, fragt sie, Willi erzählt nie was, fällt immer erst mit der Tür ins Haus, wenn es nicht mehr anders geht. Er wollte mit seinem Kollegen kommen, ist wohl nichts draus geworden. Der hat geheiratet, erklärt die Tante, en Mädchen aus der Eifel. Dat wär doch sowieso nix für dich jewesen, wat der Jung sich nur dabei jedacht hat, ne Metzger, das Wort spricht sie wie Mutter aus, als habe sie eine zu heiße Kartoffel im Mund und sei jeden Moment bereit, den unliebsamen Fremdkörper auszuspucken. Das mit dem Heiraten ist auch Mutters fixe Idee, sie will mich verhökern, wie ein Warenpaket an den Meistbietenden versteigern, als ob Liebe etwas mit Besitz zu tun hätte. Die Tante lacht über meine Empörung, niemand lacht so, mit diesem Strahlen aus den Tiefen der Seele, das in den Augen beginnt und sich langsam auf ihrem ernsten, strengen Gesicht ausbreitet. Ganz ohne ist auch nix, du hast noch Zeit, die Pelzers heiraten spät, und bei den meisten is dat noch zu früh.

Nachher sitzen wir oben am Rodderberg auf einer Bank und schauen hinunter auf den Fluß. Die Abendsonne malt Rheingold auf das Wasser, rot wie Nibelungenblut leuchtet der Drachenfels vom anderen Ufer. Ich nehme mir aus dem erloschenen Krater am Hang einen Vulkanstein mit. Das urzeitliche Loch ist geschrumpft, seit ich das letzte Mal hier war. Was ehedem riesig und geheimnisvoll schien, ist jetzt nicht viel mehr als eine grasbewachsene, steinübersäte Mulde. Die Zeit hat den Zauber gelöscht, wahrscheinlich kratzt sie an allem so lange herum, bis es klein und mickrig wird. Ein Trost, daß die Welt der Tante so geblieben ist wie immer, still und friedlich.

17

Vor dem Deutzer Bahnhof steht Otto und signalisiert mit grellem Fingerpfiff »Aussteigen«. Den Fuß auf dem Trittbrett, warte ich gar nicht erst, bis die Bahn hält, springe ab und stürze davon, bevor mich der Fingerhaken lästiger Pflichten zurückhält, denn dieser Tag ist einfach zu kostbar, um ihn sinnlos mit dem Kauderwelsch eines schwäbelnden Französischlehrers zu vergeuden.

Noch nie war der Himmel so wolkenlos blau wie heute, strahlte die Sonne so rund und gelb, eine Fanfare, die Löwenzähne, Zitronenfalterschwärme und Blütenstaubwolken spuckt. Und noch nie zuvor habe ich mich so stark und einmalig gefühlt, in meinem neuen, weißen Leinenkleid, mit schmalen Schulterträgern und blauroten Blütenranken bedruckt, als ob heute alles zum ersten Mal geschieht und alles andere weit entfernt und belanglos geworden ist, an diesem Tag, an dem die Sonne nur für mich scheint, meinen Nacken küßt und auf der anderen Straßenseite Otto mich, an sein Fahrrad gelehnt, anlacht, eine widerspenstige Haarsträhne in der Stirn und die Ärmel des Lumberjacks bis an die Ellbogen hochgeschoben.

Gefangen zwischen seinen Armen hocke ich auf der Querstange des Rades, der Fahrtwind bauscht meinen Rock, weht mir ins Gesicht, Otto hat wieder Old Spice geklaut. Zu zweien auf einem Rad ist verboten, schreit ein griesgrämiger Alter. Ich mache ihm Flatterohren, weil heute alles anders ist und ich mich frei und glücklich fühle wie damals mit fünf, als meine Welt noch ein Kinderspiel war.

Später sitzen wir auf der Kaimauer über dem Rhein. Unten tuckern die Schiffe der weiten niederrheinischen Ebene zu, eine Abfolge vertrauter Bilder, flatternde Wäsche, ein Mann mit Eimer auf den Planken, gefolgt von einem tanzenden Spitz, hinter dem Gitter eines Laufstalls ein spielendes Kind. Möchtest du Rheinschiffer sein, nee, zu langweilig, Otto räkelt sich auf dem warmen Stein, schielt aus lichtgetränkten Augen zu mir hoch, andererseits, mit dir alleine auf so nem Kahn, immerzu bis Rotterdam und zurück, wäre nicht schlecht. Du hast den Hund vergessen und den alten Willem mit dem Eimer, der wäscht sich selten, spuckt Priem und nuschelt immerzu: Dat is verboten, Käpn. Der kriegt Landgang bis zum Wecken. Armer Willem, keine Zähne, kein Geld und all die Weiber unten am Kai, zum Schluß fällt er noch ins Wasser. Endlich ist Ruhe, grunzt Otto. Guck mal, der Dom hat einen Heiligenschein. Du spinnst. Nein ehrlich, eine Lichtmütze, siehst du das nicht, das ist Dunst, eine Luftspiegelung, komische Augen hast du, Fahrkartenkontrolleuraugen, Parkwächteraugen, Zeigen-Sie-mal-Ihre-Tasche-Augen. Otto gibt seine Faulenzerstellung auf, faßt mich mit Katzengriff am Nacken und dreht mein Gesicht, bis ich ihm gegenüber bin und ihn anschauen muß, lange und intensiv, bis nichts mehr auf dieser Welt für mich existiert als diese Augen mit ihrer türkisgrünen Iris, graugestrichelt mit dunkel gezeichnetem Rand, fast schwarz wie die Pupillen, die an meinem Blick hängen, fragend und drängend, und nicht von mir ablassen, bis ich tief in den Sog ihrer Wünsche gerate und ihr Verlangen meine Haut umspannt wie eine zu fest gezurrte Saite. Als sich unsere Blicke endlich trennen, gehen wir nicht mehr so unbefangen miteinander um, denn hinter jedem Wort und jeder Geste steht jetzt eine unausgesprochene Frage.

Ein schönes Kleid ist das, sagt Otto mit heiserer Stimme, es klingt nach Tanzstundenkonversation, wenigstens findet er es nicht toll oder dufte. Ich schwenke meinen Bolero, tänzele gekünstelt über die Kaimauer wie auf einem Laufsteg, spiele Erichson. Wer ist das, fragt Otto. Eine Miß Germany, jetzt ist sie internationaler Star auf allen Laufstegen. Interessiert mich nicht, sagt er. Was interessiert dich denn, frage ich. Wir beide, du und ich, you belong to my heart, singt er und legt lachend die Hand auf die Brust. Oh, don't forsake me, oh my darling, antworte ich mit dem High-Noon-Film. Oh lady be good, trällert Otto, und plötzlich ist nichts mehr gespielt, und ich beantworte seine Frage aus der vollen Empfindung meines Herzens und allen erst halb eingestandenen Wünschen, I've got you under my skin, I've got you so deep in my heart of me. Eng umschlungen, daß jeder den Herzschlag des anderen spürt, singen wir in einer geliehenen Sprache von unserer Liebe, denn wir haben nie gelernt, unsere Gefühle auszudrücken, scheuen vor dem Wort Liebe zurück wie vor etwas Verbotenem und müssen fremde Worte benutzen, um uns das zu sagen, was sonst niemals über unsere Lippen gekommen wäre. I've got you under my skin, I've got you deep in my heart of me, und unsere Küsse schmekken nach dem süßen Staubgeruch dieses Sommertages.

Du gehst mir nicht eher aus dem Haus, bis der Flur geputzt ist, wohin willst du überhaupt so früh am Sonntagmorgen? Schwimmen, das habe ich dir alles schon erzählt. Mutter, mit einem Schlag stocktaub, eröffnet ihr zeitraubendes Frage-und-Antwort-Spiel, erkundigt sich mehrmals nach meinem Wohin und wer mitgeht, wer das ist, kenne ich den, als wollte ich zu einer Safari in den afrikanischen Busch aufbrechen und nicht zu einer Radtour an die nächste Talsperre. Sie läßt mich unbeirrt die ganze Litanei aufsagen, die ich bereits beim Frühstück vorgebetet habe, als sie noch nicht taub war und lächelnd zuschaute, wie ich meine Vorbereitungen für den Badetag traf, Eier kochte, Butterbrote schmierte, die Thermosflasche mit Pfefferminztee füllte und die Handtücher und das Badezeug in die Tasche warf.

Unser Flur ist riesig, eine Türenhalle mit Treppenaufgang, Garderobe und Gästeklo in einer separaten Nische, und wird zweimal die Woche mit Schrubber und schwarzer Seife bearbeitet, wie sich das für eine Visitenkarte des Hauses gehört. Gestern hab ich erst gewischt, beteure ich, um schnell zu entkommen. Wischen ist nicht putzen, du tust jetzt, was ich dir gesagt habe, was soll Herr Bachmeier von uns denken. Bachmeier denkt nicht, er mehrt seinen Wohlstand, außerdem geht er allem, was in Verwirrung enden könnte, aus dem Weg. Zum Ausspannen genügt ihm unser Rasen und der alte knarrende Rasenmäher, an dem er schraubt, ölt und schleift, bis das Ding leise surrend das Gras rasiert. Wie geleckt sieht unser Rasen aus, seitdem Bachmeier sich daran entspannt und jedes Hälmchen in Reihe und Glied steht. Zudem hat er noch sein über alles geliebtes Auto, dem er an Wochenenden fast wollüstig mit Schaumbad und Wassergüssen zu Leibe rückt, es zärtlich einseift, liebevoll poliert, geküßt hat er es noch nicht, aber das ist lediglich eine Frage der Zeit. Nein, Bachmeier hat kein Auge für unseren Flur, betritt ihn sowieso meist am späten Abend bei spärlicher Beleuchtung.

In rasender Hast schäume ich schwarze Seife über die Fliesen, kippe Wasser nach, ertränke fast die kreischend fliehende Frau Tonga, fahre wie wild mit dem Schrubber umher. Als ich endlich, zitternd vor Eile, zum letzten Mal den Aufnehmer auswringe, hat Mutter bereits einen weiteren Befehl ausgebrütet: Und vergiß nicht das Klo und das Waschbecken! Mach ich morgen, rufe ich und will blitzschnell entwischen. Morgen, morgen, nur nicht heute, sagen alle faulen Leute, wissen möchte ich nur, mit wem du dich heute wirklich rumtreibst, mach nur so weiter, bis du eines Tages in der Gosse landest.

Wütend kaue ich an ihrem Spruch herum, der den Stinkmorchel der Gemeinheit in meinen Tag gepflanzt hat, trete zähneknirschend in die Pedale und atme erst auf, als ich Otto am Verladebahnhof beim Kohlenauto stehen sehe. Neben ihm Köbes, ein Kerl wie ein Schrank, mit Kraushaar und Schaufelhänden, und das Ganze noch einmal, nur älter, mit grauer Halbkrause und einem Kittel über dem schwarzen Sonntagsanzug. Der Kittel hat das Sagen. Haste den Wajen ordentlich ausjespritzt, ja Vatter, die Fahrräder könnt ihr auf den Anhänger jeben, aber dat Mädchen nimmste mit in et Fahrerhaus, dat et sich nit schmutzig macht, verstohlen wandern die Augen des Kittelmanns über meine nackten Beine, un dat et nit friert, setzt er grinsend hinzu, un nachher kommt dat Auto an seinen Platz zurück, ich will kein Scherereien haben morjen früh, wenn jeladen wird, nit dat die Männer widder stundenlang rumsuchen müssen wie et letzte Mal, ja Vatter, un sorj dafür, dat nix dran kommt an dä Wajen, du bist mir dafür verantwortlich, un im Fahrerhaus wird nit jeraucht, haste mich verstanden, ja Vatter, un halt de Finger bei dir, grinst der Kittelmann neidisch.

Köbes wirft den Motor an: Am liebsten würd ich die Karre jetz stehnlassen, nur schwafeln un kommandieren, wat anderes fällt dem nit ein, ungebremst nimmt er jedes Schlagloch, fegt im Karacho durch alle Kurven, daß ich mich haltsuchend an Otto klammern muß. Er weiß alles, er kann alles, un ich darf ihm der Peijas machen, zum Kotzen is dat. Aufheulend geht es bergab, und die Warnungen des Kittelmannes kommen mir jetzt nicht mehr so abwegig vor. Mach mal halblang, ich will noch en bißchen leben, hab noch viel vor, meldet sich Otto und drückt mein Knie. Radfahrer kreuzen den Weg, mit quietschenden Bremsen schlingern wir vorbei. Macht mich runter vor de Leut wie ne Rotzjung, dat muß ich mir nit jefallen lassen, soweit sin mer noch nit, dat ich für dä Ahl et Hänneschen mach. Ich an deiner Stelle würde auswandern, rät Otto. Dat wär noch et beste, knurrt Köbes, aber da is der Betrieb, so wat kann mer nit im Stich lassen, un ewig lebt der Alte nit. Dann lerne leiden ohne zu klagen, grinst Otto. Un aus dir is en richtiger Klugscheißer jeworden, entgegnet Köbes.

Aus dem Lautsprecher am Restaurant dröhnt Musik, vom Bootssteg starten Ruderboote, heiße Würstchen, Eis, Kindergeschrei, Bikinimädchen stelzen vorbei, die Gäste auf der Terrasse essen Tagesmenü und trinken Bier, die Jugend auf dem Rasen wirft mit Gummiringen, trinkt Cola, ißt mitgebrachten Kartoffelsalat und hartgekochte Eier, im kleinen, windschiefen Zelt stehen Bierkästen. Köbes wedelt mit einem Zehnmarkschein: Otto, hol mer ens en Bier, schließlich hat er uns mitgenommen. Meine Schwester, die Leni, war mit dir in einer Klasse, sagt einer und hält mir die Bierflasche hin, ich erinnere mich vage an das Mädchen aus der Gärtnerei, habe sie wohl gemocht, trinke einen Schluck, weil ich nicht zickig sein will, wo bleibt bloß Otto. Lenis Bruder setzt sich neben mich, anscheinend der Hahn im Korb, die Mädchen werfen scheele Blicke.

Der See liegt spiegelblank, ein einsames Boot hinterläßt gekräuselte Wellenfahnen auf dem Wasser, vor dem Zelt wehen andere Fahnen, hier gilt die Zahl der geleerten Bierflaschen, wo Otto nur bleibt. Endlich schleppt er den Kasten an. Haste dat Bier aus der Brauerei jeholt, ne janze Kasten, sag, hast du se nit mer all, eine hab ich jesagt, wer soll dat denn all trinken? Du schaffst das schon, oder willst du dauernd rennen, meint Otto. Der Klugscheißer schmeißt mit anderer Leuts Jeld rum, als wär et sein eigenes! Jetzt halt aber mal die Luft an, un laß den Zoff mit deinem Alten nicht an mir aus. Komm, Otto, laß ihn, trink mit uns en Bier, Lenis Bruder rappelt am Kasten. Otto schüttelt den Kopf, seine Unmutsfalte hat sich vertieft, leih mir lieber deinen Rekorder, wir wollen aufs Wasser. Den hättste auch von mir haben können, murrt Köbes.

Komische Freunde hast du, sage ich auf dem Weg zum Bootssteg. Der Köbes meint es nicht so, wenn er nicht spurt, wie sein Alter will, dengelt der ihm glatt eine rein. Hier, ein schöner Kahn, der Bootsverleiher will uns eine morsche Kiste andrehen, Otto schüttelt den Kopf und zeigt auf ein neues, blauweiß lackiertes Boot, maulend löst der Vermieter es von der Leine: Pünktlich zurückgeben, eine Minute drüber kostet neu.

Die Ufergeräusche entfernen sich, manchmal noch ein paar verhallende Töne der Musik, sonst nichts als das Geräusch der Ruder im Wasser und das Knarren des Kahns, Otto zieht die Ruder ein, sachte schaukelt der Kahn hin und her. Wer hat schon Freunde, sagt er, Kumpels findest du jede Menge, aber einen richtigen Freund … er beendet den Satz nicht, fährt mit dem nackten Fuß mein Bein entlang. Ich habe auch keine Freunde, sage ich, Otto lächelt mich an: Du hast mich. Ein Fisch springt nach einer Mükke, läßt sich platschend zurück ins Wasser fallen, aus dem kleinen roten Rekorder schmelzt der Blue Tango, wir vergessen allen Hokuspokus ringsum, es gibt nur noch uns, und wir haben aneinander genug.

Fachwerkhäuser, grauer bergischer Schiefer, in den Kornfeldern noch vereinzelt roter Mohn, Wiesen, schwarzweiße Kühe, ein Dorf mit spitzem Kirchturm, immer bergauf und vor mir Ottos Rücken, das Spiel seiner Muskeln unter der braungebrannten Haut, schweißnaß kräuseln sich seine Nackenhaare. Auch mir klebt das Hemd am Körper, bin schon längst aus dem Sattel und trete das Rad im Stand, oben endlich Nadelwald, Schatten und der erlösende Fahrtwind den Berg hinunter.

Hier ist ein schönes, stilles Plätzchen, Otto stellt sein Fahrrad ab und betrachtet prüfend die Lichtung, ringsum Gebüsch, hangabwärts Nadelwald, weit unten die Bauernhöfe. Zieh doch das nasse Zeug vom Leib, mit ungeschickten Fingern macht sich Otto an meinem Hemd zu schaffen. So nicht, lache ich, ziehe es einfach über den Kopf, stehe mit nacktem Oberkörper da und fühle die Sonne und Ottos Blick auf meiner feuchten Haut. Komm, sagt er mit einer merkwürdig heiseren Stimme, und dann verstreuen wir wie betrunken den Rest unserer Kleidung auf dem Rasen, lieben uns in atemloser Hast zwischen den Kamillenbüschen im Gras, wühlen mit den Fersen den weichen Grasboden auf, bis das Ich zum gestammelten Du geworden ist.

Nachher liegen wir nebeneinander und suchen nach Worten für die Sprache unserer Liebe, finden nur diese abgenutzte, durch so viele Meineide entstellte Formel. Weil Worte immer auch Lügen sind, lassen wir es und horchen lange in die Stille. Du, sagt Otto leise und fährt mit der Zunge über meine Haut, bis dieses Du in jeden Winkel meines Körpers eingegangen ist und ich den Herzschlag der Liebe unter Ottos salznasser Haut in mir spüre.

Inge war mit einem dieser dicken Männer in Italien, und auf Capri ist ihr der ebenso dicke, ausgemusterte ägyptische König über den Weg gelaufen. Jetzt kann sie sich nicht genug über diesen Faruk mit Augen wie glühende Kohlen auslassen, ganz kalt ist es mir über den Rücken gelaufen, stell dir das mal vor. Allerdings möchte ich mir einen Menschen, der täglich zwanzig Eier ißt, um seinen diversen Mannespflichten nachzukommen, und sich aus goldenen Wasserhähnen beträufelt, nicht unbedingt vorstellen. Genausowenig wie diesen alten Aga Khan, der seine zweieinhalb Zentner auf einer Waagschale in Gold aufwiegen läßt, zumal diese Vorstellung immer bei der Frage endet, wie diese Fettwänste wohl ihre zentnerschwere Last auf diesen wunderschönen, zarten Frauen verteilen und ob alles Gold dieser Welt ausreicht, um so eine Belastung auf Dauer zu ertragen, aber darüber spricht man nicht, auch wenn sicher jeder daran denkt, wenn er diese ungleichen Paare sieht.

War deine Modeschau nun in Mailand oder auf Capri, frage ich, um beim Thema zu bleiben. Wir haben einen Abstecher gemacht, guck nicht so, das ist nun mal üblich in diesem Geschäft, und es hat mir eine Filmrolle eingebracht, nichts Großes, eine Badenixe, die laufend ins Wasser fällt und einem Kellner den Kopf verdreht. Na, immerhin ist der nicht dick und alt. Was hast du gegen die Dicken, sie bieten dir wenigstens was. Und was sagt dein Fred dazu? Du meinst diesen Jäger aus Kurpfalz, von Kopf bis Fuß in grünem Loden, Hauptversammlung, Vorstandssitzung, VDI und BDI, Besprechung, Tagung, Freundschaftsessen, du meinst den Menschen, der zwischen Geschäftsreisen und Terminen mal kurz vorbeischaut: Eigentlich müßten wir wieder mal verreisen, nein, nicht übers Wochenende, du weißt doch, meine Frau ist mißtrauisch, oder willst du, daß sie uns auf die Sprünge kommt, dich womöglich anzeigt, der Kuppeleiparagraph gilt auch noch, denk an deine Mutter, von meiner Partei ganz zu schweigen, bei so was sind die heikel, da wollen wir vernünftig bleiben, nicht wahr, mein Kleines?

Und ihr verbitterter Mund redet und redet, von Geld und Geschenken, versteckten Hotels und schmierig lächelnden Wirten, von Heuchelei und Lügen und einem einzigen selbstverschuldeten Elend. Gar lustig ist die Jägerei, Inge bricht in schrilles Lachen aus: Man könnte dich glatt beneiden um deinen Milchbart auf dem Fahrrad. Warum machst du nicht einfach Schluß mit deinem Fred? Weil ich immer noch an ihm hänge, und so ganz ohne Mäuse, nee, das ist nichts für mich, wenn ich mal ganz oben bin, zahle ich es ihm heim, und dann erzählt sie mir das Märchen vom Mädchen aus der Schmuddelecke, die am Ende in einer goldenen Kutsche fährt und bei allen Wünschen nur mit den Fingern zu schnippen braucht.

Die Deutschen lieben Märchen, besonders solche mit Königen und Prinzen, die für die Skandale sorgen, denen man selbst aus dem Weg gehen muß. Während die Klatschgeschichten der bunten Blätter die Seele massieren, erklärt die im Springer-Verlag neu herausgekommene Bild-Zeitung dem Volk in großen Buchstaben die Welt und faßt das Geschehen nach Gutdünken in wenigen Sätzen zusammen. Eine geschrumpfte eingleisige Zehnpfennigswelt, in der eigene Gedanken zum aktuellen Leben überflüssig sind.

Wie im Traum wandere ich durch den Sommer, verschwende keinen einzigen Gedanken an den nahen Herbst, den Feind aller Liebenden ohne feste Bleibe, aber eines Tages knistert wieder die Heizung im Klassenzimmer, Regen trommelt gegen die Scheiben, die Ohne-mich-Demonstranten auf dem Neumarkt klappen ihre Schirme auf, und ein Großteil unserer männlichen Mitschüler sitzt in olivgrünen Pullovern aus amerikanischen Armeebeständen da, den langen Rollkragen wie eine Kuttenkapuze über den Kopf gezogen. Wurm erstarrt zur Salzsäule über diese verhohnepipelnde Uniformierung, diese alberne Mönchsverkleidung, und will nicht eher ruhen, bis in unsere nur mit Quatsch und dummem Zeug befaßten Köpfe ein anderer Geist eingezogen ist, so wahr die Maus den Faden abbeißt. Er bombardiert uns mit Literatur, läßt von Parsifal bis Faust nichts Klassisches aus und will keinen von uns durchs Examen schleusen ohne einen Wust von Zitaten und Gedichten als Notgepäck für schwierige Lebenssituationen. Trotz dieser Drohung lassen die Olivgrünen nicht von ihrer neuen Hülle und haben sogar eine für mich. Was soll der Sack, willst du als Vogelscheuche gehen, sagt Otto, und der Schönheit zuliebe trenne ich mich von der Kutte, worauf Otto mir mit dem ersten Zitat kommt, dem bald weitere folgen werden: Setz dir Perücken auf von Millionen Locken, setz deinen Fuß auf meterhohe Socken, du bleibst am Ende, was du bist. Weißt du denn so genau, wer du bist, frage ich. Bestimmt besser als du, ich kenne meine Möglichkeiten. Wenn du auf nichts mehr neugierig bist, nicht einmal auf dich selbst, bist du schon halb gestorben, zeig her, wächst dir bereits ein weißer Rauschebart? Wütend stößt Otto meine Hand fort: Laß mich zufrieden. Das werde ich mir merken, knurre ich.

Liegt es am Wetter, daß wir uns neuerdings so oft streiten? Seit Tagen hat der Himmel seine Schleusen geöffnet, es regnet ohne Unterlaß, und wir schleichen mißmutig durch eine triefende Welt, in der selbst die Gedanken Schimmel ansetzen. Jetzt wäre es an der Zeit, an ein warmes Mäntelchen zu denken, kichernd bleibt Susanne beim Pelzhaus Riebel stehen, wo die Schaufensterpuppen uns sündhaft teure Modelle vorführen. Wenn du nicht mitkommst, bin ich weg, faucht Otto. Na und, wenn du nicht warten kannst, bis ich diesen kleinen, herzigen Nerz erstanden habe, mußt du eben gehen, mein Teuerster. Ich zeige noch auf ein silbriges Prachtstück im Fenster, als er schon mit vorgebeugtem Kopf und langen Schritten davongeht, trotzig und allein, wie damals auf dem Schulhof. Ich würde ihm gerne nachlaufen und meine Hand in seine geballte Faust zwängen, bevor er in den Bus steigt, um in dieses lausige Nest oben im Bergischen zu fahren, wohin es seine Eltern nach Ausbombung und Evakuierung verschlagen hat, in ein bescheidenes Behelfsheim, das er mir nicht zeigt, obwohl andere ihm das längst abgenommen haben: Da oben in dieser Holzhütte wohnt dein Otto.

Ich weiß nicht, warum ich es nicht tue und statt dessen mit einem ekelhaften Ziehen in der Magengrube durch die goldbeschriftete Glastür gehe, um mir von einer schwarzgekleideten Verkaufsdame, deren undurchdringliche Miene in Freundlichkeit erstarrt scheint, edelste Stücke zeigen zu lassen, und mit gestelzten Schritten in einem schwingenden Ozelot vor riesigen Spiegeln paradiere, bis der Chef des Hauses die stadtbekannte Schönheitstänzerin stehenläßt und hinzutritt. Meine Eltern wollen mir so etwas Ähnliches zu Weihnachten schenken, gebe ich hoheitsvoll zu Protokoll. Der Chef lächelt milde: Unsere Interessenten von heute sind die Kunden von morgen, und für die jungen Damen haben wir eine ganz besondere Neuheit, er zeigt uns ein zartgraues Merino-Lamm, weit wie ein Wagenrad, mit kleinem, runden Kragen. Zum Weinen schön, haucht Susanne. Nachher hält er uns höflich die Türe auf, und seine lächelnden Augen im Rücken, stelzen wir davon, brechen in schallendes Gelächter aus, aber die ganze Zeit über bin ich dieses ungute Gefühl nicht losgeworden und möchte Otto fast beneiden um das standfeste Wissen seiner Möglichkeiten.

»Lieben, das heißt nicht einander ansehen, sondern in die gleiche Richtung schauen«, das von Saint-Exupéry ausgeliehene Zitat hat Otto in ein schmales Buch geschrieben, das er mir an meinem Geburtstag in die Hand drückt. Und außerdem schick die Susanne endlich zum Teufel, ich möchte meinen Schulweg mit dir alleine gehen.

An diesem Tag bin ich bereit, ihm alles und jedes zu versprechen, später, nachdem ich die Erzählung von Hamsun gelesen hatte, sah das schon anders aus. Natürlich geht es um zwei verzweifelt Liebende, und natürlich gibt es für den Mann nur eine einzige, auf die es ihm ankommt, ihre Gegenwart genügt, um ihn hilflos und linkisch zu machen. Bis dahin ist alles in bester Ordnung, aber dann nimmt sich der Dichter das Mädchen vor, und sie ist keine glückliche Seele, es ist viel Widerstreit in ihrem Kopf, und sie ist zu stolz und halsstarrig, um zu weinen, zu abenteuerlich, mit einer heftigen Phantasie, wie er schreibt, wartet sie auf einen Märchenprinzen, der ihr die Sterne vom Himmel holt, und es ist immer jemand zur Hand, auf den sie ihre Wirkung ausüben kann. Soll das etwa eine Anspielung sein, will er mir durch diesen Uraltdichter etwas zukommen lassen, was er selbst nicht zu sagen wagt, vergleicht mich womöglich mit dieser albernen Edvarda mit ihren heruntergetretenen Absätzen und ungewaschenen Fingern, die in einem ebenso heruntergekommenen Herrenhaus herumgeistert. Will er mir einen Spiegel vorhalten? Niemand verschenkt so etwas ohne Grund, erst recht nicht Otto mit seinem verqueren Hintenrumdenken, ein Antiquariatsbuch, verstaubt, dazu noch Fehldruck hinten, gleich mehrere Seiten doppelt. Ausgerechnet an meinem Geburtstag kommt er mit dieser unglaublich blöden Geschichte, das weiß man doch, es geht nie gut aus, wenn einer den anderen in die Knie zwingen will, aber Otto schreckt vor nichts zurück, wenn er mir eins auswischen kann, und vor Wut habe ich mir jetzt auch die Lippe blutig gebissen, genau wie diese Edvarda.

Vor dem Kölner Dom predigt Pater Leppich, den sie den roten Pater nennen, der jeden duzt und alle zu Sündern macht. Er schimpft über die Deutschen, denen der Geldbeutel ins Herz gewachsen und zum Lebenszweck geworden sei.

Komm, sagt Otto, halb verkrochen in seinem Parka, das Geheul wird mir zuviel, außerdem ist es saukalt. Wir wärmen uns im Kino auf, kriechen eng zusammen wie verirrte Kinder, und der wegen seiner Nacktbadeszenen verpönte schwedische Film rollt wie durch einen Schleier vor meinen Augen ab, denn keine fremden Schauspieler, wir selbst tanzen und lieben uns dort oben auf der Leinwand nur für einen kurzen schwedischen Sommer, und ich heule meinen Kummer in Ottos Taschentücher, weil alles Schöne so schnell vorbei ist.

Setz dich, sagt Mutter, etwas Furchtbares ist passiert. An Mutters Katastrophen bin ich gewöhnt, achte kaum auf ihre unheilverkündende Miene, interessiere mich im Augenblick für den Kochtopf mit den schmurgelnden Kohlrouladen. Sag mal, hörst du mir nicht zu, Steffel ist verunglückt.

Diesmal hat Mutter nicht übertrieben, eine Katastrophe ist über Agnes hereingebrochen, unbarmherzig, unabwendbar, und ein himmelschreiendes Unrecht, das Gott so nicht gewollt haben kann, es sei denn, es gäbe ihn nicht. Er ist buchstäblich zerquetscht worden, von einem Lastwagen beim Zurücksetzen, hat ihn selbst eingewiesen, stand an der Wand und winkte. Ich halte meine Ohren zu, will die schauerlichen Einzelheiten nicht hören, die Mutter vor mir ausbreitet. Sei doch endlich still, schreie ich sie an. Was bist du herzlos, die arme Agnes, sagt Mutter und klatscht mir eine Kohlroulade auf den Teller, aber eins sage ich dir, mich kriegst du nicht auf diese Beerdigung, ich kann dieses Elend nicht mit ansehen, das bringe ich nicht übers Herz.

So bleibt es wieder einmal an mir hängen, an diesem eisigen nebelgrauen Novembertag den Kranz zu tragen. Erstaunlich viele Menschen bezeugen Agnes ihr schluchzendes Beileid, während sie keine Träne vergießt und mit toten Augen ins Leere starrt. Uneheliches Kind, Schmerzenskind, Besatzungskind, Judenkind, verheimlicht und verraten, als Neffe ausgegeben, und immer gezittert um den so vielfach Gefährdeten. Es gibt wohl doch keinen Gott, denke ich und weiß, hilflos in meinem Mitleid, nichts zu sagen. Aber sie sieht mich gar nicht, schaut durch mich hindurch wie durch Glas. Geh, sagt sie schließlich, aber das ist nicht für mich bestimmt, sondern gilt meiner Mutter, der das Kind geblieben ist. Eine fremde Frau lädt zum Leichenessen in ein Lokal, ihren schwarzen Kragen hat Agnes schief genäht, sie wird nicht kommen, sie kann nicht, die Frau macht eine hilflose Handbewegung, sie ist wie tot. Ich gehe auch nicht, will nur so schnell wie möglich weg von hier.

Keine Träne weinen wir dagegen Frau Kaszmarek nach, die mit ihrem verwirrten Mann in die Stadt zieht. Bachmeier räumt sofort aus, schafft unsere Möbel auf die Mansarde, richtet sich selbst ein wie gehabt und ersetzt Frau Kaszmarek durch eine ältere farblose Person, die morgens kommt und mittags geht. Zu seinen weiteren Errungenschaften gehört eine blutjunge Sekretärin, die mich um Arbeit und Brot bringt, und ein Fernsehapparat. Am ersten Weihnachtstag sendet der Nordwestdeutsche Rundfunk sein erstes Fernsehprogramm, und wir starren in den kleinen blankpolierten Wunderkasten mit der gewölbten Scheibe, hinter der sich eine ganze Welt verbirgt. Hetty, die in einem langen, grauwollenen Mantel und rundem Hut wie eine Gouvernante aus einem Dickens-Buch zurückgekommen ist, raucht parfümierte englische Zigaretten, trinkt pechschwarzen Tee mit Milch und muß im Gegensatz zu unseren Emigranten, die selbst nach zwanzigjähriger Abwesenheit nicht in diesem zerbrochenen Deutsch reden wie sie, dauernd nach dem passenden Wort suchen. Mutter bekommt kaum etwas mit, weil sie dauernd an ihrer neuen piepsenden Hörbrille dreht, und verläßt uns schon bald mit der Bemerkung: In Zukunft werden die Menschen von morgens bis abends nur noch vor dieser Kiste sitzen und Kino gucken. Wir aber schauen das Weihnachtsspiel »Stille Nacht« und das Tanzspiel »Max und Moritz«, trinken Tee aus Bachmeiers Maria Weiß und Benediktiner aus flachen Schalen, und keiner sagt etwas außer Ah und Oh und Guck mal, und am Ende schmerzen uns die Augen von dem Geflimmer.

18

Das neue Jahr beginnt mit der asiatischen Grippe, Adenauer sagt, es muß endlich Schluß sein mit der Naziriecherei, und in Bordeaux verurteilt ein Militärgericht 21 ehemalige SS-Mitglieder, die in Oradour-sur-Glane den Tod von 642 Menschen, unter ihnen 242 Kinder, zu verantworten haben. Sie haben sie in die Kirche getrieben, die Türen verschlossen und alles angezündet, hast du das gewußt, frage ich Otto. Nee, wer soll mir das erzählt haben, damals wurde schon alles unter der Decke gehalten, und heute schweigen die Beteiligten erst recht.

Wir sind in dieser verrufenen Gegend unten am Rheinhafen gelandet, wo sich Nutten, Zuhälter und Knastbrüder die Klinke in die Hand geben. Wir wollen das sündige Leben studieren, aber so früh am Morgen ist die Sünde noch nicht wach, im Schänzchen stehen nur zwei knobelnde Männer in Lederjacken an der Theke und eine wild geschminkte Blondine dahinter, neben einem Musikautomaten, aus dem der Mäcki-Boogie dröhnt. Von uns nimmt niemand Notiz, erst als Otto laut hallo ruft, kommt eine im Hintergrund hantierende Alte angeschlurft, um unsere Bestellung entgegenzunehmen. Bier allein jib et nit, nur im Jedeck, sagt sie und knallt zwei Schnapsgläser mit einer braunen Flüssigkeit neben das bestellte Bier. Halt bloß den Mund, bevor der dich auseinandernimmt, murmele ich und schiele ängstlich nach der Lederjacke mit der platten Nase im Schlägergesicht. Otto nickt, und ich komme wieder auf die Vergangenheit zurück. Wir haben ein Recht darauf, zu erfahren, was wirklich geschehen ist. Es stand in allen Zeitungen. Ich meine nicht nur die Lager, sage ich und kann das KZ-Wort immer noch nicht aussprechen, das ist nicht die ganze Wahrheit, wir müßten sie nach allem fragen, was sonst noch gewesen ist, nicht irgendwann in ferner Zukunft, jetzt, bevor sie alle wieder oben sitzen und wir uns mitschuldig machen.

Was soll das, willst du Nürnberg spielen, ich bin froh, wenn meine Alten mich zufriedenlassen, werde den Teufel tun und mir neuen Ärger einhandeln. In einem sind wir uns sowieso alle einig, keiner will mehr Soldat spielen, genügt das nicht, soll ich meinen Alten löchern, was das für eine braune Kutte in seinem Schrank ist, nee, das gibt nur Zoff, und davon hab ich grad genug, was sollten sie auch machen, in einer Diktatur ist Widerstand immer eine Frage von Leben und Tod. Die nach uns kommen, werden nicht so behutsam mit denen umgehen, sage ich. Otto zuckt mit den Achseln: Wahrscheinlich haben die auch mehr Zaster, mit Geld läßt sich leicht klagen.

Unser Geld reicht gerade für die überhöhte Rechnung und Zigaretten. Draußen weht ein eisiger Wind, kreischende Möwen üben sich im Sturzflug, Otto zieht die Kapuze über den Kopf und zündet sich hinter vorgehaltener Hand eine Zigarette an. Weißt du, was ich glaube, das waren ganz normale Menschen, die heute noch von der Unfehlbarkeit ihrer Taten überzeugt sind, jeder hätte daran beteiligt sein können, und wir vielleicht auch, ein paar Jahre später. Hör endlich auf, du nervst, wenn es nach dir ginge, müßten wir dauernd im Müll von vorgestern wühlen. Aber wenn wir nicht aufpassen, sind die Täter von gestern die Herren von morgen. Ach Quatsch, du siehst Gespenster, komm, wir gehen ins Aki. Im Bahnhofskino zeigt uns die Wochenschau für fünfzig Pfennige, was in der Welt geschieht, eine Stunde läuft der Streifen vor unseren Augen ab, wir gehen, ohne zu wissen, was wir gesehen haben.

Acht rotweiß getupfte Fliegen latschen über den Ring, den Kopf voller Blödsinn und das Wissen um ein baldiges Ende der nur vermeintlich unbeschwerten Jugend bereits im Herzen. Selbst Susanne ist mitgekommen, verfolgt mit quieksenden Angstschreien, wie Klaus den alten, klapprigen Schimmel, der verlassen auf dem Grünstreifen neben der Fahrbahn grast, losbindet und mit dem Tier in die rammelvolle Kneipe marschiert. Die Rosenmontagsmusik aus dem Lautsprecher verschluckt das Klappern der Hufe, in einer Stunde geht der Alles-kölsch-Theater-Zug, wir machen unser eigenes Theater. Der Wirt schreckt erst vom Zapfhahn hoch, als das Pferd den Kopf über die Thekenrampe streckt: Wat will dat Päd hier, die Thekensteher grinsen in kölscher Langmut, dat Päd hät Doosch, erklärt Klaus ihm. Sofort raus mit däm Dier, oder et passiert wat, brüllt der Wirt und zapft seelenruhig weiter. Wie denn, gibt Klaus zu bedenken, dat Päd hat keinen Rückwärtsjang. Wenn der Jaul nit bald hier verschwindet, zeig ich dir ens dinge Rückwärtsjang, wer et reinjekriejt hat, kriejt et auch widder eraus, die Thekenleute grinsen, der Wirt hält Kölschgläser unter den Zapfhahn, schließlich erbarmt sich einer, der mit so was umzugehen weiß, ein Glück, das Tier ist lammfromm.

Dann gehen wir alle Wege ab, die wir so oft gegangen sind, essen in der Frikadellenbud kurz vor dem Rudolfplatz furztrockene Fleischbrötchen, kommen an unserem Kegeltreffpunkt im Colonia-Haus vorbei, laufen, ohne den Zug zu sehen, durch die schunkelnde und singende Stadt, werden immer trauriger, landen schließlich in der unaufgeräumten Räuberhöhle von Klaus, quatschen, rauchen und wissen genau, daß wir nie mehr so unausgeschlafen, fröstelnd und zigarettenbleich gemeinsam herumlungern werden.

Eine weltbekannte Ölfirma sucht Nachwuchs. Der Wurm entläßt vier von uns zu einer Testwoche nach Hamburg. Ganz zuletzt hat sich Otto gemeldet, steht plötzlich auf, als der Wurm verkündet: Jungs, hier heißt es zupacken, so eine Chance kommt nicht wieder. Auch der Schwabe bestätigt das, sieht aufsteigende Tendenzen für die Männerwelt, den Röcken dagegen droht eine lebenslange Pleite, aber die werden sowieso heiraten, meint er und erledigt das Problem damit auf seine Weise. Eine Sowieso-Zukunft will ich um gar keinen Preis, sehe aber keinen Weg, wie es weitergehen soll.

Auch die aus Hamburg kommen Hals über Kopf zurück, erzählen viel von effektivem Gewinn, profitablen Ressourcen, erfolgsträchtiger Teamarbeit, Pipeline-Monopolisten, Erfolgsquoten und diesem Typen, der ihnen das Blaue vom Himmel versprochen hat, wenn sie sich einpassen, anpassen, zurechtbiegen, bis sie raffiniert und ölglatt geworden sind. Keiner von ihnen hat den Vertrag unterschrieben und die einmalige Chance wahrgenommen. Klaus ist erst gar nicht mitgefahren, hat Pläne mit einem Lokal, das einmal sogar dem Blatzheim Konkurrenz machen soll, und fährt bis nach Holland, um uralten Trödel aufzukaufen, den unsereins gerade weggeworfen hat. Der spinnt doch, sagt Otto und tippt sich an die Stirn, weißt du noch, einmal hat er rumgeschrieen, ein solides Püffchen mit vielen fleißigen Bienen sei die beste Existenzgrundlage. Das war beim Klassenausflug im Königsforst, wo die alte Tante am Nebentisch laut pfui rief, ergänze ich, und Susanne staunte: Wie, was, wozu Bienen, wiehert Otto. Wir reden bereits im »Weißt du noch«.

Berufssorgen machen sich breit, und Berger, den ich nach langer Zeit wiedertreffe, ist vollkommen in eigenem verfangen. Ein fremder Herr aus der Zone hat ihn besucht, wo alle Arbeit hätten, sogar die Normen erhöht werden müßten und wie dort alles aufwärts gehe nach Stalins Tod. Gut, sage ich, dann kann Großmutter sich den Aufwand sparen, sie schickt laufend Päckchen in den Osten, versorgt die halbe Verwandtschaft mit dem Allernötigsten, nicht einmal Backpulver oder Nähgarn haben sie, von allem anderen ganz zu schweigen, und da kommt diese Dummbacke daher und redet alles schön. So eine Ida wie die da, war noch nie da, grinst Berger, fast ein speiender Vulkan, Vulkan, Vulkan. Ihre Schallplatte ist defekt, unterbreche ich ihn, aber wurde nicht kürzlich unter dem Kennwort Vulkan eine Polizeiaktion veranstaltet, eine Jagd auf sowjetische Spione, alle Zeitungen haben darüber berichtet.

Was denken Sie über Sartre, lenkt Berger ab, ohne auf meine Frage einzugehen, abstoßende Seelenzerfaserung, literarischer Nihilismus nennt es die Sonntagszeitung, hatten Sie nicht Geburtstag? Bald wieder, lache ich. Na, dann nehmen Sie es als Vorschuß, er hält mir ein dickes Taschenbuch hin, »Sartre Dramen« steht in roter Schrift auf schwarzem Grund. Ein interessanter Einband, grinst Berger, paßt zu unserem Land.

In der sogenannten DDR sind die Normen ohne Angleichung der Löhne erhöht worden, und jeder Ostarbeiter hat nun noch weniger in der Lohntüte. Davon hat Bergers geheimnisvoller Besucher nicht berichtet, aber ich kann mich nur wundern, wieviel er bereits im voraus weiß, vergesse das Ganze aber wieder über den Krönungsfeierlichkeiten der englischen Königin, die live übertragen werden, weshalb sich die Leute an den Schaufenstern der Radiogeschäfte vor dem laufenden Fernseher die Nase platt drücken, bis nicht einer mehr da ist, der das Krönungskleid nicht in allen Einzelheiten beschreiben könnte, God save the Queen.

Und plötzlich ist der Aufstand da, in fast allen Ost-Berliner Betrieben wird gestreikt, und wir hocken vor den Lautsprechern und Fernsehern und hoffen, daß sie es endlich abschütteln können, das aufgezwungene Joch des Sozialismus, und verfolgen mit atemloser Spannung und Tränen in den Augen, wie die Menschen im Osten die roten Fahnen niederreißen, hören, wie sie alte Normen, freie Wahlen und Abzug der Russen fordern, und müssen schließlich hilflos zusehen, wie unsere gemeinsamen Hoffnungen und der Traum von der Wiedervereinigung von russischen Panzern niedergewalzt wird. Nach dem 17. Juni folgt die Grabesruhe, und es gibt nur noch ein Hüben und ein Drüben.

Oft mußte ich wieder gehen, unzählige Male hat der Baum gesagt, sie sei in der Kirche, aber heute ist sie zu Hause. Blaß, verrunzelt, vergrämt, mit grauen Haaren nimmt sie mich in den Arm, sagt aber gleich darauf mißmutig: Was willst du? Gar nichts, dich besuchen. Ich nähe nicht mehr, sagt sie und wischt mit unruhigen Händen über den leeren Tisch, aber wenn du was hast, vielleicht, ausnahmsweise, vom Beten allein kommt keiner wieder, und ich packe schnell den großgeblümten Stoff aus, weil ihre Augen bereits wieder verdächtig feucht werden. Aber dann nimmt sie das Maßband zur Hand, sucht nach Schnitten, fuchtelt mit der Schere, und als sie sorgfältig neben dem Papiermuster zu schneiden beginnt, macht sich auf ihrem Gesicht Erleichterung breit. Wir reden vom Aufstand in der DDR und ihrer Schwester Frieda in Polen, von Baum und seinem Rheuma und daß der Gieraths fremdgeht und die Frau Birkenbach Krebs hat, aber kein Wort von Steffel, und als sie alles gesagt und geheftet hat und mit ihrem Ölkännchen an der so lange unbenutzten Maschine fummelt, kommt sie noch mal aus ihrer Ecke und zeigt mir ihren aufgeschwollenen Leib. Zuerst ist es mir peinlich, dieses rosa Korsett, das sie wie ein Panzer umschließt, aber in der Mitte aus allen Nähten platzt, weil es sich dort ballonartig wölbt, hervorquillt und selbst von Stangen und doppelt gezwirnten Nähten nicht bändigen läßt.

Was ist das, fragt sie und schaut mich so gläubig an, als hätte ich alle Weisheiten der Medizin zu vergeben. Ich weiß es auch nicht, du mußt zum Arzt, sage ich völlig entsetzt, aber Agnes hält nichts von Ärzten, ist stolz darauf, in ihrem ganzen Leben kaum einen zu Gesicht bekommen zu haben. Ich werde den Apotheker fragen, sagt sie, schließlich gibt es für alles ein Kraut, vielleicht freß ich auch zuviel, sie knöpft den Kittel wieder zu, und erst jetzt fällt mir dieses weite, unförmige geblümte Ding auf, das um ihren Körper schlottert und nur in der mächtigen Mitte spannt. Und weil Agnes niemals ohne Not in so einen Sack gestiegen wäre, wird mir klar, wie schlimm es um sie steht. Hast du Schmerzen, frage ich. Nein, nur so ein enges Gefühl manchmal, wie in einer Wursthaut verpackt. Versprich mir zum Arzt zu gehen, lege ich ihr ans Herz. Mal sehen, sagt sie und weicht meinem Blick aus, aber du könntest mir Heilwasser mitbringen, von der Quelle unten am Rhein, und sie hält mir eine leere Flasche hin, die ich wortlos einstecke. Du bist ein gutes Kind, sagt sie, und das hat lange niemand zu mir gesagt.

Die Welt ist groß und weit, immer mehr Deutsche zieht es in die Ferne, diesmal nicht mit Karabiner und Knobelbechern, sondern im neuen VW oder Lloyd, mit Zelt, Schlafsack, Luftmatratze, Spirituskocher und der Klorolle unter einem himmelblau oder rosa gehäkelten Hut auf der Ablage des Rückfensters geht es ab ins Land der Sehnsucht, wo die Zitronen blühn und die rote Sonne im Meer versinkt. Wer keinen fahrbaren Untersatz hat, versucht es mit dem Daumen und trampt wenigstens bis Oberbayern. Es wird viel fotografiert, zum Vorzeigen für die Lieben daheim, die sich das noch nicht leisten können, der Schiefe Turm von Pisa, der Dogenpalast, das Kolosseum, schnell noch eine Münze in den Trevi-Brunnen, um wiederzukommen, und Elsbeth in den Ruinen von Pompeji, wie die es getrieben haben, die alten Römer.

Kaum zu Hause, ist alles vergessen, die eigenen Glocken läuten immer noch am besten, im Nachbarort beginnt die Fremde, und wer nur ein Fahrrad und kein Geld hat, muß zu Hause bleiben. Wir haben eine Menge Zeit, und wer Zeit hat, dem kreisen die Gedanken, die guten und die weniger guten, und ich weiß nicht, ob das eine besonders gute Idee war, die Otto mitten auf der Hohenzollernbrükke durch den Kopf schoß. Die Alten denken nur ans Geld, aber wir haben nichts, keinen Job, keine müde Mark in der Tasche und können nicht einmal heiraten. Wie meinst du das, frage ich, erschrocken über Mutters Lied, das er da plötzlich singt. Na, heiraten möchte ich, mit dir zusammenleben, nicht ewig und drei Tage bei Wind und Wetter durch die Gegend schleichen. Und sie hocken beieinander in ihrer ärmlichen Hütte, draußen heult der Sturm, und sie besitzen nichts als ihre Liebe und einen letzten Kanten harten Brotes, ist das ein Leben, mache ich mich über ihn lustig. Du hast die zweibeinigen Wölfe vergessen, die ums Haus schleichen, knurrt Otto giftig, weil er neuerdings überall Verrat wittert und schon meinem Lachen windige Absichten unterstellt. Das mußte ja noch kommen, überschreie ich den nächsten Zug, aber eins laß dir gesagt sein: Liebe nährt sich nicht von haltlosen Verdächtigungen, Liebe vertraut, nur dein ewiges Mißtrauen sät Enttäuschung.

Was willst du damit sagen, die Brücke ist lang, mit viel Platz für verletzende Worte, und am nächsten Sonntag fahren wir in das vollbesetzte Gartenlokal, wo Leute unseres Schlages eigentlich nichts zu suchen haben. Otto bestellt Bier und fragt mehrmals, ob ich Kuchen möchte, was ich dankend ablehne, weil er unter dem Tisch in seinem kleinen, braunen Portemonnaie kramt. Beim zweiten Bier werfen wir unsere Barschaft zusammen, zählen kichernd die Münzen auf den Tisch, und mein verstohlenes Auge freut sich an den mißbilligenden Blicken unter Dauerwellen und eierschalfarbenen Hüten. Daneben die satte Zufriedenheit von Männern, die in prall sitzenden Sommeranzügen und ekelhaften grauen Wildlederschuhen, mit dem Autoschlüssel in der Hand spielend, so vollkommen die Sicherheit und den Wohlstand verkörpern, wie er uns mit der letzten Wahl versprochen wurde. Adenauer hat sie mit absoluter Mehrheit gewonnen und sich einen neuen Staatssekretär ins Bundeskanzleramt geholt, das heißt, ganz so neu ist dieser Hans Globke nicht, er war bereits von 1932 bis 1945 im Staatsministerium des Inneren politisch tätig, als Kommentator der Nürnberger Rassegesetze und Referent für Staatsangehörigkeitsfragen.

Bereits fünfzig Prozent der arbeitenden Bevölkerung soll von der neuen, rätselhaften Managerkrankheit befallen sein, schreibt die Zeitung und warnt vor übersteigertem Geiz und Ehrgeiz, der um jeden Pfennig bangt. Es käme darauf an, die Einheit der Persönlichkeit wiederherzustellen und dem reizüberfluteten Tag eine ausreichende Nachtruhe folgen zu lassen.

Auch Tante Hedwig macht sich um unsere Gesundheit Sorgen. Großvaters Schwester sieht immer noch aus wie die Kaiserin Auguste aus den herrlichen Zeiten, muß inzwischen fast so alt wie Methusalem sein und bereist nach wie vor einmal im Jahr die Verwandtschaft. Diesmal kommt sie mit einem gehörigen Vorrat an Kräutern und Tee im Gepäck, macht sich gleich rührig am Herd zu schaffen und braut dort übelriechende Getränke, die ausschließlich der Darmreinigung dienen. Die meisten Probleme des Lebens hingen mit den schlechten Säften in unserem Innern zusammen, das Gift müsse aus dem Körper, dann reinige sich auch das Hirn, glaubt sie und ertränkt uns in Wogen von Tee aus ihrer masurischen Hexenküche und reagiert auf seine durchschlagende Wirkung mit einem wegwerfenden Papperlapapp, das pustet durch. Als Mutter jeden Posten meiner Schandliste aufzählt, die Widerworte, die Frechheit, Schundliteratur, Rumtreiberei und neuerdings sogar das Saufen, da oben, wo die Flaschen nur so herumstehen, fährt Tante Hedwig ihr ärgerlich über den Mund.

Schabber nicht so daher, Mathilde, die wildesten Fohlen sind immer noch die besten Pferde geworden, was willst du eigentlich, die Marjel ist doch gut geraten, ein beduhnter Kopp vergeht, nur dammlich, das bleibste für alle Zeit, sei froh, daß sie das nicht ist, und denk mal zurück an das Spektakel, als deine Mutter den französischen Roman ins Feuer geworfen hat, wie hieß er doch gleich, die Liebesabenteuer des Chevalier Dingsda, das Bügeleisen hast du ihr nachgeworfen. Da war ich schon verlobt, entgegnet Mutter matt. Um so schlimmer, meint die Tante, und ich staune, daß alles so friedlich abläuft mit Großvaters Schwester, die ihr eigenes Leben so klaglos schultert, schon früh die Eltern verloren, im Ersten Weltkrieg bereits Witwe mit kleinen Kindern, sich nie was gegönnt, jeden Groschen gespart für Schule und Studium, damit sie was werden, die Gören, in ihrem Leben, ein Leben löscht der Krieg sofort aus, noch ehe es richtig begonnen hat, das andere schießt er zum Krüppel, und die Hübsche mit den lachenden Kastanienaugen bezahlt ihre Liebe zu einem

Polen mit dem Tod im KZ, den Rest holen die Bomben, geblieben ist nur dieses Enkelkind aus der verbotenen Liebe, das Tante Hedwig aufzieht und sorgt, daß aus ihm was wird im Leben. Immer noch geht sie kerzengrade, mit blitzenden Augen unter schlohweißem Haar, und hat von allen etwas, von den Hugenotten und vertriebenen Salzburgern, von dem durch Zufall in diese Familie geratenen polnischen Offizier, aber ihre Ausdauer und Härte, diese mit List und Güte gepaarte Lebensklugheit hat sie ganz sicher von den Masuren.

Wie ein Mühlwerk geht der Mund, berichtet über Ewald und Lotte, von dem armen Ernstchen, dem die Frau fortgelaufen ist, was keinen erstaunt, weil er immer schon ein Glumskopp mit wenig Grips war, und ein gewisser Gottfried Bialla aus Schareyken, den es ganz in ihre Nähe nach Schleswig-Holstein verschlagen hat, hat doch bei Gott seinem Elschen im Schlaf den Fladrusch abgeschnitten und anschließend ihre prächtige blonde Haarpracht verkauft und versoffen, woran sie letzten Endes selbst schuld sei mit ihrem ewigen »Gottfriedchen hier und Gottfriedchen da«, denn wenn du dich zum Schaf machst, frißt dich der Wolf, und deshalb tut es nicht gut, nur dazusitzen und Löcher in die Luft starren, wer nicht Schaf werden will, muß selbst für sich sorgen. Das war es eigentlich, was mir die Tante sagen wollte, als eine neue Aufregung ins Haus getragen wird und alle mit dem Brief von Großmutters angeheiratetem Neffen beschäftigt sind, der blitzschnell hochgetragen wurde auf der braunen Karriereleiter, nachher genauso schnell abtauchte, um kürzlich dekoriert und gefeiert in einer Illustrierten wieder aufzutauchen.

Das ist doch Herbert, geriet Mutter völlig aus dem Häuschen und betrachtete mit Stolz das hochmütige, zersäbelte Gesicht, und weil Familien selten denken, wenn es um ihre eigenen heiligen Kühe geht, fragte sie sich nicht, wie das wohl angehen konnte bei seinem nazibraunen Vorleben. Statt dessen brachte sie ihre Freude sofort zu Papier, schrieb einen Brief an die wiedergefundene Lieblingscousine.

Aber nicht Olgachen, die zarte, blonde, Klavier spielende mit dem feinen Pli antwortet, sondern dieser Kerl mit den Schmissen, angeheiratet, und schließlich weiß jeder, wo er herkommt, daß er nur auf der braunen Suppe hochgeschwommen ist, dieser Falott erdreistet sich, Großmutter zu beleidigen, unterstellt ihr unterlassene Hilfeleistung bei ihrer Schwester Ella, seiner im Flüchtlingslager verstorbenen Schwiegermutter, verbittet sich jeden weiteren Kontakt mit unserer Familie, will nie wieder etwas zu tun haben mit ihr, auch noch doppelt unterstrichen, dieser Schmutzfink.

Es ging alles so drunter und drüber damals, wer konnte denn ahnen, daß Ellachen in Friedland ist, so wahr Gott mein Zeuge ist, niemals hätte ich meine Schwester im Stich gelassen, wie kann dieser infame Mensch nur so etwas behaupten, ganz verzweifelt schluchzt Großmutter in ihr Taschentuch. Reg dich nicht auf, tröstet Mutter, das ist ein Scheinmanöver, er fürchtet die Zeugen, die seiner neuen Existenz in die Suppe spucken könnten. Aber ich will ihm doch nichts, wer macht denn so was in der eigenen Familie, Großmutter weint, und Mutter kommt mit dem Melissengeist. Nein, bring mir mein Farina, und dabei war er ein so angenehmer Mensch. Ach was, er hat mitgesungen, und zwar aus vollem Hals, und jetzt in einem neuen Anzug singt er eine andere Strophe, aber es ist immer noch das alte Lied, sagt Tante Hedwig, packt Tee und Kräuter zusammen und fährt weiter zu Hilde, Lotte oder Erna, um dort ebenfalls Därme und Seelen zu reinigen.

Hetty hat einen Studienplatz, soll Lehrerin werden, was sie nie wollte und was so wenig zu ihr paßt. Die ist versorgt, sagt Mutter zufrieden, und komm mir nicht mit ähnlichen Wünschen, heirate, damit diese Herumlungerei aufhört, oder such dir eine Stelle, zwei kann ich nicht durchschleppen, sie geht schnell hinaus und läßt mich zurück mit meiner Wut auf alle Kleindenkerei mit ihrer Versorgungsgier, ihren seichten Reden und satten Träumen, auf das, was wieder wächst und grünt auf morschen Stämmen, und auf meine eigene Hilflosigkeit, die nichts zustande bringt. Und dann gehe ich nach oben, weil dort das Telefon klingelt, und bediene mich wie seinerzeit Frau Kaszmarek bei Bachmeiers Cognacflasche, gieße mir einen nach dem anderen ein, bis alles zu einem einzigen Lacher zerrinnt, Mutters Gluckengegacker um Hetty, die Jahre auf einen Studienplatz wartet, um am Ende zu nehmen, was sie längst hätte haben können, und ich selbst, der ewig tumbe Tor, unentwegt auf Suche nach einer glücksbringenden Unmöglichkeit.

Nachher will Bachmeier mitlachen, gießt sich auch einiges hinter die Binde, hat es schließlich nicht einfach mit der Frieda und ihren industriellen Chorherren, die nun wieder a cappella singen und ihm das Fell über die Ohren ziehen wollen, weil er ohne Titel und nur mit einer ausgedienten Mütze ist. Ihr verlotterten Halbstarken müßt endlich lernen, euch anzupassen, haben wir auch gemußt, beteuert er mit schwerer Zunge, und dann gehe ich, weil ich diesen Bachmeier und seine Welt nicht länger ertragen kann, die arbeitslos macht, noch bevor überhaupt Arbeit war, sehe noch, wie ihm der Kopf auf die Brust sinkt, und draußen auf der Treppe höre ich schon sein Schnarchen. Du hast gestern ganz schön einen gehoben, hält meine unfehlbare Schwester meinem trommelnden Kopf am nächsten Morgen vor, und Mutter ergänzt: Mein Gott, habe ich es nicht gesagt, jetzt fängt sie noch das Saufen an.

Die DDR hat von der UdSSR ihre volle Souveränität bekommen und läßt nun Volkspolizei und FDJ aufmarschieren, die sich Freie Deutsche Jugend nennt, uniformiert ist und all das macht, was wir einmal gemacht haben, bevor wir zu, wie Bachmeier uns nennt, verlotterten Halbstarken wurden, die Rock around the Clock tanzen, nicht diese pure Freude wie Swing und Beat, sondern Zorn und Aggression.

Alles Doppelgänger von James Dean, die genauso aussehen wie er in dem Film »Jenseits von Eden«, mit den gleichen zornigen Augen und allen bitteren Gefühlen über die Ungerechtigkeit der Welt im Herzen. Die Mädchen tragen Ringelpulli und Caprihosen oder gehen flach wie die Hepburn in der neuen H-Linie von Dior, und wer sich das teure Zeug leisten kann, duftet nach Miss Dior, Diorama, Diorissima, Diordingsbums, einfach nach Großmutters Maiglöckchenparfüm.

Berger war in Ost-Berlin, hat dort fürstlich gewohnt, auf einem Grundstück am See, pure Natur, nicht zugebaut wie bei uns, und die Menschen sind bescheiden und freundlich. Das wahre Paradies des Sozialismus, spotte ich und frage ihn, warum er alles hochlobt, was uns so traurig und grau erscheint, aber er geht nicht darauf ein. Das Nein-Mädchen und immer dagegen, lacht er, kürzlich im Theater mußte ich an Sie denken, da schlich sich ein Nönnchen ans Schafott, tupfte mit dem Finger ans Fallbeil und zuckte zurück: Huch, ist das scharf. Was hat das mit mir zu tun, bin ich eine Nonne, habe ich was mit dem Scharfrichter zu schaffen? Schon rollt er die Augen, macht den Karpfen und schiebt mir einen abgerissenen Wisch mit der weltberühmten Telefonnummer über den Tisch, sie suchen ein weibliches Wesen, das schreiben kann und etwas darstellt. Soll das ein Witz sein, erkundige ich mich ungläubig. Mit

Witz natürlich auch, aber wenn Sie nicht wollen, da grabsche ich schnell nach dem Zettel. Er grinst. Danke, vielen Dank, lieber Julius, weil du mir helfen willst und ein wahrer Freund bist, der die Melodie meiner Seele kennt und sie mir vorsingt, sollte ich sie einmal vergessen haben. Erst muß ich mal eine Chance sehen, vom Guten-Tag-Sagen allein ist noch nichts getan, antworte ich spitz, und überhaupt, was mischt er sich immerzu in mein Innenleben.

Schon gut, den Dank, Dame, begehr ich nicht, lacht er und springt zu etwas anderem über, sehr viel Grün, schöne alte Bäume, der See, wie in Pommern bei den Großeltern. Sprechen Sie von drüben, er übergeht meine Frage, murmelt so etwas wie ein Gedicht vor sich hin, ohne jede Betonung wie eine Beschwörung. Schlendernd durch Höllen und gepeitscht durch Paradiese/still und grinsend, vergehenden Gesichts/träumt er gelegentlich von einer kleinen Wiese/mit blauem Himmel drüber und sonst nichts. Das ist sehr schön, sage ich. Nur schön, sonst nichts? Mir genügt es, wer hat es geschrieben? Der böse Wolf, lacht er mit Huh und Hach und Augenaufreißen. Hat der Wolf auch einen Namen, frage ich, um von seinen Faxen loszukommen. Wolf, was denn sonst, sagt er und fährt mit der flachen Hand über mein Gesicht, als wolle er unsichtbare Spinnweben wegwischen, es ist von Bert Brecht, mein Häschen, hier können Sie es nachlesen, er drückt mir ein Päckchen in die Hand, sagt viel Glück und geht lachend davon.

Wo hast du dich rumgetrieben, fragt Otto. Familie, murmele ich und trinke den Schaum von seinem Bier. Er und die anderen lümmeln sich draußen auf der Terrasse beim Löwen, sprechen von Fußball, der gewonnenen Weltmeisterschaft, die deutsche Amateurmannschaft schlägt den hochbezahlten Profifußball, ist nicht, wie alle dachten, mit

Pauken und Trompeten untergegangen, sondern macht ein 3:2 gegen Ungarn. Mein Alter hat wie ein Schloßhund geheult, wir sind wieder wer und so, der alte Quatsch, na ja, er war schon immer verrückt auf Fußball. Aber ein Hammer war das schon, als der Zimmermann sein »Tor, Tor« brüllte, so ein Ding der Unmöglichkeit, das reine Wunder. Meinste der heilige Fuß von oben hat dat Ding reinjeknallt, nu halt aber mal die Luft an, das war kein Wunder, das war harte Knochenarbeit, so ein Sieg fällt nicht vom Himmel, der ist mühsam erarbeitet und ehrlich verdient, natürlich war auch Glück dabei, ohne Glück klappt sowieso nix, trotzdem können die mächtig stolz sein und wir auch. Nu fang bloß nicht mit »über alles in der Welt« an, wie die im Stadion. Das war Macht der Gewohnheit, oder kennt einer von euch den Text der dritten Strophe? Damit ist das Wunder abgehakt.

Fußball ist auch nicht so wichtig, der fehlende Arbeitsplatz brennt unter den Nägeln. Ausgerechnet der Flüchtling wird Beamter, kein Wunder, ihm ist das Versorgungslied schon an der Wiege gesungen worden. Wer geht denn zum Staat, die zahlen doch nix, Manfreds Job beim Fernsehen, das ist was mit Zukunft, und Klaus sammelt weiter Omas Hausrat für sein zukünftiges Lokal, kannst es dann Omas Mottenkiste nennen, empfiehlt Otto, jeder von ihnen ist bereits mit einem Bein woanders und meistens auch mit den Gedanken, nur Jochen verweigert sich standhaft, will sich nicht fertigmachen lassen von irgendeinem Idioten, lauter Typen wie sein Vater, wird später bei einer Zeitung landen, die seinen bissigen Humor zu schätzen weiß.

Otto sitzt stumm und nachdenklich da und beteiligt sich nicht an der Unterhaltung. Weißt du schon das Neuste, Klaus legt salutierend die Hand an die Stirn. Du hältst den Mund, das mache ich, fährt ihn Otto an, und ich will es einfach nicht glauben, was er mir dann muffig, ohne mich ein einziges Mal dabei anzuschauen, eröffnet. Ich habe mich bei der Bundeswehr beworben, als Offiziersanwärter. So ganz nebenbei bekomme ich das zu hören, als handle es sich um eine belanglose Nebensache, als sei es kaum der Rede wert. Freiwillig willst du dich, zack zack, von diesen alten Kommißköppen über den Kasernenhof jagen lassen, zu Befehl, Herr Leutnant, jawoll, Herr Leutnant, diese Lachnummer kann doch nicht dein Ernst sein, da wärst du noch besser bei den Ölleuten in Hamburg geblieben. Was hast du gegen die Bundeswehr, ist doch ein schlanker Job, gut bezahlt, Dienstwohnung, mit fünfzig in Pension, wirst Offizier, hast das Kommando, und nachher wirst du Frau Hauptmann, flüstert er mir ins Ohr. Mutter der Kompanie und so, Wächterin über die Bundeswehr-Etikette, Vorstand im Damenkränzchen, oh Gott, so was hätte mir noch gefehlt.

Mein Ding wäre es nicht, sagt Jochen, kann aber eine Chance sein, besser als nichts, wenn einer so was mag. Er kann es nicht mögen, wer Hemingway, Faulkner und Green liest, geht nicht zu dieser Bundeswehr, wer Count Basie, Charly Parker und Gillespie liebt, so verrückt auf Jazz ist und sich die Nächte dafür um die Ohren schlägt, hat für so was nichts übrig, was will er nur, will er über seinen eigenen Schatten springen, stolpern wird er, eines Tages den Hauptmann verprügeln und wieder mit trotzigem Rücken davongehen, wer hat ihm das bloß eingeredet. Lach mal, sagt Otto und fährt mir mit dem Zeigefinger über die Nase. Nach Lachen ist mir nicht zumute, ich muß das erst verarbeiten, meine hin- und herschwankenden Gefühle sortieren, die Wut, die Enttäuschung, und vor allem muß ich mit dieser Trauer in mir fertig werden.

Machst du mir auch keine Zicken, wenn ich nicht mehr da bin, fragt er später. Eine Wolke müßte man sein und da oben im blassen Mondlicht ziehen. Woran denkst du, fragt Otto. An dich und an den Mond, und daß ich eine Wolke sein möchte. Und wo bin ich, fragt er. Du bleibst auf der Erde. Dann beschwören wir unsere Träume, die Nebeltücher aller Phantasie, und ich frage ihn nach der Melodie meiner Seele. Was soll das schon wieder sein, will Otto wissen. Ach, nichts, sage ich, und wir schauen weiter zum Mond auf, bis sein rundes Gesicht höhnisch grinsend hinter den Wolken verschwunden ist.

19

Chef des Nachrichtendienstes zu den Bolschewiken übergelaufen, diese Schlagzeile wirbelt Staub auf, das ist mehr als eine peinliche Panne und ungeheuerlich in Zeiten des Kalten Krieges, zumal niemand weiß, was Otto John, den ersten Präsidenten des Bundesverfassungsschutzes, zu diesem Schritt bewogen hat, war es eine Entführung, ist es eine Agentenklamotte oder unbewältigte Vergangenheit, was es auch sein mag, es ist ein vom Osten als großer Erfolg verbuchter Skandal und gleichzeitig ein Schaustück der deutschen Tragödie, das alles andere in den Schatten stellt.

Sogar der Untergang der indonesischen Dschungelfestung Dien-Bien-Phu, die nach erbitterten Kämpfen verlorenging, und die in der nachfolgenden Indochina-Konferenz beschlossene Landesteilung am 17. Breitengrad in Nord- und Südvietnam geraten dabei in den Hintergrund. Denn die John-Affäre berührt uns direkt, ist wie eine schillernde, giftige Blase unter der blanken Oberfläche plötzlich aufgebrochen und paßt in ihrer Undurchsichtigkeit und Geheimniskrämerei sehr gut zu unserer neuen Republik. Es geht um Agenten, Häscher, Sekt und schöne Frauen. Und durch die Verbindung mit dem Modearzt Otto Wohlgemuth haftet ihr etwas Anrüchiges an, was in Wahrheit dahintersteckt, wird sich nie völlig klären lassen, auch wenn der Überläufer im ostdeutschen Fernsehen beteuert, aus freien Stücken gehandelt zu haben.

Julius Berger führt mir die allgemeine Verwirrung in

seiner staunenden Karpfensprache vor, daß ich mir bald selbst wie ein schwimmendes Flossentier vorkomme. Ausgerechnet am 20. Juli, die Gedenkfeierlichkeiten in vollem Gange, und Hokuspokusmallokus, der Präsident ist verschwunden, wo ist er nur hingeraten, unser Präsident, er verdreht den Hals, verdreht die Augen, jappert mit der Karpfenlippe und will sich schier totlachen. Wie kommt denn so ein windiger Vogel an diesen Posten, haben sie keinen Zuverlässigeren finden können, erkundige ich mich. Otto John war am Widerstand beteiligt, floh nach dem 20. Juli nach England, lieh dem Soldatensender Calais seine Stimme und kam nach dem Krieg als Emigrant zurück. Und wenn auch an seiner demokratischen Gesinnung nichts auszusetzen war, irgendwie paßte er keinem, weder den alten Nazi-Beamten noch dem Kanzler.

Der Karpfen ist weggeschwommen, den Kopf tief im Gefieder, sitzt mir ein zerfledderter, alter Uhu gegenüber und starrt mich böse an. Aus ihm ist auch schwer klug zu werden, denke ich, immer nur die Schokoladenseite und alles andere im dunkeln, ein unangenehmer Mensch, dieser Berger, undurchsichtig und schwer zu durchschauen, aber wer zeigt sich schon, wie er wirklich ist. Wer hat diesen John eigentlich auf den Präsidentenstuhl gesetzt, frage ich. Die Engländer haben darauf bestanden, aber wenn die Bundesrepublik demnächst ihre Souveränität erhält, wäre er sowieso abgeschossen worden. Woher wollen Sie das so genau wissen? Meine Intuition, Verbindung zu den höchsten Stellen, geheime Informationen, grinst er und verschanzt sich hinter der Speisekarte. Egal, Hauptsache, er ist mir nützlich.

Ein Fremder öffnet mir, und von drinnen schreit die Stimme von Agnes: Wer ist das, ich kann jetzt nicht, soll später kommen. Aber ich darf sie mit hochgeschürztem Kittel auf dem Stuhl sitzen sehen, mit einem Schlauch im Leib, aus dem Wasser in einen Eimer rinnt. Wie angewurzelt stehe ich da, bringe kein Wort heraus, sehe nur diese schrumpelige, graue Haut und ihren zerbeulten Zinkeimer, den sie gewöhnlich zum Putzen benutzt.

Starr mich nicht so an, sagt Agnes, Herr Hofmann zapft mein Wasser ab, ich war mal wieder voll zum Überlaufen, wie ein Faß. Tut das nicht weh, stammele ich. Ach was, einem zähen Luder wie mir tut nix weh, eine alte Mähre spürt den Schmerz nicht mehr. Herr Hofmann zieht vorsichtig den Schlauch heraus, träufelt irgendein Desinfektionsmittel auf einen Wattebausch, betupft die Einstichstelle und klebt ein Pflaster darauf. Jleich wird et besser jehn, sagt er und klopft dem alten Pferd auf den Rücken, passen Se mal auf, dann springen Se widder erum wie en junges Füllen. Laß ich Hose gleich unten und komm gesprungen, lacht Agnes und macht eine Bewegung, als wolle sie ihn schnappen. Nä, tun Se dat nit, womöglich jeht mit mir der Jaul durch, der Mann lacht und geht raus, um den Eimer auszugießen. Agnes bindet den Kittel zu, Gott sei Dank, der Druck ist weg. Warum läßt du dich nicht im Krankenhaus behandeln, was ist denn das für eine Wirtschaft hier, rede ich wütend auf sie ein, immer noch diesen zerbeulten Eimer vor Augen, wenn du so weitermachst, wirst du dich umbringen. Na und, was ist dabei, sterben müssen wir alle, und die im Krankenhaus zuerst, Herr Hofmann ist Pfleger, der kennt sich aus, die Ärzte machen auch nichts anderes, reich mir mal die Zigaretten rüber. Du bist störrisch wie ein alter Esel, dir kann man nicht raten, knurre ich mürrisch.

Was willst du überhaupt hier, fragt sie und kramt in ihrem abgenutzten schwarzen Männerportemonnaie, an den Seitenfächern baumeln winzige Silberkreuzchen und geweihte Madonnen, die ihr den Geldsegen bewahren, wie sie steif und fest behauptet, aber anscheinend haben sie sich zu äußerster Sparsamkeit entschlossen. Etwas ganz Wichtiges wollte ich dir erzählen, doch jetzt ist mir die Lust vergangen. Dann laß es bleiben, sagt sie und zahlt Herrn Hofmann aus. Aber dann platzt es aus mir heraus, daß ich eine Stelle habe, in dem Haus mit der Zahl, das sei ein großes Glück, hat mir der Müller von der akademischen Berufsberatung versichert, das nicht jedem widerfahren würde, ich habe eine Schreibprobe eingereicht, den Spaziervogel, und nur deshalb werde ich in Zukunft Public Relations für eine Firma mit Weltruf machen, dank meiner journalistischen Begabung, wie der akademische Mann gesagt hat. Ganz aufgebläht vor Stolz haspele ich ihr mein Glück herunter, und Agnes nickt befriedigt zu jedem Wort, dessen Sinn sie nicht versteht, nur ahnt, daß es etwas Besonderes aussagt, wie auch dieses Welthaus, das mir nun offensteht, etwas Besonderes ist. Immer schon habe sie gewußt, daß aus mir etwas außer der Reihe wird, und nicht umsonst habe sie mich über das Taufbecken gehalten. Nun übertreib mal nicht so maßlos, wehre ich ab, aber sie läßt nicht ab davon, nein, so ein Glück, und nun wirst du mir auch solche großen Karaffen bringen, wie sie bei Frau Hartgenbusch auf dem Frisiertisch stehen, randvoll gefüllt mit dem echten Kölnisch Wasser, und sie küßt mich und drückt mich und tanzt mit mir um den Tisch herum, bis der Baum hereinkommt und kopfschüttelnd die heruntergefegten Schnittmusterbogen aufsammelt.

Ober balancieren mit randvollen Tabletts durch die Stuhlreihen, verteilen Kuchenteller auf kleinen Tischen, alle wollen Sahne, fühlen sich selbst schaumig leicht und obenauf, hier und da bereits eine Nerzstola über der Stuhllehne, und der Herr zahlt aus Kroko. Wieder mal in Georgshausen, benickt der freundliche Schloßherr die Gäste, die Sonne malt Kringel auf den Kies, in Kastanienbäumen fächelt der Wind, Frauenlachen, Kaffeeduft und Zigarren, alles wie ehedem, nur ohne Lorgnon, das Großmutter zur besseren Sicht benutzte. Drüben auf dem Parkplatz reihen sich glänzende Limousinen, eine mit Stern 220 und einem in die Bild-Zeitung vertieften Chauffeur, daneben Inges brandneuer Karmann Ghia.

Sie will mir ihre neue Welt vorführen, in die sie eingestiegen ist, um im September eine Villa, ein noch schnittigeres Auto als das auf dem Parkplatz, ein ebenso schnittiges Bankkonto und als Zugabe diesen dicken Filmonkel vom Capriausflug zu heiraten, und sitzt nun schön wie eine Schaufensterpuppe und sehr distinguiert in ihren sicher sündhaft teuren Klamotten auf einem wackeligen, weißen Stühlchen und löffelt Eis. Es muß endlich Schluß sein mit unseren wilden Jahren, sagt sie. Meine waren nicht wild, entgegne ich. Und du willst wirklich für lächerliche vierhundert Mark im Monat schuften? Sicher, für mich ist das ein Vermögen, bei nur fünfundvierzig Wochenstunden und ohne Samstag wie sonst überall. Schlimm genug, sagt sie und klirrt mit den Armbändern. Ich habe nun mal keine reichen Gönner, trage meine Haut nicht zu Markte und treibe auch keinen Wucher mit meinen Gefühlen. Ich glaube, du bist sauer, weil ich es geschafft habe, sagt Inge, Luxus ist so etwas Herrliches, darauf kann man nicht verzichten, oder willst du ewig zu Fuß gehen? Unsinn, sage ich, dein Filmonkel hat es geschafft und dich als Anhängsel dazubekommen. Du änderst dich auch nicht, immer so direkt und mitten ins Gesicht, damit kommst du nicht weit, die Wahrheit will kein Mensch hören, mault Inge, aber das ist mir bereits bekannt.

Wie hat denn dein Fred die Heiratspläne aufgenommen, frage ich. Wir haben uns arrangiert, seine Frau und ich. Wie bitte, sag das noch mal. Sie hat mich gebeten, aus seinem Leben zu verschwinden, er sei jetzt zu bekannt, stehe überall im Blickpunkt, in der Stadt, in der Partei, als Unternehmer, könne sich keine Eskapaden mehr erlauben, und sowieso hätte ich ein sehr freizügiges Leben geführt in meiner Jugend. Wieviel hat sie dir denn für deine freizügige Jugend geboten? Das Auto und zehn Mille. Nicht besonders viel, ein Almosen für alle schamlosen Lügen, das verlorene Lachen und die vereiste Seele. Inge zuckt mit den Achseln, besser als nichts. Ich streiche über ihre reglos auf der Tischplatte liegende Hand mit dem brillantenbesetzten Verlobungsring, ich wollte dich nicht verletzen. Sie nickt und angelt nach der Puderdose, tupft in den Augenwinkeln, alles in Ordnung. Schön und makellos wie immer, versichere ich lächelnd.

Nach wie vor stehen die Deutschen der Wiederbewaffnung kritisch gegenüber und atmen erleichtert auf, als Frankreich den EVG-Vertrag und damit die Europäische Verteidigungsgemeinschaft unter Einbeziehung der BRD ablehnt.

Wir siegen auf anderen Ebenen, und die Weltmeisterschaften regnen nur so herunter auf ihre glücklichen Gewinner, Hans Georg Winkler gewinnt auf seinem Wunderpferd Halla im Springreiten, Manuel Fangio auf den neuen Silberpfeilen von Mercedes und Gundi Busch im Eiskunstlauf für Damen. Das deutsche Wirtschaftswunder boomt, die Industrie mit einem Exportüberschuß von vier Milliarden hat plötzlich Nachwuchsmangel, und die Bundesrepublik verabschiedet ein Kindergeldgesetz, das dem dritten und jedem weiteren Kind fünfundzwanzig D-Mark zugesteht.

Denn den Deutschen stehe eine Vergreisung der Bevölkerung bevor, und das könne nicht gut sein für ein aufstrebendes Land, die ersten Statistiken tauchen auf mit

Tannenbäumchen, die anzeigen, wie es aussehen wird, wenn die wenigen noch verbliebenen Jungen später die vielen alten Leute durchschleppen müssen, was ich nicht so richtig verstehe, weil die Alten der Krieg dezimiert hat und nur Hitlers zähe Windhunde vollzählig geblieben sind. Demnächst wird Vollbeschäftigung ins Haus stehen, und müßte da nicht auch was boomen in die Kassen für später und so, bei den vielen Händen, die schaffen und raffen und Kinder machen ohne Unterlaß, damit die Tannenbäumchen sich wieder ausbreiten können und keiner die Tattergreise durchschleppen muß. Aber die meisten stört das alles nicht, sie sehen die Familie Schölermann und den Zoologen Bernhard Grzimek im Fernsehen, der eindringlich vor dem menschlichen Raubbau überall auf der Welt warnt und mahnt, die letzten Tierparadiese der Erde zu schützen, und das stört noch viel weniger.

In Worms hat eine Frau ihre gesamte Familie mit dem Insektenvertilgungsmittel E 605 vergiftet, das zum Schutz der Pflanzen wie Regen aus der Luft versprüht wird und handgerecht in fast jedem Gartenschuppen herumliegt, weshalb mancher Lebensmüde auf die Idee verfällt, sich selbst damit umzubringen. Eines Tages wird auch die Französin starr und steif in ihrer Wohnung gefunden, sorgsam geschminkt und zurechtgemacht wie zu einer Hochzeit, obwohl es die falsche Hochzeit war, die sie einmal eingegangen ist, vor vielen Jahren, als Juden noch nicht vergast wurden und junge Chemiker noch keine Giftmischer waren. Nun liegt sie da, mit einem friedlichen Lächeln auf dem schönen alten Gesicht, und die sorgfältig nachgezogenen, roten Lippen verbergen ihre schadhaften Zähne, zu deren Erneuerung ihr das Geld fehlte. Es fehlte ihr überhaupt zum Schluß an Geld, allein mit dem alten Haus und einem Pack wertloser Bayer-Aktien, mit denen ihr Mann sie auszahlte, bevor er ein großer Mann wurde bei dem

Konzern, der mit Gift für Menschen handelte, die so waren wie sie. Mein Gott, das haben wir alles nicht gewußt, sagt Mutter, wie konnten wir das ahnen, wenn sie uns kein Sterbenswörtchen davon verriet. Stolz war sie immer schon, die Französin, und wer stolz ist, ist auch anders.

Im Keller steht wieder Wasser, auch die massive Stahlwanne hat nichts geholfen, das Wasser sickert immer wieder durch, bahnt sich durch Nähte und Fugen einen Weg, sammelt sich in fauligen Lachen auf dem Fußboden. Damit soll jetzt endgültig Schluß sein, ein Zementmischer kommt und schüttet den Keller zu, zementiert alles ein, das Wasser, das Eifelgeld und unsere schon fast vergessenen Ängste, die wir da unten einmal ausgesessen haben, und der Betonmischer dreht sich und füttert das Kellerloch, bis alles unter dem Beton verschwunden ist, als sei nie etwas gewesen.

Er läßt mich warten auf dem unbequemen Hocker vor der chromblitzenden Theke zwischen kichernden Teenagern, denen ich inzwischen entwachsen bin. Über mir plärrt der Lautsprecher das Lied vom Pferdehalfter, er war mein Freund, ich habe niemals einen anderen so geliebt, singen die Kilima Hawaiians, und hinter der Bar heult ohne Pause der vom Barmixer bediente Multimix. Mein Geschmack sind solche Lokale nicht, aber vielleicht liebt das pickelige Mädchen, die neulich mit ihm in der Stadt war, Lokale, die nach Kuh riechen. Sage mir, in welches Lokal du gehst, und ich sage dir, wer du bist. Sie muß noch sehr jung sein, brav und formbar, so sah sie wenigstens aus, wie eine, die nicht viel spricht und alles tut.

Hast du gewartet, fragt er mich, als er endlich kommt. Blöde Frage, nichts ist mir lieber, als die Zeit unter Halbwüchsigen abzusitzen, denen ein Sahnebart um die Lippen wächst. Entschuldige, ich hatte zu tun, sagt er und küßt mich flüchtig auf die Wange. Sein Mantel riecht nach Kaserne, wie alle Uniformen der Welt nach miefigen Männerunterkünften, er zieht ihn aus, läuft in seinem vielbelächelten grauen Wämslein Spießruten quer durch das Lokal, hängt das Ding an einen Haken und zwängt sich auf einen dieser unbequemen Hocker vor dem großen Spiegel, in dem ich meine Liebe suche. Aber ich finde einen Fremden, der fragt, wie es mir geht, und was man so sagt, wenn man sich trifft mit flüchtig Bekannten. Willst du mit mir Konversation machen, wie geht es zu Hause, was machen die Kinder, meine Empfehlung an die Frau Mama? Er grinst, alte Rübe, und eigentlich hat dieser Fremde kein Recht, mich so zu nennen, wie mich meine Liebe nannte. Er erzählt mir von diesem neuen Militär, das keines mehr ist, von den wehrhaften Männern, die sich Bürger in Uniform nennen, was immer das auch sein mag, vielleicht Funkensoldaten, die mit Kamellen schießen, Sträußchenwerfer, was hat er sich denn vorgestellt, dieser Leutnant Gustl, gschamster Diener, kein Wunder, daß es ihm nicht gefällt, liest sich alles besser als die Wirklichkeit, aber schließlich muß jeder wissen, wann ihm die Stunde schlägt.

Er weiß es, will nicht in den Wolken spazieren, will ankommen, an einem Ort zu Hause sein. Hemingway hat den Nobelpreis bekommen, sage ich, liest du noch viel? Er schüttelt den Kopf: Möchte schon, keine Zeit. Vielleicht stiehlt ihm das pickelige Mädchen die Zeit, zuerst habe ich gedacht, die kann es nicht sein, sie paßt nicht zu ihm. Da bin ich mir aber nicht mehr so sicher, sie paßt, und sie geben ein gutes Paar ab, die beiden, das Mädchen mit dem Allerweltsgesicht und Otto, der auch nicht mehr aussieht wie James Dean mit dem kurzen Stoppelkopf, der eingekniffenen Unterlippe, und oben fehlt ein Zahn, Parodontose, sagt er, ich nicke, das kriegt man schnell.

Der Fremde im Spiegel sieht mich traurig an, seine Augen sind geblieben, wenigstens etwas ist noch ganz an ihm, etwas lebt noch, es besteht Hoffnung, in einem Jahr, in zehn Jahren, vielleicht erst, wenn das pickelige Mädchen gestorben ist und jeder von uns seinen Weg zu Ende gegangen ist. Wie heißt sie denn, frage ich, und er sagt Monika, wird sofort rot bis zu den Haarwurzeln, denn er kann mich nicht anlügen, das bringt er nicht fertig, dazu hat er nicht die Augen. Es macht mir auch nichts aus, weil ich es erwartet habe, soll er glücklich werden mit seiner Monika in dem kleinen Einfamilienreihenhaus, und der kleine Thomas hat Mumps, und Tanja, alle Monikas nennen ihre Töchter Tanja, hat wieder eine Vier geschrieben, das Fleisch ist auch teurer geworden, und den Fleck in deinem grauen Jackett kriege ich nicht raus, warum der Junge nur Autos malt und keine Häuser oder Blumen. Habe ich auch gemacht, als ich zur Schule ging, aber das will sie nicht hören. Da war doch dieses Mädchen, die in seine Richtung schauen sollte, und die erste vergißt man nie, sagt man.

Er gibt mir einen Vaterkuß, weil er in seine Kaserne zurückmuß. Mach es gut, sagt er, der tote Otto, der nicht mehr aussieht wie James Dean, der inzwischen auch tot ist. Und es gibt mir einen Stich ins Herz, weil mir nur dieser irrlichternde Berger geblieben ist, der übers Moor geht, auf schwankendem Boden. Was hat er gesagt, dieser Berger, er kennt die Melodie meiner Seele, das genügt mir nicht, ich suche die Melodie meines Lebens.

Irmtraut Balz
Für einen Augenblick wachsen uns Flügel

Eine Kindheit 1933–1945
KiWi 779

Nur selten findet man einen biographischen Bericht, der so unverwechselbar und anrührend von einer Kindheit im Dritten Reich erzählt und zugleich einen beeindruckenden Beitrag zur Heimat- und Zeitgeschichte leistet.

»Ein schönes, auch ein rares Buch.« *Deutsche Welle*